GROSSGLOCKNER

Printed in Austria by F. Sochor, Zell am See
ISBN 3-7017-0395-7

Clemens M. Hutter Lothar Beckel

GROSSGLOCKNER

Saumpfad Römerweg Hochalpenstraße

Residenz Verlag

Die Pasterze am Fuß des Großglockners ist mit 9,5 Kilometern Länge und 22 Quadratkilometern Fläche der größte und ebenmäßigste Gletscher der Ostalpen.

◁ Der Großglockner aus der Gamsgrube

Im Becken zwischen Glocknergipfel und Glocknerwand entspringt das Glocknerkees. Dieser Eisfall strömt extrem langsam hinunter zur Pasterze, die Geröll aus den Nordwänden des Berges talauswärts trägt.

Das Fuschertörl

In eindrucksvoll der Landschaft angeschmiegten Kehren erreicht die Nordrampe der Glocknerstraße oberhalb des Naßfeldes das Fuschertörl. Links beginnt die Scheitelstrekke, die sich zuerst um den Törlkopf legt und beim Abstieg zur Fuscherlacke aus dem Schatten wieder ins Bild kommt. Nach rechts führt eine Aussichtsstraße auf die Edelweißspitze, den mit 2571 Metern höchsten Punkt der Großglockner-Hochalpenstraße.

Die Glocknergruppe von Norden

Rechts vorne das Gletscherskigebiet des Kitzsteinhorns, dahinter das Stubachtal und am Horizont – fast 100 Kilometer entfernt – markante Gipfel der östlichen Dolomiten (von rechts): Tofana, Cristallo, Sorapis (links davor die Drei Zinnen) und der Antelao. Jenseits des Glocknerkammes die Karnischen Alpen in Friaul, links des Glocknergipfels der Gletscher des Hochschobers.
Links unten die Speicher des Großkraftwerkes Kaprun, durch dessen Turbinen jährlich 230 Millionen Kubikmeter Wasser strömen.
Als 1949 der Einstau des Speichers Wasserfallboden (unten) begann, verschwand dort die erste aller Alpenvereinshütten, 1869 erbaut und nach Erzherzog Rainer benannt. Mit dem Einstau des Speichers Mooserboden (darüber), fünf Jahre später, ging auch ein Stück Geschichte des Fremdenverkehrs unter: das 1899 eröffnete Berghotel Mooserboden, bis zu dessen Standort 1893 Kaiser Franz Joseph über einen Karrenweg geritten war.

Synthese aus Naturlandschaft und Kulturlandschaft

Nahe der Fleißkehre versteckt sich diese Idylle an der Waldgrenze: Die Apriacher Alm vor der Kulisse Großglockner – Johannisberg – Freiwandspitze.

Der Gipfel des Großglockners aus der Sicht des Künstlers

Dieses eindrucksvolle Ölgemälde »Großglockner von der Hohenwartscharte« schuf der Kärntner Maler Marcus Pernhart (1824 – 1871) um das Jahr 1860. Hierher waren die Erstersteiger des Großglockners 1799 und 1800 von links durch das Leitertal gelangt. Pernharts Gemälde erklärt, warum der alpinistische Entdecker der Glocknergruppe, der Laibacher Medizinprofessor Belsazar Hacquet, 1789 schrieb, er habe »noch niemals einen so hohen Berg so gespießt gesehen«. Man beachte die damals übliche Ausrüstung der Bergsteiger: Tragkörbe statt der Rucksäcke, lange »Alpenstangen« (auch um verdeckte Gletscherspalten zu orten) sowie einfache Steigeisen (der Mann links) und »Eisäxte«, die Vorläufer moderner Eispickel (auf dem Schnee liegend). Der Felszahn links ist der Hohenwartkopf, der Absatz unterhalb des Gipfels die Adlersruhe.

◁ Der Großglockner vom Westen

Auf der zahmen Seite dieses Berges ziehen flache Gletscher hinab in die Seitenarme des Kalser Tales. In der oberen Bildhälfte rechts beherrschend die klotzigen Gipfel der Schobergruppe, dahinter links in rund 130 Kilometern Entfernung am Horizont Jugoslawiens höchster Berg, der Triglav.

CLEMENS M. HUTTER

Großglockner – Saumpfad, Römerweg, Hochalpenstraße

Spuren von zweieinhalb Jahrtausenden

Am Kasereck hält die Großglockner-Hochalpenstraße ihren scharfen Anstieg von Heiligenblut zum Hochtor an – als wollte sie den Autos und den Touristen nach dem Aufgalopp über 600 Höhenmeter eine Verschnaufpause gönnen. Und was für eine Verschnaufpause auf diesem Aussichtsbalkon hoch über dem Mölltal: Großglockner, Gletscher und Gipfel.

Neben den Parkplätzen und dem Restaurant fällt hier jene Kapelle kaum mehr auf, die im Juli 1924 noch einsam auf dem Kasereck stand, um die seltenen Passanten daran zu erinnern, daß alle Wege zu Gott führen – einer davon über die Berge.

Von dieser Kapelle aus trassierte in jenem Jahr 1924 der siebenunddreißigjährige Franz Wallack mit zwei Gehilfen eine einbahnige Straße von drei Metern Breite und Ausweichen auf Sichtweite im Auftrag des »Ausschusses zur Erbauung einer Großglockner-Hochalpenstraße« von Heiligenblut über die Hohen Tauern nach Fusch. Wallack sollte dabei schon darauf Bedacht nehmen, diese Straße über das Hochtor allenfalls auf fünf Meter zu verbreitern.

»Bei dieser Trassierung erlebte ich etwas Merkwürdiges«, schrieb Wallack später. »Als ich, wenige hundert Meter von der Kasereckkapelle entfernt, die erste Kehre in die Straßenlinie einlegen mußte, entdeckte ich, daß hier schon einmal eine Wegkehre gelegen hatte. Als ich weitertrassierte, arbeitete ich haargenau auf den Überresten eines mit Rasen überwucherten, an manchen Stellen bis zu vier Meter breiten, alten verfallenen Wegkörpers.«

Wallack wurde noch deutlicher: »Vor vielen Jahrhunderten, vielleicht sogar vor Jahrtausenden, hatte sich schon ein anderer von den gleichen Überlegungen leiten lassen wie ich und mit primitiven Instrumenten die Aufgabe in derselben Weise gelöst. Diesem anderen bin ich dann in den folgenden Wochen noch oftmals in den sichtbaren Überresten seiner bewundernswerten Arbeit begegnet. Bewundernswert war diese Arbeit in bezug auf den großen Gedanken der Linienführung, die in groben Zügen der heutigen Scheitelstrecke der Großglockner-Hochalpenstraße entspricht.«

Auf Wallacks Trassierungskarten führt dieser Weg in langen Bruchstücken nordwärts über Hochtor, Mittertörl und Fuschertörl. Er vermeidet Lawinenstriche, Schneelöcher, Gießbäche und verliert sich nach vier Kehren spurlos auf den Hängen hinab nach Ferleiten. »Römerweg« heißt das auf diesen Karten und »Römerstraße« auf der ersten österreichischen Generalstabskarte von 1830, derweil die Einheimischen noch von »Heidenweg« sprachen.

Wallack sinnierte weiter: »Die ganze Linie, die ich trassierte, führte über eine weltferne Insel. Nur hölzerne Schneestangen, in kleinen Steinmandeln befestigt, bezeichneten die Richtung. Und doch mußte einst reger Verkehr hier über die Hohen Tauern geflutet sein. Wer mag diese sogenannte Römerstraße gebaut haben? Wie viele Frachten hatten schon ihren Weg über diesen Paß genommen?«

Eines machte aber den gewiegten Straßenbauer stutzig: »Dem Gold der Tauern mag die alte Straße vielleicht ihre Entstehung verdankt haben. Alte Bergbücher berichten von einem Saumweg, der aus dem Mölltal über das Hochtor in das Seidlwinkeltal gebaut wurde. Die Überreste des alten Weges, die ich vorfand, zeigen jedoch, daß hier kein Saumweg, sondern ein Fahrweg bestand, der von Heiligenblut ins Ferleitental führte. Über diesen alten Fahrweg aus dem Mölltal ins Salzachtal konnten jedoch nur Funde Aufschluß geben.«

Zufälle förderten tatsächlich erstaunliche Zeugen ans Licht, die zwar die lange Geschichte dieses Tauernüberganges, nicht aber die Annahme einer »Römerstraße« belegen.

Wie üblich am Vorabend von Peter und Paul pilgerten am 28. Juni 1946 Pinzgauer von Ferleiten nach Heiligenblut, um ein Gelöbnis zu erfüllen, von dem die Taxenbacher Pfarrchronik 1729 berichtet: »Vor unvordenklichen Jahren, als die Wölf von dem Thauerngebirg großen Schaden gethan, man einen beschwerlichen Kreuzgang über den Thauern zum Heiligen Bluet gelobt.« Dort erbaten die Wallfahrer Gottes Schutz der Haustiere vor Wölfen und Luchsen. Gelegentlich kamen Pilger in Schneesturm und Kälte um, wie dies 1683 neun Pinzgauern an jener Stelle zwischen Hochtor und Mittertörl widerfuhr, die nach dem Fundort der Leichen »Beindlkar« (»Elendboden«) heißt.

Just im »Beindlkar« unterbrachen die Wallfahrer 1946 ihren zehnstündigen Marsch und ließen sich neben der Glocknerstraße zur Rast nieder. Einer von ihnen, der Schuldirektor Richard Treuer aus Zell am See, fühlte unter sich etwas Hartes – ein Stück verwitterten Metalls, 13 Zentimeter lang, 2,5 Zentimeter breit und an einem Ende zugespitzt. Ein Fund aus »unvordenklichen Jahren«? Und was für einer: Archäologen erkannten in diesem Metallstück einen Bronzedolch aus der Zeit zwischen 1700 und 1600 vor Christus.

Hatte ein Mensch der Bronzezeit an dieser Stelle seine Jagdbeute zerlegt oder seine Mahlzeit zerschnitten und diesen Dolch dann vergessen? Hatte er seine Waffe einfach verloren? Und zu welchem Zweck stieg er überhaupt in diese einsame Unendlichkeit hinauf?

Sicheren historischen Boden gewinnen wir zu jener Zeit, da

Die Herkules-Statuette vom Hochtor. Diese Bronzefigur von 17 Zentimetern Größe aus der Zeit um Christi Geburt wurde 1933 beim Bau des Hochtors gefunden – ein Beweis für einen römischen Paßübergang.

die Kelten ein halbes Jahrtausend vor Christus in die Ostalpen kamen – auch in das Seidlwinkeltal, das von Rauris südwestwärts zum Hochtor ansteigt.
Knapp auf halbem Weg liegt die Maschlalm. Dort schlägerte im Frühjahr 1874 der ungarische Taglöhner Josef Miska Bäume. Beim Ausgraben eines Wurzelstockes fiel sein Blick auf einen Gegenstand aus massivem Gold, elf Zentimeter lang, 110 Gramm schwer, leicht gebogen, an einem Ende stark verdickt und reich verziert. Miska bog das Stück gerade, nahm es in seine Heimat und zeigte es zwanzig Jahre später einem Vergolder, der diesen Fund den Behörden meldete. Das Goldstück wurde untersucht; es entpuppte sich als Teil eines keltischen Halsreifens, wie ihn im fünften Jahrhundert vor Christus ausschließlich Frauen getragen hatten. Schließlich kam dieser Fund ins ungarische Nationalmuseum.
Was hat eine derart geschmückte Keltenfrau vor hundertzwanzig Generationen in das einsame Gebiet der Maschlalm geführt? Suchte sie Beeren oder wusch sie Gold aus der Seidlwinkelache? Wanderten damals Menschen über das Hochtor? Denn aus jener Zeit stammen auch Brandgräber in Pockhorn und Sagritz bei Heiligenblut, in denen Fibeln und ein Messer lagen.
Der Fund von der Maschlalm zählt heute zu den Prunkstükken des Salzburger Museums. 1911 für horrendes Geld vom ungarischen Nationalmuseum erworben, verschwand es im Zweiten Weltkrieg. 1972 legte es ein amerikanischer Münzhändler dem Britischen Museum zur Begutachtung vor. Urteil: Eine Fälschung, weil das Original laut Katalog in Salzburg liege. Vorsichtshalber fragten die Briten in Salzburg an. Das brachte Klarheit und den Salzburger Museumsverein um die Summe von 115.000 Schilling, mit der dieses Halsreifen-Fragment endlich 1978 wieder nach Salzburg zurückgeholt wurde.
Daß Menschen vor zwei Jahrtausenden schon den beschwerlichen Weg über das Hochtor gingen, wurde am 13. September 1933 um 7 Uhr belegt. Arbeiter pickelten gerade aus der festgelagerten Halde den südseitigen Voreinschnitt für das Hochtor in rund 2500 Metern Seehöhe und stießen in der dritten Schicht des Hangschuttes – etwa in 60 Zentimetern Tiefe – auf ein stark verkrustetes Etwas. Ein Mann kratzte daran herum, weil er einen Goldfund vermutete. Es war jedoch »nur« Bronze, immerhin aber eine 17 Zentimeter große Statuette des antiken Halbgottes Herkules aus der Zeit um Christi Geburt. Von dieser Sensation angelockt, gingen Archäologen zu Werke. Systematische Grabungen wurden fündig: Unter Humus in feinem Hangschutt in einer Tiefe von einem Meter lag das Bruchstück einer römischen Tonlampe und nebenan, in 1,60 Metern Tiefe, das Schenkelstück eines frühmittelalterlichen Hufeisens.
Das belegt zwar keineswegs einen »Römerweg« über das Hochtor, stützt aber die Annahme, daß hier ein Paßheiligtum zu Ehren jenes halbgöttlichen Helden stand, an dem unter anderen der römische Dichter Silius Italicus rühmt: »Die unnahbaren Hochzinnen der Alpen betrat zuerst Herkules. Ihn sahen die Götter die steilen, wolkenverhüllten Alpen bewältigen und durcheilen und die seit Weltbeginn von keines Menschen Fuß entweihten Felswüsten in gewaltigem Ansturm bezwingen.«
Im Herbst 1979 verbreiterten Arbeiter die Glocknerstraße unterhalb der Hexenwand. In einem Meter Tiefe stießen sie auf eine rund vier Meter lange Kette und einige Bruchstücke im Gesamtgewicht von elf Kilo. Wissenschafter erkannten sogleich den Verwendungszweck an vier zweiteiligen Ringglie-

dern, die um den Hals von Menschen passen: Ketten zum Transport von Häftlingen, gut dreihundert Jahre alt und, nach starken Abnützungsspuren zu schließen, offenbar von langem Gebrauch verschlissen.
Urkunden aus dem 17. Jahrhundert belegen, daß die Salzburger Erzbischöfe Übeltäter und Wilderer der Seemacht Venedig (gegen Ersatz der »Transportkosten«) überantworteten, denn Venedig hatte großen Bedarf an Galeeren-Ruderern für seine Kriegsflotte. Erzbischof Guidobald von Thun ordnete 1665 die Galeerenstrafe als Buße für den Abschuß von Steinböcken an. Sein Nachfolger Max Gandolf von Kuenburg dehnte wegen überhandnehmender Wilderei diese Strafe selbst auf Personen aus, »die nur mit einer Büchse an verbotenen Orten angetroffen wurden«. Diese hohen Herren nahmen nicht zur Kenntnis, daß ihre Jagdleidenschaft und zu großer Wildbestand die Bauern geradezu zwang, ihre Felder und Ernten durch Wildern zu schützen. Unter Erzbischof Johann Ernest von Thun (1687–1709) verfiel sogar lebenslanger Galeerenfron, wer einen Biber oder »zu wiederholten Malen« einen Fasan schoß – beispielsweise 1701 vier Männer. Vier Jahre später ersetzte Johann Ernest die Galeerenstrafe für Wilderer durch die »peinliche Frage«: Aufziehen des Delinquenten an den auf dem Rücken gefesselten Armen und beständige Zuwaage an Fußgewichten, bis die Arme aus den Schultergelenken gerissen und die Gefolterten »so dünne wurden, daß die Sonne durchscheinen konnte«, wie ein Chronist diese Marter beschrieb.
Der kürzestmögliche Transportweg für solche Häftlinge führte offenkundig von Salzburg über das Hochtor und den Plökkenpaß nach Venedig. Da im Fundbereich dieser Kette weder Skelette noch andere Hinweise auf Menschen entdeckt wurden, scheidet ein Lawinenunglück wohl aus. Vermutlich lauerten Verwandte und Freunde eines Verurteilten einem dieser Transporte auf, um ihre »Helden« zu befreien.

Drei-Sprachen-Ecke Großglockner

Nicht allein tote Fundstücke bezeugen, daß Menschen seit zweieinhalb Jahrtausenden in den Hohen Tauern siedelten und das eisfreie Hochtor überschritten. Auch die lebendige Sprache belegt, daß sich lange vor dem politischen Dreiländereck zwischen Kärnten, Salzburg und Tirol in der Glocknergruppe ein Dreispracheneck entwickelt hatte. Das beweisen Flur- und Hofnamen der drei Glocknerdörfer Fusch, Heiligenblut und Kals.
Um Christi Geburt unterwarfen die Römer das norische Königreich der Kelten, machten es zur Provinz Noricum und romanisierten nach und nach, aber sehr gründlich die Namensväter der Hohen Tauern, die keltischen Tauriskier. In den Wirren der Völkerwanderung wurden ein halbes Jahrtausend später die Römer verdrängt, worauf Baiern in die nördlichen Tauerntäler einzogen und Slawen die südlichen Tauerntäler in Besitz nahmen, ehe auch dieser Raum im 10. Jahrhundert endgültig deutschsprachig wurde – als Herzogtum Kärnten. Nur im abgeschiedenen Kalser Tal hielt sich bis in das 12. Jahrhundert eine romanische Sprachinsel, ähnlich dem ladinischen Teil Südtirols und Graubünden heute.
Romanen, Germanen und Slawen gaben Fluren, Weidegebieten und Wohnorten Namen, die vor allem Nützliches, aber auch auffallende Orientierungspunkte kennzeichneten. Solche Namen entschleiern Besiedlungsgeschichte und Wirtschaftsweise.
Zur Römerzeit führte der Weg über das Hochtor durch das Fuscher Tal, dessen Name (*fuscus* = dunkel) aus jener Zeit stammt. Aber die Gletscher im Fuscher Tal heißen schon Kees nach dem althochdeutschen Wort für Eis (*Chees*). Der Name des Parkplatzes Hochmais oberhalb von Ferleiten gibt einen Hinweis auf mühevolle Arbeit im Mittelalter (althochdeutsch *meizan* = hauen, roden). Gleiches taten übrigens auch die Slawen südlich des Alpenhauptkammes, wo ein hochgelegenes Feld Laserzen heißt (*laz* = Rodung). Den Fuscher Talschluß beherrscht der glatte Kegel des Sonnenwellecks, das alte Landkarten noch als Sinewelleck ausweisen – ein bildhafter Ausdruck für »rundlich« (mittelhochdeutsch *sinewel*).
Auf der Tauernsüdseite häufen sich entlang der Glocknerstraße slawische Namen: Mesenaten (*mizinat* = moorig, also »Naßfeld«), Zopenitzen (*soponica* = Wasserfall), Zlap (*slap* = Wasserfall), Zlamitzen (*zlame* = First), Stribach (*strebsti* = roden), Margaritze (*margaretica* = Margaritenblume), Golmitzer (*holmica* = der am Hügel wohnt), Döllach (*doljach* = bei den Talbewohnern), Apriach (*brdo* = Hügel), Ranach (*ravnjach* = bei den Bewohnern der Ebene), Sagritz (*za gorico* = Gegend hinter dem Hügel), Albitzen (*jalovica* = Alm für Galtvieh), Gößnitz (*kosnica* = Wasser in Gegend mit Geißen oder Gemsen) oder Gumpanitz (*kumpanica* = Strauchwald).
Der Ortsname Kals (*cavaltes* = hochgelegene Gruben) verweist auf Bergbau zur Römerzeit. Eine Fülle von Flur- und Hofnamen stammt aus der römischen Besiedlung dieses Tales, bevor es dem deutschen Sprachraum zuwuchs: Glor (*glarea* = Kies, Bachgeschiebe), Pradel, Predözze, Preteroies (*pratum* = Wiese), Elleparte (*illae partes* = jenseitige Grundstücke), Tschadin (*catinus* = Kessel), Tschamp (*campus* = Feld), Tschann (*canna* = Schilf), Medel (*metula* = kleiner Heuschober), Romariswand (*rivus maricii* = Geröllbach), Spinnevitrol (*spina* = Dorn, *vitriolus* = gläsern), Salesöd (*salix* = Weide), Rubisoi (*ruber* = Dornstrauch, Brombeerstrauch) oder Rumesoi (*rumex* = Sauerampfer).
Erheblich später als in das Mölltal wanderten Slawen auch in Kals ein. Weil aber Romanen längst die besten Kulturböden im Weichbild des heutigen Dorfes besaßen, mußten die Zuwanderer mit Geringerem talauswärts oder in höheren Hanglagen vorlieb nehmen. Dafür stehen Namen wie Peischlach (*picevlje* = Heualm), Ködnitz (*kot* = Winkel), Daberklamm

(*deber* = Schlucht), Plasischg (*plazisce* = Lawinenstrich) oder Fruschnitz (*frusnica* = schmutziger Überrest von Gletschern).
Wie stark sich Sprachen mischen und bis zur Unverständlichkeit verwittern können, beweist in Kals der Flurname Foledischnitz: romanisches Fole (*val de* = Tal von) und slawisches dischnitz (*tisanica* = stilles Tal). Auch der Muntanitz (*mons* = Berg) bekam auf diese Weise ein slawisches Anhängsel.
In der Fanatscharte (auch Fanet oder Vanit geschrieben) nahe der Stüdlhütte steckt der lateinische *vannus* (Sattel), wogegen der Gramul gleich nebenan trotz seiner 3268 Meter nur ein »Erdhaufen« (*grumulus*) ist. Knapp zwei Kilometer nördlich davon beginnt beim Teufelskamp wieder altdeutscher Sprachraum: Kamp vom mittelhochdeutschen *camb* = Kamm, also zackiger Grat.
Alle diese Spuren aus zweieinhalb Jahrtausenden drängen zur Frage, was Menschen in das abschreckende Hochgebirge lockte. Denn bis heute erzählen schaurige Sagen, daß dort böse Geister, Drachen und andere Ungeheuer hausten. Unsere Vorfahren hielten Gletscher und Hochgebirge für Gegenden, über denen ein Fluch lastet, der dort die Seelen von Verdammten und Verwünschten leiden läßt. Nur die Griechen verklärten ihre Angst vor dem Hochgebirge, indem sie den Olymp zum Sitz der Götter erhoben, dem sich kein Sterblicher nähern dürfe.

Strapaziöser als Kriege

Die Römer eroberten fast die ganze damals bekannte Welt, weil sie keinen Feind fürchteten – lediglich die Alpengipfel bildeten eine Ausnahme. Weder feinsinnige Poeten noch andere große Geister jener Epoche konnten dem Hochgebirge etwas abgewinnen.
Der weitgereiste Plinius beließ es bei der Schätzung aus sicherer Entfernung, daß die höchsten Alpengipfel 50.000 Doppelschritte (= 74.000 Meter) in den Himmel reichen. Cäsar vertrieb sich die Zeit bei mehrfachen Zügen über Alpenpässe damit, Gedichte und eine Grammatik zu schreiben. Den Historiker Livius stieß die »Scheußlichkeit« der Alpen ab, zumal dort »Lebendes und Lebloses vor Frost erstarren«. Tacitus hielt die Alpen glattweg für »unnahbar«, Silius Italicus empfand »Abscheu« vor dieser vegetationslosen Einöde und beklagte: »Der Sonnengott kann mit seinen feurigen Strahlen den gehärteten Reif nicht auftauen. Die Durchreisung der Alpen ist anstrengender als die Strapazen des Krieges.« Claudius Claudianus bedauerte, daß es »nirgends in den Alpen einen Becher Wein als Labetrunk oder ein weiches Lager für den Müden« gebe. Als »wahrhaft grauenerregend« beschrieb Ammianus Marcellinus die Gletscher, »wo tückische Spalten den Wanderer zu verschlingen drohen«.
Der griechische Geograph Strabo hingegen analysierte zur Zeit Christi nüchtern, was sogar heute noch bisweilen Entsetzen auslöst – die Lawinengefahr: »Gewaltige Eisschichten, die von den Bergen herabrollen, schleudern oft ganze Reisegesellschaften in die Täler. Denn es ruhen viele Schneeschichten übereinander, weshalb sich dann die Schneemassen an der Oberfläche jederzeit leicht von den darunter liegenden ablösen.« Das machte zwar die Alpen für die Menschen der Antike auch nicht anziehender, beschreibt aber erstmals die tückischeste Art von Lawinengefahr: das Schneebrett.

Goldrausch in den Tauern

Strabo berichtet auch – von Herodot im 5. Jahrhundert vor Christus schon angedeutet –, was die Römer an den »scheußlichen« Alpen nun doch zu interessieren begann und was schließlich zur Unterwerfung Noricums führte. Strabo zitiert den Historiker Polybios (ca. 200 bis 120 v. Chr.): »Bei den Tauriskiern wurde ein derart ergiebiges Goldlager aufgefunden, daß man schon in zwei Fuß Tiefe auf Gold stieß, zum Teil gediegenes Gold in Bohnengröße. Als Italiker den Barbaren durch zwei Monate (bei Goldabbau und Vermarkten) behilflich waren, sank der Goldpreis in Italien sofort um ein Drittel. Als die Tauriskier genügend Kenntnisse erlangt hatten, rissen sie den ganzen Goldhandel an sich. Nun aber sind die Römer im Besitze aller dieser Golderze.«
Dieser Bericht über bohnengroße Goldklumpen, Preisverfall und Kämpfe um alpine Goldadern zeigt einen Goldrausch in den Tauern rund 150 Jahre vor Christus an.
Knapp unterhalb des Hochtor-Nordportals heißt eine Kehre »Knappenstube«, benannt nach kaum noch erkennbaren Stollen und Halden tauben Gesteins in fast 2500 Metern Seehöhe. Ähnliche Spuren in den Steilflanken des Brennkogels gleich nebenan, am Kloben weiter im Westen, am Gipfelaufbau des Goldzechkopfes oberhalb des Kleinen Fleißkees oder am Rauriser Sonnblick bezeugen, welche Mühen und klimatische Härten Menschen sich und anderen zumuteten, um sogar auf knapp 3000 Metern noch das Tauerngold zu heben – dieses bezwingende Symbol von Reichtum, Macht und Eitelkeit.
Den Erzreichtum der Gebirge nahmen schon im frühen Mittelalter Kaiser und Könige für sich in Beschlag. Das Bergregal sprach dem Herrscher das ausschließliche Bergbaurecht zu. Er konnte es auch Landesherren überlassen, wie 1199 dem Erzbischof von Salzburg in dessen Hoheitsgebiet.
Der Regalherr pflegte das Schürfrecht an kapitalkräftige Unternehmer und auch an risikofreudige Spekulanten zu verpachten und kassierte dafür beachtliche Steuern: erst die »Frone«, ursprünglich »jeden zehnten Kübel« geförderten Erzgesteins, später auch weniger, um erlahmenden Bergbau weiter in Gang zu halten. Und dann den ungleich einträglicheren »Wechsel«, den Unterschied zwischen Einkaufspreis und Marktpreis von Edelmetall. Der Landesherr setzte nämlich den Einkaufspreis dank seinem Fiskalrecht fest – in der Regel

so, daß den Gewerken (nach unserem Sprachgebrauch etwa genossenschaftlich organisierte Bergbau-Unternehmer) nach Abzug ihrer Produktionskosten noch ausreichender Gewinn verblieb, um den kapitalintensiven Bergbau voranzutreiben.

Zur Hochblüte des Goldbergbaus in den Tauern zwischen 1460 und 1560 erbaten Gewerken mehrfach die Befreiung von der Last des Wechsels. In einem Fall wies Kardinal Matthäus Lang von Wellenburg (1519–1540) die Bittsteller barsch ab: Diese Steuer diene nicht dazu, »daß sie dem Fürsten groß ersprießlich, sondern zur Anzeigung der fürstlichen Obrigkeit«.

Der Historiker Fritz Gruber errechnete anhand alter Dokumente, daß der Gewinn aus dem Wechsel sehr »ersprießlich« war und entscheidend zur Macht der Salzburger Erzbischöfe beigetragen hatte.

Zur Zeit des Erzbischofs Michael von Kuenburg (1554–1560) warf der Edelmetallbergbau in Rauris und Gastein 1557 den Rekordertrag von rund 830 Kilo Gold und 2713 Kilo Silber ab. Nach Abzug der »Frone« blieben 781 Kilo Gold und 2533 Kilo Silber zur »Wechsel«-Verrechnung.

Der Goldpreis auf dem freien Markt schwankte 1557 zwischen 499 und 503 Gulden je Kilo (wir rechnen mit 500 Gulden). Der Erzbischof setzte aber seinen amtlichen Ankaufspreis für Gold auf 388 Gulden pro Kilo fest. Somit flossen je Kilo Gold rund 112 Gulden in die Hofkammer, zusammen somit rund 87.470 Gulden für 781 Kilo Gold. Hinzu kam der Preis für 49 Kilo Gold aus der »Frone« mit 24.500 Gulden Verkaufswert – insgesamt also an die 112.000 Gulden.

Die »erwechselten« 2533 Kilo Silber trugen bei einem Marktwert von rund 44 Gulden und dem amtlichen Ankaufspreis von knapp 35 Gulden fast 22.800 Gulden ein. Rechnet man noch den Handelswert von 180 Kilo »Fron«-Silber mit knapp 8000 Gulden dazu, macht das nochmals 30.800 Gulden.

Abzüglich aller Unkosten blieb der erzbischöflichen Hofkammer im Rekordjahr 1557 aus den Rauriser und Gasteiner Edelmetallen ein Reingewinn von 113.000 bis 115.000 Gulden aus einer Steuer von theoretisch 23 Prozent. Das entsprach mehr als einem Drittel der landesherrlichen Einkünfte und bekräftigt die Feststellung des Salzburger Pädagogen Franz Michael Vierthaler von 1816, in jener Zeit sei »überhaupt ein außerordentlicher Durst nach Gold erwacht« und »Salzburg war damals das kleine Peru der alten Welt«.

Einen Begriff davon, was die Erzbischöfe mit diesem Goldsegen anfingen, geben die »summarischen Auszüge« dessen, was 1573/74 »bey Hof aufgegangen ist«: 51.712 Gulden, darunter 3987 Gulden zur »Erhaltung der beiden Hofkuchln und der Schloßkuchl«, die täglich 264 Personen – darunter auch Arme – mit je 0,27 Kilo Fleisch, drei Stück Brot, drei Vierteln Wein und einem Viertelliter Bier gratis beköstigten. Ein anderes Beispiel: 1522 rechnete der Festungshauptmann von Salzburg dem Erzbischof vor, daß er für die zeitgemäße Modernisierung seiner Artillerie und die Bewaffnung seiner Truppe unter anderem 44 Geschütze und 32 Tonnen Pulver und anderes Kriegsgerät im Gesamtwert von 22.672 Gulden brauche. Die lückenhaften Belege aus jener Epoche zwingen zur kalkulierten Schätzung, daß Mitte des 16. Jahrhunderts annähernd zehn Prozent der Weltproduktion an Gold – noch ohne Nordamerika, Südafrika, Australien und Sibirien – aus Rauris und Gastein gekommen sein müssen, wogegen die Silberproduktion bestenfalls ein Prozent der Welterzeugung erreichte.

An dieser Größenordnung ändert der Abbau von Edelmetallen in Großkirchheim auf der Kärntner Seite der Goldberggruppe nichts. Im Salzburger Rekordjahr 1557 wurden im Mölltal 37 Kilo Gold und 295 Kilo Silber gewonnen. Seinen Goldrekord erreichte Großkirchheim mit 84 Kilo erst 1582, als die Salzburger Goldproduktion schon unter 300 Kilo gefallen war.

Trotz überprüfbarer Fakten halten sich bis heute geradezu märchenhafte Zahlen über das Tauerngold. Eine davon setzte der Salzburg-Chronist Franz Dückher 1666 in die Welt: Im Jahr 1518 hätten die Salzburger »Bergwerk, sonderlich das in der Gastein«, dem Erzbischof 80.000 Dukaten Gewinn gebracht. Das wären rund 108.000 Gulden zu einer Zeit gewesen, da das Tauerngold der Hofkammer jährlich annähernd 25.000 Gulden einspielte und knapp unter dem Gewinn aus dem Halleiner Salz lag. Augenscheinlich stützte der venezianische Gesandte Quirini seine Schätzung auf besser informierte Quellen bei Hofe, daß die Hofkammer 1507 insgesamt aus Bergbau, Steuern und Landwirtschaft 90.000 Gulden zog und der Erzbischof mit diesem Reichtum den beneidenswerten vierten Rang unter den deutschen Fürsten erobert hätte.

Nicht minder beharrlich hält sich die Berechnung, daß die Tauern »vor 1560 jährlich 2600 Kilo Reingold« freigegeben hätten. Ein Umrechnungsfehler entzaubert diese Traumziffer: Nicht 2600 Kilo Gold, sondern ungefähr 2600 Mark – das übliche Meßgewicht von 0,28 Kilo – wurden in längerjährigem Durchschnitt gewonnen, also annähernd 728 Kilo.

In diesen Blütejahren arbeiteten in Gastein, Rauris und Großkirchheim rund 3500 Menschen im Bergbau, wenngleich mit Methoden, die noch jenen des Altertums ähnelten. Denn erst ein gutes Jahrhundert später setzte sich die Sprengtechnik im Bergbau durch. Bis dahin rückten die Knappen dem Berg mit Schlegel und Eisen zu Leibe. Sie trieben Stollen vornehmlich durch »Feuersetzen« voran: Erhitzen des Gesteins mit Holzfeuer und anschließendes »Abschrecken« mit kaltem Wasser, damit der Fels Sprünge bekäme. In diese trieb man Holzkeile und übergoß sie mit Wasser, so daß sie aufquollen, den Fels sprengten und das Gestein lockerten.

Die technischen Grenzen dieser Bergbaumethode liegen auf der Hand: Die Belüftung wurde mit der Tiefe des Stollens schwieriger, ebenso der Abzug einbrechenden Wassers. Außerdem führte der ungeheure Holzbedarf für das Pölzen, »Feuersetzen« und die Schmelzhütten zu Raubbau an den Wäldern. Da niemand an Aufforsten dachte, mußte Holz zu-

Die Glocknerhausstraße 1924 und die Großglockner-Hochalpenstraße 1984 knapp östlich des Glocknerhauses. In diesen sechzig Jahren gingen Pasterze und Hofmannskees (Hintergrund) erheblich zurück.

nehmend von weiter her und teurer beschafft werden. Ursprünglich wurden die Erze vor den Gruben verhüttet. Doch je höher die Stollen rückten, desto kostspieliger erwies sich diese Methode. Deshalb baute man in den Tälern neue Verhüttungsanlagen. Den Abtransport des erzhältigen Gesteins besorgten Tragtiere und im Winter Sackzieher. Diese füllten je rund 50 Kilo Hauwerk in Zwillichsäcke, banden diese dutzendweise zusammen und steuerten diesen »Sackzug« mit einem eisenbeschlagenen Stock auf einer vorbereiteten Schneerinne ins Tal. Dort ging die Fracht zum Zerkleinern durch das »Pochwerk« und schließlich in die Schmelze.

Nicht nur »finsteres« Mittelalter

Die sozialen Verhältnisse im Bergbau jener Zeit sind gut dokumentiert und passen keineswegs in das Bild vom »finsteren« Mittelalter. So verboten die landesfürstlichen Bergordnungen zwar schon ab Mitte des 15. Jahrhunderts aus einleuchtenden Gründen den Privatverkauf von Gold, den Privatbesitz von Waagen und privates Goldschmelzen – wovon die »Goldpforte« in Döllach zeugt, die während der Goldschmelze zugemauert wurde, um jeden Kontakt zu den Schmelzern zu unterbinden. Die Bergordnungen regelten Arbeitszeit, Versorgung mit Lebensmitteln und indirekt auch die Löhne.
Die zweite Salzburger Bergordnung von 1477 begrenzte die Arbeitszeit der Knappen auf 44 Wochenstunden – Montag bis Donnerstag je zehn Stunden, Freitag nochmals vier. In Großkirchheim arbeiteten die Bergleute vier Schichten zu zehn Stunden und ein »Peu« von fünf. Von Urlauben war nicht die Rede, zählte man doch jährlich dreißig und mehr kirchliche Feiertage.
Diese Regelung leuchtet ein angesichts stundenlanger Wege von den elenden Massenquartieren im Hochgebirge zu den Wohnorten im Tal. Dort besaßen viele Bergleute »Keuschen«, und dort deckten sie sich mit Lebensmitteln ein. Davon steuerten die Gewerken außer Arbeitskleidung und spartanischer Unterbringung vor Ort beachtliche Mengen bei, die allerdings äußerst einseitig und vitaminarm waren. Um 1550 erhielt »ein Knapp, so er ein Weib hat«, als Naturalienzahlung pro Arbeitswoche 4 Kilo Brot, 1,5 Kilo Mehl, 1 Kilo Fleisch sowie je 0,5 Kilo Schmalz und Schafkäse. Der Wert dieser Ration entsprach rund 25 Arbeitsstunden eines Hauers und 36 Arbeitsstunden einer Hilfskraft. Ledige bekamen nur drei Viertel dieser Ration, woraus jedoch keineswegs zu schließen ist, man hätte den Wert einer Frau nur auf das Viertel eines Mannes geschätzt. An diesen Rationen ist vielmehr der Unterschied zwischen Schwerstarbeit im Hochgebirgsbergbau und alltäglichem Nahrungsbedarf abzuschätzen, zumal die Angehörigen auch von den kargen Erträgen ihrer landwirtschaftlichen Kleinstbetriebe leben mußten.
Der bare Wochenlohn eines guten Hauers betrug damals bis zu 68 Kreuzer (60 Kreuzer = ein Gulden), Hilfskräfte kamen auf 45 bis 50 Kreuzer. Gemessen an den durchschnittlichen Marktpreisen kostete den guten Hauer ein Kilo Rindfleisch zwei Arbeitsstunden und Schweinefleisch das Doppelte davon. Für 100 Eier mußte der Hauer 17 Stunden arbeiten, für ein Kilo Brot vier, für ein Kilo Schmalz sieben und für ein Kilo Speck zehn Stunden.
Bergleute zählten damals zu den Spitzenverdienern. Das bele-

Kehre 18 nahe dem Wallackhaus während des Baues, 1934, und fünfzig Jahre später. Während dieser Zeit wurde die Straße, neben vielen anderen Ausbaumaßnahmen und Verbesserungen, von 6 auf 7,5 Meter verbreitert.

gen Vergleiche. In Märkten und Städten verdienten Handwerker »ohne Kost« wöchentlich an die 80 Kreuzer, Maurer etwa 70 Kreuzer und Taglöhner 55 Kreuzer. Eine dreiköpfige Familie verbrauchte zu jener Zeit in der Stadt für den Haushalt – ohne Wohnung – jährlich annähernd 70 Gulden, bei bescheidensten Ansprüchen. Das übliche Heiratsgut auf dem Lande stand bei 100 Gulden, die teure »Morgengabe« nach der Hochzeitsnacht bei einem Drittel davon, und die »Vollpension« in einem »gutbürgerlichen« Wirtshaus kostete an die 30 Kreuzer. Das sind beachtliche Sätze für Handwerker, die jährlich an die 70 Gulden verdienen konnten. Sie kannten freilich die Bedürfnisse unserer Zeit nicht.

Daran sind die Vermögen der Großgewerken abzulesen, die in den Blütejahren Zehntausende Gulden Gewinn machten, den Kreuzer nicht umdrehten und, bei aller Verschwendungssucht, der Nachwelt solche Schätze hinterließen wie die Kirche von Heiligenblut.

Bergordnungen sorgten auch dafür, daß Knappen fernab der Märkte nicht höhere Preise zahlten. Denn für mehr als zweitausend Bergleute in Rauris und Gastein genügten die Erträge dieser Täler nicht. Landwirtschaftliche Güter wurden von Abtenau, Getreide von Oberösterreich, Schmalz gar von Böhmen und Vieh von Ungarn herbeigeführt. Die Gewerken kauften Grundnahrungsmittel im »Großhandel«, besorgten den Transport und gaben die Ware zu Preisen ab, die der Landesherr festsetzte. Dank diesem begünstigten »Pfennwerthandel« zahlten die Bergleute meist etwas weniger als auf dem »freien Markt«. Doch die schiere Menge des Umsatzes verschaffte den Gewerken Gewinn auch noch aus diesem »Pfennwerthandel«.

Erstaunliche Details am Rande: Als einzigen Süßstoff gab es zu jener Zeit Honig, und die reichlich vorhandenen Pilze galten als ungenießbar.

Soziale Sicherungen boten den Bergleuten schon im 15. Jahrhundert die »Bruderschaften«. Diese hoben als »Sozialabgabe« 0,4 Prozent vom Lohn als »Brudergeld« ein, erwarben dafür, häufig auch mit Hilfe von Zuschüssen der Gewerken oder des Landesherrn, Grundstücke, Almen oder Häuser und verpachteten diese. Auch verliehen sie Geld zu den damaligen Spitzenzinssätzen von rund fünf Prozent.

Aus diesen Einkünften bekamen Invalide und Pensionisten eine Rente von annähernd 50 Prozent des Arbeitslohnes und Ersatz für Arzneikosten. Zudem erhielten sie die Grundnahrungsmittel meist um den halben »Pfennwert«-Preis. Dabei ist zu berücksichtigen, daß damals die Lebenserwartung kaum vierzig Jahre betrug, Menschen nahezu immer bis zum Tod arbeiteten und die Rente des »Brudergeldes« vorwiegend an Arbeitsinvalide floß. Auch Arzneien halfen wenig gegen Krankheiten, die meist einem Todesurteil gleichkamen: Lungenentzündung oder Blinddarmentzündung (»Bauchgrimmen«).

Die Faszination des Goldes lenkt von einem wesentlichen Aspekt des Goldbergbaus ab: von der Finanzierung des Silberbergbaus. Denn Silber als Münzmetall beherrschte bis zur Einführung des Papiergeldes – der »Banco-Zettel« 1762 – das monetäre System.

In der zweiten Hälfte des 16. Jahrhunderts begann der Edelmetall-Bergbau in den Tauern zu welken. Noch zwischen 1538 und 1564 waren Salzburger Bergleute begehrte technische »Entwicklungshelfer« in Sachsen, im Harz und sogar in

Blick auf das Glocknerdorf Heiligenblut bei Baubeginn der Straße, 1930, und der gleiche Blick im Jahr 1984.

England. Doch mittlerweile war der Abbau bis an die 3000 Höhenmeter hinauf an seine technischen Grenzen gelangt. Seine Methoden und die Finanzkraft reichten nicht mehr aus, in die Tiefe vorzudringen und weniger trächtige Lagerstätten gewinnbringend auszubeuten.

Zur Blütezeit hatten die Knappen in den Tauern durchschnittlich 13 Gramm Feingold aus jeder Tonne Haumaterial geholt – gegenüber 18 Gramm, auf die es moderne Montantechnik dort gebracht hätte. Förderung und Verarbeitung einer Tonne Gesteins kosteten aber 11,5 Gramm Gold. Also sanken die Erträge angesichts hoher Aufbereitungsverluste, geringer Produktivität (auf einen produktiven Hauer kamen zwei Hauwerkträger, zwei Wasserträger und acht Hilfskräfte!) und mangelhafter Technik, sobald der Gehalt an Edelmetall abmagerte.

Obendrein litt Europa in der zweiten Hälfte des 16. Jahrhunderts unter katastrophaler Teuerung, zum Teil als Folge von Mißernten, Staatsbankrotten in Spanien und Frankreich, Kriegen und einem jährlichen Bevölkerungszuwachs von einem Prozent. Der allgemeinen Verarmung kam auch die obrigkeitliche »Theuerungspolizeyordnung« nicht bei, weil die Lohnsteigerungen bestenfalls die Hälfte der jährlichen »Inflation« von rund einem Prozent wettmachten. Deshalb klagten die Großkirchheimer Gewerken auch sehr glaubhaft: »Wo man vor Jahren die Viktualien um Halbes kaufte, hat man dieselben jetzt um Doppeltes kaufen müssen. Alle Besoldungen sind in solche Steigerung gewachsen. Da man zuvor 75 Kreuzer gegeben, muß man jetzund gegen 120 Kreuzer haben.«

Außerdem zögerten die Landesherren ihrer Einkünfte wegen, die Belastung des Bergbaus durch »Frone« und »Wechsel« zu mildern. Das nötigte sie schließlich, Pleitebetriebe durchaus als »produktive Arbeitslosenfürsorge« zu übernehmen, um Unruhe zumal unter der wachsenden Zahl von Protestanten zu verhindern.

Endlich begann auch das lateinamerikanische Edelmetall in Europa auf die Preise von Gold und Silber zu drücken – zwar nur wenig, denn Spaniens Monopol in Lateinamerika lenkte Edelmetalle vorwiegend in den Handel mit dem Orient. Doch zusammen mit den hausgemachten Bergbauproblemen schlug auch dies zu Buche.

So mündete die hohe Zeit des Tauernbergbaus um 1615 in Erträgen von knapp fünf Prozent der Blütezeit. Lediglich im Fleißtal bei Heiligenblut hielt sich spärliche Goldwäscherei, die nach einem Bericht von 1804 dem fleißigen Goldwäscher »manchmal in 6 bis 8 Wochen 60 bis 70 Gulden« einbrachte.

Handelswege über das Hochtor

Dem Pinzgauer Heimatforscher Horst Scholz ließ der Fund von Sträflingsketten an der Glocknerstraße und Wallacks Bewunderung für den Erbauer des »Römerweges« keine Ruhe. War es am Ende doch kein »Römerweg«? Denn niemand fand, was den Verlauf von »Römerstraßen« sonst untrüglich anzeigt – römische Meilensteine. Scholz ging methodisch zu Werke. Seit 1977 tastete er mit einer Metallsonde den »Römerweg« entlang der Glocknerstraße und alte Pfade vom Seidlwinkeltal zum Hochtor systematisch ab. Nach sechs Jahren und dem ersten Viertel der Gesamtstrecke gingen seine Funde an mittelalterlichen Hufnägeln, Reitersporen und Zaumzeugbeschlä-

1931 und 1984: die Stelle, an der die Glocknerstraße den Wald oberhalb der Fleißkehre in Heiligenblut verläßt.

gen in die Hunderte. Sie bezeugen, was Menschen einst neben der Goldsuche in die Berge trieb und was eine lateinisch abgefaßte Urkunde des deutschen Kaisers Adolf von Nassau 1296 erstmals erwähnt: Handel. Dieser Kaiser sprach dem Salzburger Erzbischof das Zollrecht auf einem offenbar schon lange ausgetretenen Weg zu, »der über den Berg führt, welcher Turentauern und Fuschertauern genannt wird«.

»Tauern« – so hießen bis in das 19. Jahrhundert nur die gletscherfreien Paßübergänge in jenem Gebirge, das heute diesen Namen trägt.

Einen Plan, über diesen Tauern eine Alpenstraße zu legen, hatte schon 1895 der Kärntner Oberbaurat Raimund Pierl auf Zeichenpapier gebracht. Und das gewann nach der Niederlage Österreich-Ungarns im Ersten Weltkrieg besondere Aktualität. Denn der Verlust Südtirols hatte Nordtirol von Osttirol getrennt. Und mit der Bahn dauerte die Fahrt von Innsbruck über den Pinzgau und Oberkärnten nach Lienz einen ganzen Tag. Doch schon lange vor Pierls Idee hatte die Geschichte Verkehrsstrukturen über die Tauern geprägt.

Bis zum Dreißigjährigen Krieg flossen nämlich die Hauptströme des Welthandels über die Alpenpässe – von den subtropischen zu den außertropischen Räumen und zurück. Erst die moderne Verkehrsgeographie konnte hinterher überzeugend begründen, was die Menschen vor Jahrhunderten zielsicher herausgefunden hatten: Der Weg über das Hochtor ist nach dem Brenner die kürzeste Verbindung zwischen den hintersten ebenen Talböden nördlich und südlich des Ostalpenkammes. Die Menschen jener Zeit überwanden die rund 25 Kilometer Luftlinie von Fusch bis Döllach selbst in »unvordenklichen Jahren« nachweislich an einem Tag. Dieser Vorteil wog offensichtlich den Nachteil auf, daß das Hochtor fast 1200 Meter höher liegt als der Brennerpaß, 1000 Meter höher als der Reschenpaß und knapp 800 Meter höher als Radstädter Tauern und Katschberg. Schließlich gab es im 158 Kilometer langen Alpenhauptkamm zwischen Brenner und Katschberg keinen günstigeren Übergang als das Hochtor.

Den ausschlaggebenden Vorteil des Weges von Rauris durch das Seidlwinkeltal und über das Hochtor nach Heiligenblut beschrieb schon 1598 der Bittbrief eines Rauriser Wirtes an den Salzburger Erzbischof: »... zumahlen Winterszeiten kain anderer als der hießige Thauern offen ist«.

Wohl deshalb verlegt eine fromme Legende des 10. Jahrhunderts das tragische Schicksal des heiligen Briccius in das Gebiet von Heiligenblut.

Der historische Briccius war Bischof von Tours und entzog sich den Nachstellungen eines Rivalen durch die Flucht über die Alpen nach Rom. Sieben Jahre später kehrte er an seinen Bischofssitz zurück, wo er 443 starb. Wegen seiner gefährlichen Flucht über das Gebirge wird er als Patron der Reisenden verehrt.

Die Legende freilich beschreibt Briccius als gottesfürchtigen und tapferen Mann im Kriegsdienst Kaiser Konstantins VII. (912–959) in Konstantinopel. Als es Briccius wieder in seine dänische Heimat zurückzog, gewährte ihm der Kaiser einen außerordentlichen Beweis seiner Gunst. Briccius begehrte und bekam einen Tropfen Blutes von jener Wunde, die ein Frevler einem geschnitzten Kruzifix geschlagen hatte. Alsbald reute das den Kaiser. Er schickte dem Dänen Häscher nach. Vergeblich, denn Briccius hatte sich als Pilger verkleidet und »den Wadel seines rechten Beines« aufgeschnitten, um darin das

Pilger auf dem Weg nach Heiligenblut. Die Pinzgauer Wallfahrt über das Hochtor reicht in das 15. Jahrhundert zurück und diente ursprünglich dem Gebet um Schutz der Haustiere vor Wölfen und Luchsen. Als eifrigster Wallfahrer steht in den Annalen der Brucker Neuhausbauer Johann Nokker, der fünfundsechzigmal den Bittgang nach Heiligenblut mitgemacht hat.

»Gläslein mit dem Heiligen Blut unter Erde und einem Tüchl« samt einem Zettel mit der Vorgeschichte zu verbergen.
So entkam Briccius glücklich in das Mölltal, wurde aber auf dem Weg zum Hochtor »alldort von einer großen Schneelahn erdrücket«. Zu Weihnachten wuchsen aus diesem Lawinenkegel drei Getreideähren. Einheimische gruben diesem Wunder nach und fanden den Toten, in dessen Herz die Ähren wurzelten. Sie legten diesen offensichtlich besonders Begnadeten auf einen Ochsenkarren und begruben ihn an jener Stelle, an der die Ochsen im Tal auf Gottes Weisung anhielten. Dort steht heute die Kirche von Heiligenblut. Aber »dreymalen reckte der Leichnam seinen rechten Fuß aus dem Grab«, ehe die frommen Leute begriffen: Sie wuschen dieses Bein, fanden die Ampulle mit Christi Blut und den erklärenden Zettel, errichteten zu Ehren dieses Heiligen eine Kapelle, und alsbald begannen Gottesfürchtige zu jenem Ort zu wallfahren, den eine Urkunde 1430 erstmals »zum heiligen Bluet« nennt.
Warum hätte Briccius dem Hochtor zustreben sollen, wäre es im Winter nicht begehbar und dies nicht auch allgemein bekannt gewesen?
Nicht Frömmigkeit, sondern sehr irdisches Gewinnstreben bewog Eroberer und Händler, die Pässe der damals noch Furcht erregenden Alpen zu überwinden. Der Händler genoß dabei den Vorzug, statt Gewalttaten das Geschäft in Gang zu bringen: Bodenständige Ware gegen »Import«. Dazu brachte er noch Kunde von fremden Gegenden, Leuten und Ereignissen, Nachrichten, mit denen uns heute Zeitungen und Funk versorgen. Es ist leicht erklärlich, daß Händler ob dieser Vorzüge und ihrer Marktkenntnisse so etwas wie »neutrale Immunität« genossen.
Ware gegen Ware hieß im Handel über die Hohen Tauern: Salz aus dem Norden gegen Wein aus dem Süden. Und dieser Handel führt uns Einfallsreichtum, Wagemut und Intelligenz in einer Zeit vor Augen, welche die technischen Errungenschaften unserer Tage noch nicht kannte: Maschinenkraft, Elektrizität und schnelle Nachrichtenübermittlung. Es ist notwendig, sich das Fehlen dieser Möglichkeiten zu vergegenwärtigen, um die Leistungen in jener Zeit zu begreifen.
Unter den hunderten mittelalterlichen Hufnägeln, die Horst Scholz mit seiner Metallsonde entlang der Glocknerstraße aufspürte, trägt eine erkleckliche Anzahl scharfe Dornen, Vorläufer moderner »Spikes« – an Pferdehufen. Das beweist erheblich mehr als nur winterlichen Verkehr über das Hochtor; nämlich Erfahrung mit Schnee und Wetter. Denn stetiger Wechsel von Schneefall und Tauwetter, Stürmen und Sonnenschein erzeugt eine Schichtung des Schnees, weshalb selbst hochalpine Schneemassen meist nicht grundlos sind.
Sehr spärliche Quellen berichten, daß die Handelswege über die Tauern im Winter »freigepflügt« wurden, indem man Ochsen mit angehängten Baumstämmen durch den Schnee trieb, Pferde vor kleine Schlitten spannte und in größeren Gruppen einer hinter dem anderen dahinzog. Offenkundig ergab das festgetretene, glatte Pfade, auf denen erst gedornte Hufnägel den Tragpferden festen Tritt verschafften, vor allem im Frühjahr auf verharschtem Schnee. Dennoch verblüfft es, daß ausgerechnet im Winter über die Tauernpässe lebhafter Handelsverkehr ging. Nicht genug damit – auf dem Hochtorweg herrschte gerade zur günstigsten Zeit, zwischen Juni und Oktober, Ruhe.
Dafür gibt es drei Gründe. Einmal standen im Sommer auch die im Winter unpassierbaren Tauernübergänge offen. Zweitens besorgten spätestens seit dem 12. Jahrhundert vorwiegend »Nebenerwerbsbauern« den Gütertransport. Sie waren in der warmen Jahreszeit mit Feldarbeit und Ernte ausgelastet. Drittens pflegte man die begehrten und süßen Welschweine, vorwiegend aus Friaul und Görz, meist noch als »Heurigen« über die Alpen zu transportieren und erst am Bestimmungsort zum Ausreifen einzulagern. Das alles erklärt, warum Urkunden einen jähen Anstieg des Handelsverkehrs über das Hochtor zu Micheli (29. September) vermelden.

Saumhandel mit Venedigerware

Das Gewerbe dieses alpinen Handelsverkehrs heißt »Sämerei«, betrieben vom »Sämer« oder »Säumer«, benannt nach der »Sämb« (Saumlast, vom spätlateinischen *sauma* = Saumsattel), und bis heute lebendig im Begriff »Saumweg«.
Die Normlast für Saumpferde setzte die »Roßsaum« mit drei

Zentnern (168 Kilo), die »Mannsaum« wog zwischen 60 und 80 Kilo. Eine »Roßsaum« trugen untersetzte, kräftige Tiere, deren Zucht zum Beispiel als Haflinger im Pinzgau Tradition und Weltruf hat.

Die delikatere »Weinsaum« kam nur auf zwei »Yhrn« (*urna* = Faß oder Krug) mit zusammen rund 125 Litern Fassungsvermögen. Man befestigte an jeder Seite des Pferdes ein »Lagel« (*lagena* = Flasche), ein flaches Fäßchen von ovalem Querschnitt und einer »Yhrn« Rauminhalt. Des Gleichgewichtes wegen konnte ein Roß »mehr als zwei Yhrn schwerlich tragen«.

Im Gegengeschäft für Wein verfrachteten die Säumer vorwiegend Salz aus Hallein und Schellenberg südwärts. Als Maß galt das »Salzfuder«: konische Salzstöcke von 90 Zentimeter Höhe und 64 Kilo Gewicht. Zwei zu »Rieselsalz« zerstoßene »Salzfuder« paßten genau in die geleerten »Weinlageln«, aber auch Honig und Schnaps wurden in solchen Behältern befördert.

Die Größenordnung dieses transalpinen Handels ist daran abzulesen, daß 1640, zur Blütezeit des Weinimports aus dem Süden, in den Kellern der Stadt Salzburg 89.800 Liter Welschwein lagerten, von denen leider 14.381 in Essig umgingen. Damit mußten freilich bei weitem nicht alle 8000 Einwohner der Stadt auskommen, denn Welschwein war sehr teuer. Sein Wert entsprach je nach Qualität pro Liter 15 bis 30 Kilo Salz, 1,2 bis 2,5 Kilo Schmalz oder 60 bis 125 Eiern.

Der Saumhandel mit Wein gibt einen Begriff von der Dimension solcher Geschäftsbeziehungen. Salzburg gewann wegen seiner geographischen Lage die Rolle einer Drehscheibe im Fernhandel zwischen Venedig und den nach damaligen Begriffen großstädtischen Verbraucherzentren Nürnberg, Regensburg und zeitweise auch Augsburg. Hinzu kam in geringerem Umfang noch Böhmen, wo nach zeitgenössischem Urteil »ein Schwein im Jahr mehr Safran fraß als ein Deutscher im ganzen Leben«.

Das Gewürz Safran und andere orientalische Güter lieferte Venedig, eine Stadt mit 100.000 Einwohnern, die noch lange nach der Entdeckung des endlosen Seeweges nach Indien, 1498, den Levantehandel beherrschte. Im 13. Jahrhundert verschaffte sich Venedig beinahe das Monopol in diesem Geschäft und vermittelte aus dem Orient, was in den aufblühenden Städten nördlich der Alpen ebenso begehrt wie teuer war – die sogenannte »Venedigerware«: Olivenöl, Südfrüchte (vor allem »Pomerantschen« = Orangen), Glas und Seife aus eigener Produktion, dazu levantinische Weine, Baumwolle und Rosinen sowie die Seiden, Farben, Gewürze und Drogen Indiens. Bereits im Hochmittelalter stand in Venedig der »Fondaco dei tedeschi« (»Handelshaus der Deutschen«), in dem die Salzburger um 1500 nach Augsburg und Nürnberg den dritten Rang an Umsatz eroberten.

Der Norden hatte erheblich weniger Luxuriöses zu bieten – das lebenswichtige Salz ausgenommen. Deshalb floß auch ein Großteil des Tauerngoldes zum Ausgleich der Zahlungsbilanz

Erste Trassierung der Glocknerstraße 1924. Diese spätherbstliche Szene am Südabhang des Hochtores erinnert an den mittelalterlichen Säumerverkehr.

nach Venedig. Der Süden bezog von den Deutschen neben Salz noch Wachs, Häute, Leder und Holzwaren. Auch viele der im Süden sehr geschätzten Pelze aus Nord- und Osteuropa nahmen ihren Weg über deutsche Handelshäuser und Salzburg an die Adria.

Salzburg verdankte seine bedeutende Rolle im transalpinen Handel nicht nur seiner geographischen Lage, obschon es die beiden »Fernstraßen« über die Tauern bis zu den Pässen, den Grenzen zum habsburgischen Kärnten, beherrschte: die »untere Straße« über Radstädter Tauern und Katschberg zum großen Umschlagplatz Gemona in Friaul und die weniger frequentierte »obere Straße« über Lofer–Fusch oder Salzachtal–Rauris zum Hochtor und über Iselsberg, Gailberg und Plöcken ebenfalls nach Gemona. Salzburg begnügte sich wegen seines Reichtums an Salz und Edelmetallen auch mit geringeren Straßenzöllen als die Habsburger. Zudem schlug es Gewinn daraus, daß es viele Händler vorzogen, ihre »Venedigerwaren« ab Salzburg wienwärts zu verschiffen, statt den erheblich langwierigeren, mühsameren und auch kostspieligeren Landweg in die Donauländer einzuschlagen.

Das erklärt etliche »Zollkriege«, mit denen die Habsburger in Kärnten vergeblich versuchten, die Handelswege zu den Salzburger Pässen mit »Kampfzöllen« zu »blockieren« und das Geschäft über Tirol oder durch die Steiermark abzulenken. Salzburgs Erzbischöfe beschwerten sich darob auch mehrfach beim Kaiser, daß im Zollwesen nicht »billich Gleichgewicht gehalten« werde.

Ähnlich Gemona, durch einen Fluß als Wasserweg mit Venedig verbunden, war Salzburg ein erstrangiger Warenumschlagplatz von Achse oder Schiff auf Saumverkehr und umgekehrt. Denn die Straßen des Mittelalters und der frühen Neuzeit entsprechen günstigstenfalls unseren Vorstellungen von Karrenwegen: Durchwegs einspurig mit Ausweichen, notdürftiger Unterbau, mit einem Gemisch aus Erde und Schotter »befestigt«, bei Schlechtwetter morastig, von Wagenrädern zerfurcht, holprig und nur dürftig instand gehalten. »Straße« bedeutete keineswegs, daß sie für einspännige Zweiachser (»Anzwagen«) oder gar mehrspännige Zweiachser (»Deichselwagen«) taugten – wie die nicht befahrbare »obere Straße« über das Hochtor zeigt. Daran änderte auch der Ausbau der Brennerstraße um 1480 und der »unteren Straße« um 1520 zur »Fahrstraße«, sogar mit »Hangbrücken« aus Bohlen an Steilhängen, nicht viel. Denn erst ab 1717 machte sich Salzburg daran, seine Straßen auf zwei Spuren – maximal 3,5 Meter – zu verbreitern.

Straßen boten somit nicht unbedingt nur Vorteile, denn der Frachtverkehr auf Achse konnte auf ebener Straße pro Tag bestenfalls 30 Kilometer Entfernung zurücklegen.

Diese Umstände brachten den Säumern unschätzbare Vorteile. Vor allem im Gebirge waren sie viel schneller, weil sie im Gegensatz zu den »Schwerlastern« auf Achse ohne »Aufgeber« (Umladen) weite Strecken in einem Zug bewältigten. Sie kamen mit Saumpfaden aus, bewältigten Steigungen ungleich zügiger und schonten die ohnedies aufwendig verpackten Transportgüter mehr.

Die Aufzeichnungen des Hans Goldseisen, nach unseren Begriffen von 1551 bis 1562 so etwas wie der Außenhandels- und Transportminister des Salzburger Erzbischofs, schildern detailliert die Geschäftsreisen dieses vielbeschäftigten Mannes nach Venedig, in die oberdeutschen Städte, nach Böhmen und nach Wien.

An einem 25. März bricht Goldseisen gleichzeitig mit einer Gruppe von Getreidesäumern in Salzburg auf. In sieben Tagen schafft er auf Pferderücken die 270 Kilometer lange Strekke über Radstädter Tauern und Katschberg nach Gemona. Aber schon tags darauf treffen dort die Getreidesäumer ein, die mit täglich 35 Kilometern Transportstrecke in den Alpen eine überzeugende Probe für die Leistungsfähigkeit ihres Gewerbes liefern. Die restlichen rund 140 Kilometer nach Venedig erforderten durchschnittlich drei Tage.

Daß Tempo auch vor dem Aufkommen von Eisenbahn und Auto möglich war, bezeugt nicht nur Hans Goldseisen, der die 125 Kilometer von Salzburg nach Linz im Tagesritt bewältigte. Zur Glanzzeit des Römischen Reiches legte nämlich eine berittene Kurierstafette mit Etappen von durchschnittlich 70 Kilometern die 1500 Kilometer lange Strecke Rom–Köln in einer Woche zurück.

Tausende Tonnen Fracht

In den Glanzzeiten des transalpinen Handels, bis herauf in das 17. Jahrhundert, gingen jährlich annähernd 5000 Tonnen Güter plus zehn Prozent Verpackungsmaterial über die Salzburger Tauernpässe. Den Löwenanteil von etwa 3300 Tonnen zog die »untere Straße« über Radstadt und Katschberg an sich. Den unangefochtenen zweiten Rang hielt die »obere Straße« – 245 Kilometer von Salzburg über das Hochtor nach Gemona – mit jährlich rund 850 Tonnen Frachtverkehr. In die restlichen 850 Tonnen teilten sich Felbertauern, Kalsertauern, Korntauern und Mallnitzer Tauern. Die Bedeutung des Tauernhandels ist daran abzuschätzen, daß auf den bloß 1372 Meter hohen und deshalb so bedeutenden Brenner bestenfalls doppelt so viel Gütertransport entfiel wie auf die beiden Salzburger »Straßen«.

Vergleiche mit unserer Zeit sprengen freilich alle Dimensionen: Heute würden vierundzwanzig Sattelschlepper ausreichen, um das jährliche Handelsvolumen zwischen Salzburg und Venedig im geschäftstüchtigen 16. Jahrhundert in acht Stunden per Autobahn zu erledigen. Und die 850 über das Hochtor transportierten Gütertonnen nehmen sich angesichts der Tatsache, daß heutzutage in den dreiundneunzig Schutzhütten und neben den Wanderwegen der Salzburger Berge jährlich an die 600 Tonnen Müll »anfallen«, überaus bescheiden aus.

Mit dem Ausbau der »Straßen« über die Ostalpen begann der Fernverkehr auf Saumpferden zu verkümmern. Allmählich setzte sich die »Wagensaum« mit 280 Kilo als Zuglast für ein Pferd durch. Und die »Weinsaum« von 125 Litern kam gegen die Tausend-Liter-Fässer auf Achse im Fernhandel nicht mehr auf.

Das brachte aber den Handelsverkehr über das Hochtor keineswegs zum Erliegen; dank genauer Marktkenntnisse verlegten sich die Säumer auf das Geschäft mittlerer Reichweite: Welschweine für den ganzen Pinzgau und die angrenzenden Gebiete gegen Salz für das westliche Kärnten und Osttirol. Dazu noch Häute und diverse »Kaufmannswaren«. Noch immer war das Reisetempo der Säumer gerade in den Alpentälern der Konkurrenz auf Achse klar überlegen.

Im Regelfall brachen die Säumer gruppenweise um vier Uhr früh in Heiligenblut, Rauris oder Fusch auf, überquerten den Alpenhauptkamm in einem Zug und erreichten abends das Ziel. Vorwiegend bei Wirten tauschten sie Wein gegen Salz (oder umgekehrt) und traten am nächsten Morgen mit neuer Ware den Heimweg an.

Schon damals wußte man, daß Zeit Geld sei. Längere Aufenthalte kosteten Nahrung und Unterkunft für Roß und Mann, wiewohl die Säumer häufig klagten, daß sie ohnedies »Brot oder Jausen und Futter« selbst mitbrächten. Bei gelegentlichen Absatzschwierigkeiten zogen sie es vor, mit der ganzen »Roßsaum« sofort wieder umzukehren. Man betrieb das Geschäft

auf Kommission oder in Eigenregie. Die meist kapitalschwachen Säumer sahen sich aber häufig genötigt, bei Wirten Kredit zu nehmen oder Kapital einzusetzen, »was ihnen guete Leit leihen«. Denn ohne Barschaft stockte das Geschäft wegen des gewaltigen Preisunterschiedes zwischen den Hauptgütern Salz und Wein.
Die Quellen geben, obschon lückenhaft, doch eine Vorstellung von diesem Geschäft. Ehe »windische Sämer« aus Unterkärnten um 1700 zunehmend Handel über das Hochtor betrieben, lag er fast ausschließlich in den Händen von Mölltaler »Nebenerwerbsbauern«, von denen zuzeiten an die vierzig »Konzessionen« innehatten. Im Jahresdurchschnitt kam ein Sämer auf acht bis zwölf Fahrten über das Hochtor, denn man organisierte den Transport reihum wie heute auf einem Taxistandplatz. Das Transportvolumen von 850 Tonnen – vorwiegend »Weinsäume« und »Salzsäume« von je rund 125 Kilo – ergab daher jährlich an die siebentausend Saumlasten. Weil die Rosse hin und zurück Lasten trugen und bis zu zwölfmal jährlich an die Reihe kamen, brauchte dieses Gewerbe mindestens dreihundert Tragpferde.
Der Wert einer welschen »Weinsaum« von 125 Litern betrug vor dem Dreißigjährigen Krieg im groben Durchschnitt netto mindestens 15 Gulden, der einer »Salzsaum« von 125 Kilo indessen nur knapp einen Gulden. Mit Sicherheit lag aber der Reingewinn pro »Saumlast« unter jenem der städtischen »Spediteure« und Handelshäuser, der nach den wenigen erhaltenen Abrechnungen zwischen 10 und 15 Prozent schwankte. So brachte ein Saumroß seinem Besitzer bei zehn Fahrten über das Hochtor hin und zurück (= 20 Säume) im Jahr bestenfalls an die 20 Gulden ein. Soviel kostete aber zur Mitte des 16. Jahrhunderts das »Betriebsmittel« Saumroß. Der Ein-Pferd-Betrieb war somit ein karges Zubrot für »Nebenerwerbsbauern«, wogegen einige wenige Großsäumer – vorwiegend Wirte – mit bis zu dreißig Rossen ein beachtliches Geschäft machten.

Mauten und »Schwärzer«

Weinhandel weckte auch die Begehrlichkeit der Obrigkeit, zumal in Zeiten von Geldnöten. Also belegte sie Wein mit »Umgeld« – einer Steuer von rund zehn Prozent – »kraft unserer kayserlichen Privilegien als wahrer und ungezweifelter Herr und Fürst des Erzstiftes Salzburg«, wie dies Erzbischof Wolf-Dietrich von Raitenau (1587–1612) schroff begründete. Allerdings bemäntelte er sein Steuergeschäft mit erzieherischem Anspruch: Diese Steuer »betrüfft zum meißten Theil diejenigen, welche den Wein zum Überfluß (daraus dann allerlay Laster entspringen) nehmen, und nit die anderen, die des Zuthrünkens sich enthalten«.
Die Obrigkeit legte deshalb in Rauris einen Zollschranken über die Straße, die Habsburger in Kärnten hoben ihre »Weinmaut« erst in Winklern und später in Döllach ein. Damit aber die Säumer ihre Fracht dem Zoll nicht durch »Schwärzen« entzögen, setzte ihnen der Salzburger Erzbischof »Überreiter« auf die Spur – eine Art Gendarmerie von zumeist pensionierten Jägern.

Mautstelle der Glocknerhausstraße um 1924. Zwischen 1900 und 1908 baute die Alpenvereinssektion Klagenfurt dieses einspurige Mautsträßchen – die »alte Glocknerstraße« – von Heiligenblut über 1700 Höhenmeter und 11,5 Kilometer Länge bis zum Glocknerhaus.

In Salzburg fehlte es nicht an Klagen darüber, daß die »Übertäurer Sämer« – die Kärntner also – von »unergründlichen Tücken« seien, »kontinuirlich mit Betrug schwanger gehen« und »wie der Hund ohne Flöh niemalen ohne Hinterlist herumwandeln«, um dem Salzburger »Umgelter« (Weinsteuereinheber) auszuweichen. Rauriser Bauern beschwerten sich darüber, daß die »Übertäurer« Zäune einrissen, um den Zollschranken zu umgehen. In Zell wichen die Säumer im Winter auf den Schleichweg über den zugefrorenen See aus. Und am Zollschranken in Rauris veranstalteten die »Übertäurer« mit ihren Rossen häufig ein Durcheinander, um den »Umgelter« derart zu verwirren, daß etliche Säumer mautfrei entwischen konnten.
Dieses Klagelied stimmten freilich die natürlichen Gegner der Säumer an, die »Umgelter«. Ihnen und den Anzeigern von Schwärzern fiel nämlich ein Teil der Strafsumme zu, darunter die Ware und zuweilen gar das Roß.
Im Mölltal sah ebenfalls das strenge Auge des Gesetzes darauf, daß die »Mautgab obgefordert und eingenommen und also täglich durch das Jahr fleißig in das Handbuech eingeschrieben« würde. Der »Umgelter« mußte zudem darauf achten, daß die Säumer »vielerley Neben- und Abweg gehen, daran Contrabande viel verschwärzet und verführet wird«.
Auch schon zu jener Zeit zog die Obrigkeit bei Bedarf die

Steuerschraube an. Eine schriftliche Klage der »fürnehmsten zween Sämer« von Großkirchheim stellte fest, überhöhte Weinsteuern »bewögeten« sie, »von unserer rechten Straßen abzuweichen«. Denn auf dem Weg vom Welschland über Lienz und den Felbertauern nach Salzburg bezahlten Weinsäumer erheblich weniger Umgeld. Dafür »müessen sie zween Tag länger fahren«. Die Bitte um Mautnachlaß begründeten sie nicht nur mit Verdienstentgang, sondern mit dem untertänigen Hinweis, daß durch »Abweichung von der Straßen zuförderst auch die Mautheinnahmen der königlichen Majestät entgehen«. Die königliche Majestät ließ sich davon offenbar nicht beeindrucken.

Um die Mitte des 17. Jahrhunderts begann der Handel mit süßen Welschweinen nachzulassen. Teuerung, Verarmung und Geldknappheit verursachten in Salzburg »äußerst geschwächte Vermögensumständ der hierländischen Weinkonsumenten«, weshalb »sich sogar wohlvermögende Leut von dem Wein ziemlich abgewöhnen und dafür Bier trinken« – besonders das umgeldfreie »Hofbier« aus erzbischöflichen Brauereien. Überdies kamen zunehmend ungarische Weine auf den schrumpfenden Markt. Von den Glanzzeiten zwischen etwa 1625 und 1725 fiel der Weinkonsum nun auf die Hälfte und bis 1800 auf den achten Teil.

Die Mölltaler Säumer jammerten: Nicht nur könnten sie »wegen doppelten Umgelt« kaum noch arbeiten, auch die »windischen Sämer« stießen sie »ins Verderben«. Diese »ledigen und uneingesessenen Sämer« kauften Heu und Stroh zu Überpreisen auf, so daß den Einheimischen das Futter für ihre Rosse fehle. Deshalb müsse die Obrigkeit diese Leute außer Landes schaffen. Die Obrigkeit griff nicht ein, weil die Windischen »Steuern allermaßen« zahlten.

Als dann Kärnten 1775 den Saumhandel mit Salz verbot, erlosch um die Jahrhundertwende ein mindestens sechshundert Jahre altes Gewerbe. Vom großen Saumhandel über das Hochtor blieb nur mehr das Gepäck weniger Alpentouristen. Der umfangreiche Viehhandel über die Tauern bedurfte der Säumer ebensowenig wie Hunderte von Wanderarbeitern, Hausierern und Handwerkern. Spätestens seit dem 17. Jahrhundert zogen jährlich bis zu fünfhundert Defregger mit Dekken und Teppichen aus ihrem übervölkerten Heimattal über die Tauern nordwärts nach Deutschland. Weber aus Kärnten und Osttirol gingen im Hochwinter in das Inntal, nach Bayern und nach Böhmen auf »Gastarbeit« und kehrten im Juni mit 30 bis 40 ersparten Gulden wieder heim. Ebenso verdingten sich Mölltalerinnen bei Pinzgauer Bauern, deren Frühjahrsweizen wegen des langsamen Wachstums gejätet werden mußte.

Auch die Brigade Dietrich bedurfte keiner Säumer, als sie sich im März 1796 vor Napoleons Truppen aus Norditalien absetzte. 75 Offiziere führten 3212 Mann von Bozen über das Hochtor in das Ennstal. Beim Marsch über die Tauern erfroren 56 Mann.

»Tauernhäuser« und »todfindige Personen«

Eine Katastrophe dieser Größenordnung wirft Licht auf die Bedeutung von Hospizen an Alpenübergängen. Der Salzburger Archivdirektor Friedrich Pirckmayer erinnerte 1886 daran, daß »in früheren Jahrhunderten gemäß alter deutscher Sitte weitgehende Gastfreundschaft Pflicht und allgemeiner Volksbrauch waren. Die Mächtigen sahen sich in die Lage versetzt, Fürsorge für die Reisenden zu treffen. Die geistlichen Körperschaften mußten schon in ihrer kirchlichen Stellung eine verstärkte Aufforderung erblicken, solche Fürsorge vor anderen zu üben.«

Auf die Fürsorge am Weg über das Hochtor machte 1982 ein Feuer unweit der Straßenmaut in Ferleiten aufmerksam: Das uralte Ferleitner »Tauernhaus« brannte nieder.

Im 14. Jahrhundert vermerkte die erzbischöfliche Hofmeisterei »Unterthanen inner Gebirg« erstmals eine »Schwaig in Verlatten«, eine von vielen erschlossenen Almregionen, die dem Landesherren Käsezins leisteten. Ein Jahrhundert später erhielt diese Schwaige bereits, was den Zweck der »Tauernhäuser« bestimmte: Getreide »zur Unterstützung«, die sehr bald »Provision« hieß und vom Erzbischof auf 371 Kilo Roggen und 687 Kilo Hafer »aus dem fürstlichen Kasten zu Zell« festgelegt wurde.

Dafür übernahm der Wirt des »Tauernhauses« die Verpflichtung zur »Unterhaltung des Wegs auf den Fuscher Tauern bis zum Mittertörl, auch herauswärts bis gegen Wölflern« bei Fusch. Zudem mußte der Bezieher dieser Pfründe »Summers Zeiten arme Reisende, so hin und wieder über den Tauern ziehen und oftmals nit Zehrung haben, ohne Bezallung mit Herberg und Nahrung verpflegen und ihnen in anderwärts behülflich seyn«. Das »Tauernhaus« bekam auch Schankrecht und zeitweise Befreiung vom »Umgeld« für Wein.

Die findige Salzburger Hofkammer versuchte allerdings, diesen Pfründenbezug mit dem Argument zu schmälern, daß »der Fuscher Tauern dem Vernehmen nach winters Zeit nit wanderbar« sei, weshalb auch weniger Provision reiche.

Worauf der Tauernwirt »in Unterthänigkeit und gehorsamer Verantwortung« vorrechnete, daß er ohnehin überfordert sei: »Den Weg auf den Thauern unterhalten, der dann sonderlich heuer mit Lähn und Plaiken (Erdrutschen) solchermaßen verschütt würdt, daß man bereits den ganzen Sommer und Herbst daran zu machen hat; zu dem anderen verpflichtet, die Brucken über die Ferleith Achen auf unsere eigenen Unkosten zu machen. So ist auch anbey wissentlich, daß die armen Wanderer, welche allher kommen und bei einfallendem groben Wetter etlich Tag allda verbleiben müssen, selbige nicht zu bezallen haben, sondern man ihnen die Zehrung um Gottes Willen geben muß.«

Es blieb bei der alten Provision bis 1853, doch kam die Auflage hinzu, Schneestangen als Markierung des Saumweges aufzustellen.

Das zweite »Tauernhaus« am »oberen Weg« in der Einschicht des Seidlwinkeltales hinter Rauris wird 1491 mit der Verleihung des Zapf- und Schankrechts erstmals aktenkundig.
Im Unterschied zum Ferleitner Tauernwirt betreute sein Kollege im Seidlwinkeltal freiwillig »arme bedürftige Leit, die ihm auf der Zehrung liegen«, sowie die »Landstraßen zum Thauern« und die Wintermarkierung dorthin mit Schneestangen. Deshalb erbat er vom Erzbischof 1598 Beihilfe für die »klein Wirtschaft in einer groben Wildnis bei der Sämerstraßen, die in die Läng unerschwinglich und nothalber gedrungen sein wird, die Tavern zuzusperren«. Der Erzbischof ermäßigte dem Bittsteller die Abgaben und bewilligte ihm nach zähem Hin und Her schließlich wegen »Ungelegenheiten mit den armen Durchreisenden und mehrmalen Bergung toder Personen aus Schneelähn auf Wohlgefallen und Widerruf jährlich 20 Gulden zur gebetenen Ergetzlichkeit« – den Gegenwert von dreizehn Schweinen oder 500 Kilo Salz.
»In Bedenkung, weil die Tavern unter dem Thauern liegt und wenig Wein ausgeschenkt wird«, rang der Tauernwirt später dem Erzbischof noch jährlich 1030 Kilo »Futterhafer auf jedermaliges Widerrufen« ab.
Anscheinend reichte auch das nicht angesichts der großen Zahl von »armen Durchreisenden und am Thauern todfindigen Personen«. Denn 1710 beschwerten sich die Heiligenbluter Säumer über den miserablen Zustand des Saumweges, obschon sie sich »seit älterer Zeit« für jährlich acht Gulden »Samergroschen« sogar einen »Tauernknecht« hielten »für Machen und Ausbesserung des daselbigen Tauernweges und Aussteckung genugsamer Wegweisstangen«. Sie pochten auf den Steuerertrag der Hofkammer aus dem Säumen von Wein, Salz und Schnaps und handelten schließlich dem Erzbischof zehn Gulden jährlich für den Tauernknecht ab – »über den bisherigen Samergroschen hinaus«.
Weiteren Bitten des Seidlwinkler Tauernwirtes verschloß sich allerdings die Hofkammer mit der Unterstellung, daß »Vaganten und Bettler herbeigezogen« würden.

Der Fürstbischof lädt ein

Zu diesen Vaganten und Bettlern zählten gewiß nicht fünf Herren, die im Laufe des Juli 1800 über das Hochtor nach Heiligenblut wanderten. Sie fielen auch dem Tauernwirten keineswegs wie »arme bedürftige Leit auf die Zehrung«, denn der Fürstbischof von Gurk, Franz Xaver Altgraf von Salm-Reifferscheid (1749–1822), hatte sie eingeladen, an einem beispiellosen Unternehmen teilzunehmen: An der Erstbesteigung des Großglockners durch eine »Gesellschaft so zahlreich und ausgesucht, daß jede Abtheilung der Naturgeschichte und Physik ihren Mann dabei findet«. Die Namen dieser fünf Herren waren weitum geachtet.
Professor David Heinrich Hoppe (1760–1846) von der Universität Regensburg, Arzt und Naturwissenschafter, war zu seiner Zeit wohl Europas bedeutendster Botaniker.
Der zweite hieß Ulrich Schiegg (1752–1810), Benediktiner, Professor für Physik, Mathematik, Astronomie und Landwirtschaft an der Universität Salzburg, Dekan der philosophischen Fakultät und nach zeitgenössischem Urteil ein »trefflicher Charakter« mit gründlichen Kenntnissen in Vermessung, Wasserbau und Errichtung von Blitzableitern. Fürsterzbischof Hieronymus Colloredo schätzte ihn wegen der Erfindung eines Verfahrens, das der Halleiner Salzgewinnung »bedeutende Holzersparnis« brachte. Schiegg gilt bis heute als Wegbereiter der modernen Geodäsie.
Ihn begleitete sein wissenschaftlicher Assistent Valentin Stanig, Erstersteiger des Watzmanns und des Hohen Gölls.
Den vierten dieser Herren rühmte man später als »Österreichs Pestalozzi«, der nach Ansicht Fürstbischof Salms »durch seine vortreffliche philosophische Geschichte der Menschheit, durch seine pädagogischen Schriften Europens Beifall verdient«: Franz Michael Vierthaler (1758–1827). Er gründete 1790 Salzburgs erstes Lehrerseminar und avancierte zum Direktor des Salzburger Schulwesens. Der knickerische Colloredo speiste seinen angesehenen »Pestalozzi« mit einem Jahresgehalt von 400 Gulden ab, wovon allein die Miete für die Einzimmerwohnung über dem Ritzerbogen 65 Gulden verschlang. Erheblich besser ging es damals den dreizehn Salzburger Universitätsprofessoren für knapp hundert Studenten mit 1200 Gulden ab dem sechsten Dienstjahr.
Mit Vierthaler reiste der Salzburger Chemiker Dr. von Schallhammer, ein außerordentlich weitgereister Mann.

»Wilddiebe sind die besten Geleiter«

Den Anstoß für den Marsch dieser fünf Herren über das Hochtor hatte einundzwanzig Jahre zuvor der kleingewachsene Bretone Belsazar Hacquet de la Motte gegeben, ein abenteuernder Wissenschafter von beinahe grenzenlosen Interessen. Mit achtzehn Jahren in Frankreich zum Feldscher ausgebildet, entwickelte er derartiges Geschick, daß ihn alle in ihre Dienste nahmen, in deren Gefangenschaft er geriet – Engländer, Preußen, Sachsen und schließlich Österreicher. Die medizinische Karriere in Wien geriet allerdings gar nicht nach Wunsch. So durchwanderte dann Hacquet den Balkan bis in die Türkei. Auf dem Rückweg durch Rumänien befiel ihn die Pest. Ein freundlicher Siebenbürger päppelte ihn wieder auf, und Hacquet selber förderte durch Fasten, Gymnastik, kalte Bäder, Fußmärsche und Memorieren überlanger Texte seine Genesung. Wieder in Wien, studierte er Medizin, Biologie, Botanik, Geologie und Geographie. Als frischgebackener Arzt durchstreifte Hacquet die Ostalpen und landete schließlich in Laibach, um dort Anatomie, Chirurgie und Geburtshilfe zu lehren. Mindestens ebensosehr interessierten ihn die

Alpen. 1779 unternahm er seine berühmte »mineralogische und botanische Lustreise von dem Berge Terglou (Triglav) in Krain zu dem Berge Glockner in Tyrol«, der 1781 eine zweite folgte.
Dieser Mann, der nach Einschätzung eines Zeitgenossen »mehr Alpen bestiegen hat als mancher große Geologe sah«, bewunderte 1779 von Heiligenblut aus am Großglockner, »noch niemals einen so hohen Berg so gespießt gesehen« zu haben, schätzte am schräg einfallenden Licht seine Höhe auf 3900 Meter und befand, daß dieser Berg wegen des »ewigen Eises an der Mitternachtsseite« (Hofmannskees und Pasterze) nur vom Süden her über das Leitertal in zwei Etappen zu ersteigen sei. Das setze aber voraus, »mit Holz versehen bis auf seine mittlere Höhe zu kommen, wo es Felsen gibt, um Feuer darauf zu machen« und daneben zu nächtigen. Von dort aus wäre der Großglockner wohl an einem Vormittag zu bezwingen. Schlechtes Wetter vereitelte die Probe aufs Exempel.
Hacquets Idee stützte sich auf außergewöhnliche alpine Erfahrung, die er 1797 im »Unterricht für Bergreisen« zusammenfaßte. Darin liest man Bahnbrechendes und Erheiterndes:
»Der Bergsteiger muß in allen Fällen beherzt seyn und keine Furcht vor jähen Abstürzen haben. Der sogenannte Schwindel entsteht aus Furcht. Um von dieser befreit zu seyn, ist es gut, sich vorher auf hohe Thürme zu begeben.«
»Wilddiebe sind die besten Geleiter, denn sie wissen sich in der größten Gefahr herauszuhelfen. Sie sind unermüdet, abgehärtet, können große Lasten tragen, wissen alle Schlupfwinkel ihres Gebirges und man ist sicher, bei ihnen nicht zu verhungern.«
»Ferner muß ein Reisender (das heißt ein Bergsteiger) nie beweibt seyn. Denn erstens: Liebt er seine Gattin, so verliert er bei der Trennung viel von seinem Muthe. Zweitens wagt ein Verheiratheter weniger, besonders ein Vater unmündiger Kinder. Drittens: lange und öftere Abwesenheit vom schönen Geschlecht macht, daß dasselbe Gesinnungen annimmt, die dem Verheiratheten nicht gleichgiltig seyn und die häusliche Glückseligkeit mindestens nicht befördern können.«
Hacquet empfiehlt auch einen kurzen, glatten Rock mit zwei Innentaschen – eine für das Geld und die andere für eine »doppelläufige Pistole«. Denn: »Man muß auf hohen Gebirgen nie ganz ohne Gegenwehr seyn.« Dort hausen nämlich »große Geyer, die auf einen Jagd machen und mit ihren mächtigen Flügeln zu Boden oder in die Abgrüfte schlagen«.
Steigeisen erachtet Hacquet »auf Gletschern von einigem Wert«. Auf Urgestein aber taugen statt der damals üblichen Sechszacker »Sandalen aus Stricken tausendmal besser«: Fingerdicke und ölgetränkte Stricke »werden mit Darmsaiten zusammengenäht und dann mit Riemen an die Stiefel geschnallt«. So rutscht man an »glatten Wänden oder Felsplatten« nicht aus, »da die Fußsohlen mit dem rauhen Überzug versehen sind«.
Reibungsklettern also vor fast zweihundert Jahren.

Seelenhirte und Mäzen

Zu Hacquets Freunden in Laibach zählte der Naturwissenschafter Franz Josef Graf von Hohenwart. Zufällig oblag Franz Josefs Vetter Sigmund Graf von Hohenwart (1745–1825), Generalvikar des Fürstbistums Gurk und ab 1812 Bischof von Linz, mit Hingabe umfassenden botanischen Studien in »einigen oberkärntnerischen und benachbarten Alpen«. Er stieß dabei 1791 selbst bis zur Pasterze vor und erwog dort, wie Hacquet zwölf Jahre früher, die Möglichkeit, den Großglockner zu besteigen. Auf diesem Umweg fand nun Hacquet zu »einem festgeschlossenen Bund von Männern der Wissenschaft, der seinen Vereinigungspunkt in der fürstbischöflichen Residenz in Klagenfurt hatte« – bei Fürstbischof Salm-Reifferscheid, dem Seelenhirten des habsburgischen Herzogtums Kärnten.
Der Altgraf entstammte jener Linie der Salm-Reifferscheid, in der Niklas Graf Salm als ruhmreicher Verteidiger Wiens gegen die Türken 1529 steht. Seinen Vater Anton belohnte Kaiserin Maria Theresia mit der königlich-ungarischen Magnatenwürde, weil er den jungen Thronfolger Josef II. »gut erzogen« hatte. Der spätere Fürstbischof zählte zu den Spielgefährten des späteren Kaisers, dessen aufklärerische Ansichten er trotz tiefer Frömmigkeit teilte. 1775 wurde Salm nach ausgedehnten Reisen durch halb Europa in Rom von Papst Pius VI. zum Priester geweiht, 1784 als Fünfunddreißigjähriger zum Fürstbischof der Diözese Gurk berufen und 1816 zum Kardinal erhoben. Der kaiserliche Hof in Wien pries an Salm den »vortrefflichen Charakter«, das Volk liebte ihn wegen seiner Güte und grenzenlosen Wohltätigkeit. Seine Predigten pflegten die Zuhörer zu Tränen zu rühren. Aus seinem Privatvermögen ließ er tausende fromme Bücher drucken und kostenlos in den Pfarren verteilen. Seine Visitationsreisen führten ihn auch in die entlegensten Bergdörfer, im Klerus setzte er straffe Disziplin durch, und mittellose Talente förderte er großzügig.
Salms Biograph Franz Feill rühmte bereits 1872: »Er wußte hervorragende Gelehrte und Künstler des Landes an sich zu ziehen und sich auch mit auswärtigen geistigen Capacitäten in Fühlung zu erhalten.« Klingende Namen belegen dieses Urteil, darunter Sigmund von Hohenwart und dessen Lehrer Franz Freiherr von Wulfen (1728–1805), ein Theologe, der als Botaniker mit der Wulfenia Bedeutung erlangte und als Physiker der Lehre Newtons in seinem Wirkungsbereich zum Durchbruch verhalf. Zum Kreis von ernsthaften Naturwissenschaftern gehörte auch der Bergbauingenieur Dillinger aus Großkirchheim, der die Zinngewinnung vereinfacht hatte. Alle diese Männer um Salm hielten regen Kontakt zu den naturwissenschaftlichen Größen ihrer Zeit – von Linné bis Hoppe.
So standen Fürstbischof Salm hochqualifizierte Mitarbeiter für die Erforschung ihrer Heimat zur Seite. Dazu gehörten die Aufnahme genauer Landkarten aller Dekanate der Diözese,

geologische Feldstudien, botanische Bestandsaufnahmen und nun endlich die Erstbesteigung des Großglockners. Die vordringlichste Aufgabe zielte keineswegs auf den Gipfelsieg, sondern auf physikalische Versuche und Messungen ab, um Neuland genau zu erkunden. Das erklärt, warum die moderne Alpinistik von der Wissenschaft ausging, die sich anschickte, das schreckliche, furchterregende und abweisende Hochgebirge zu erforschen.

»Ewige Schande für die Geographie«

Welche Probleme sich da auftürmten, läßt die mangelhafte Kartographie jener Zeit erahnen – unvorstellbar für uns, wenn wir anhand exakter Landkarten Bergtouren planen oder auf markierten und numerierten Bergpfaden tausende Gipfel erreichen können.
Bis um das Jahr 1600 erwähnt die Literatur ganze siebenundvierzig Alpengipfel namentlich. Mehr war auch nicht notwendig, da für Handel, Verkehr, Pilger und Armeen lediglich die Alpenpässe zählten und nur Gemsenjäger oder Hirten sich notgedrungen in höhere Regionen vorwagten.
Der Historiograph Ferdinands I., Wolfgang Lazius, zeichnete 1561 in seinen Atlas der österreichischen Alpenländer den »Glocknerer« als einzigen Gipfel ein. 1583 erwähnte die Grenzbeschreibung des Amtes Kals den »Glogger«. Des landwirtschaftlichen Ingenieurs Holzwurm Karte von Kärnten vermerkt 1612 den »Glöckner«, und Merians Topographie der österreichischen Provinzen setzte 1649 den »Glöckner mons« in ein Meer von Eis (»glacies continua«). Damit dürfte wohl die Ableitung des Namens Glockner von »Klocken« – dem Gedonner von Steinschlag – feststehen, sonst aber wenig Konkretes um diesen Gipfel. Noch 1804 schimpfte der Arzt J. A. Schultes in seinem Bestseller »Reise auf den Glockner«: »Es ist unmöglich, mehr Irrtümer zu begehen als die k. k. Geographen, und fürwahr eine ewige Schande für die Geographie, daß wir die beste Karte Tirols dem Bauern Peter Anich zu danken haben«, der darin den Glockner als schlanke Spitze einzeichnete und »zum Zeichen seiner außerordentlichen Höhe« sogar mit einem Sternchen versah.
Angesichts dieser Misere, welche die Kartographie dank wachsender Nachfrage und verfeinerter Trigonometrie erst Mitte des vorigen Jahrhunderts beseitigen konnte, überrascht durchaus nicht, daß Jäger den Bergführer und die Landkarten ersetzen mußten – allerdings für Leute, denen die Suche nach Heilpflanzen mindestens so viel wert war wie ein Gipfelsieg.
Der berühmteste dieser bergsteigenden Botaniker zu Beginn des naturwissenschaftlichen Denkens war der Zürcher Arzt und Naturforscher Johann Jakob Scheuchzer (1672–1733). Er unternahm auch zu trigonometrischen und barometrischen Messungen neun Forschungsreisen in das Hochgebirge und gelangte dabei zu ganz neuen Einsichten: »Wer in diesem Studio etwas Fruchtbarliches will ausrichten, der muß die Natur selbst einsehen, denn die Alpen sind wie ein Museum der Wunder der Natur.« Trotzdem beschrieb dieser Zürcher Professor exakt, wenn auch nur nach dem Hörensagen, Drachen und Ungeheuer: Bis zur fünffachen Größe von Menschen, mit riesigen Schwänzen und Tatzen und einem Kopf wie aus einer Kreuzung zwischen Hund und Katze. Diese gräßlichen Tiere richteten sich vor dem Angriff auf ihren Hinterbeinen erschreckend hoch auf...
Idyllischere Seiten pries eine Generation später der Berner Medizinprofessor, Botaniker und Dichter Albrecht von Haller (1708–1777) in seinem großen – und mit elf Auflagen überaus erfolgreichen – Lehrgedicht »Die Alpen«: »Das einfache Leben im Schoße der Natur« – Alltag, Einfalt, Natürlichkeit und deshalb auch Zufriedenheit der Bauern und Hirten mit ihrem kargen Leben im Gebirge. Dies brachte ein schwärmerisches Naturgefühl zum Flammen, das Jean-Jacques Rousseaus Zeitgenossen aus der Künstlichkeit, Raffinesse und Verspieltheit des Rokoko »zurück zur Natur« flüchten ließ.
Wissenschaftlicher Forschungsdrang, romantische Abenteuerlust und Überschwang für das Natürliche wiesen somit den Weg zu den ersten alpinistischen Großtaten: 1786 bezwangen der Arzt Paccard und sein Führer Balmat den Montblanc. Ein Jahr später folgte ihnen der Vater dieser Idee, der Genfer Geologe de Saussure mit neunzehn Begleitern, 1800 gelang die Ersteigung des Großglockners im zweiten Anlauf, 1804 fiel der Ortler. Aber noch ein halbes Jahrhundert sollte verstreichen, ehe Menschen auf den Gedanken verfielen, in den Bergen alpinistische Probleme zu lösen, statt den einfachsten Weg auf den Gipfel zu wählen.

Zuerst ein Fehlschlag

»Unter den für die Physik der Erde wichtigeren Begebenheiten des zu Ende laufenden 18ten Jahrhunderts verdient auch das Unternehmen, die Kuppe des wegen seiner ausnehmenden Höhe und seltenen Form weit umher berühmten Berges Großglokner zu ersteigen, seinen Platz. Es waren bisher nicht nur von Naturforschern aus verschiedenen Ländern mehrere, jedesmal fruchtlose Versuche gemacht worden. Muth und Kräfte waren immer schon erschöpft, als man kaum noch die Hälfte dieses furchtbaren Berges hinangeklimmt war; deshalb hielt man auch seine Besteigung zu allen Zeiten für schlechterdings unmöglich. Das Jahr 1799 löste auch diesen Knoten.«
So selbstbewußt beginnt das »Tagebuch einer Reise auf den bis dahin unerstiegenen Berg Groß-Glokner an den Gränzen Kärntens, Salzburgs und Tirols im Jahre 1799«. Aber sogleich streicht der anonyme Tagebuchschreiber – offensichtlich der Klagenfurter Verleger Johann Zopoth – mit Nachdruck heraus: »Vielleicht wäre das Unternehmen für immer unterblie-

ben, hätte nicht des Fürstbischofes unternehmender Geist die Bahn gebrochen.«
Von Visitationen und Bergwanderungen kannte Salm das Mölltal sehr gut, Wulfen und Hohenwart hatten in dieser Gegend ausgiebig botanische, mineralogische und zoologische Studien betrieben. Zudem trug Bergrat Dillinger von Großkirchheim Ortskenntnis und Sachverstand bei. Daher beauftragte Fürstbischof Salm im Frühjahr 1799 den Pfleger von Großkirchheim, »einige dortige Gebirgsbewohner auszuschikken, um einen minder beschwerlichen Zugang auf diese Gebirgskuppe ausfindig zu machen und etwa auf der Hälfte des Weges eine Hütte zu bauen«.
Diese Männer entdeckten den von Hacquet zwanzig Jahre zuvor gewiesenen Weg von Heiligenblut über das Leitertal, in etwa 2700 Metern Seehöhe nahe der heutigen Salmhütte den günstigen Bauplatz für eine Unterkunft, den steilen Aufstieg über das Leiterkees in die nach Hohenwart benannte Scharte (3182 Meter), den Weiterweg zur Adlersruhe (3454 Meter) und den Steilaufschwung des Glocknerleitls zum Kleinglockner.
Die Brüder Klotz – zwei Zimmerer und fortan »die Glockner« genannt – hätten beinahe den Kleinglockner erreicht, als sie im Juni 1799 zum ersten Mal den Weg rekognoszierten. Aber ein Schneesturm trieb sie zurück, wobei einem von ihnen die Zehen erfroren. Im zweiten Anlauf im Juli gelangten sie mit einem 144 Meter langen Seil fast an das Ziel, »fanden aber, daß dazu eine 13 bis 15 Meter lange Leiter erforderlich wäre«.
Ende Juli stand auch die Hütte, sechs Gehstunden von Heiligenblut entfernt, »zur Bewohnung fertig da«. Der Tagebuchschreiber nannte sie »Alpenpalast«, weil nicht gleich einer »Alphütte nur nachlässig geplankt«, sondern 8×4×2 Meter groß, in drei Zimmer geteilt, »mit ordentlichem Dachstuhl und gezimmertem Oberboden« und angebauter Küche, an der Schlechtwetterseite aber mit »einem unzerstörbaren Wall von Steinen und Schutt« abgedeckt.
Anfang August 1799 gingen »die nöthigen mathematischen Instrumente, Geräte, Fuhr- und Reitpferde« von Klagenfurt ab. Am 16. August reiste der Fürstbischof mit Hohenwart, Wulfen, drei Naturhistorikern, dem Verleger Zopoth, einem Koch und einem Diener nach. Auf der dreitägigen Kutschenfahrt über 175 Kilometer von Klagenfurt nach Heiligenblut »kannte das ganze Gefolge keinen anderen Wunsch als nur den günstigen Wetters«. Doch leider »hingen trübe und schwere Wolken am Horizont, die uns unser Schicksal nur zu deutlich vorhersagten«. Dennoch stieg »die ganze Caravane« am 19. August im Stil einer Großexpedition zur Hütte im Leitertal auf: Dreißig Personen – darunter neunzehn Bauern als Träger und Führer – und dreizehn Pferde. Am Ziel machte Salms Koch mit »einem trefflichen Abendmahl« alle Anstiegsmühen vergessen – kein Wunder, wenn der Chronist ausdrücklich ein Fäßchen Wein und Ananas als Ursache des Gefühls nennt, »in die üppigen Gefilde Calabriens versetzt zu seyn«.
Doch prompt fiel Schlechtwetter ein. Nach vier Tagen zog die ganze Gesellschaft nach Heiligenblut ab. Plötzlich besserte sich das Wetter, und die »ganze Caravane« stieg abermals auf zur Hütte, derweil »kein Wölkchen den Himmel trübte«. Statt dessen waren aber Unmengen Neuschnees gefallen. Am 26. August »kuppelten sich einige von der Gesellschaft mit Stricken zusammen«, überwanden das Leiterkees und erreichten hinter Führern, die mit Sondierstangen nach verborgenen Gletscherspalten stocherten, die Adlersruhe. Von dort hantelten sich der immerhin schon vierundfünfzigjährige Hohenwart, ein Begleiter, zwei Zimmerleute und die beiden »Glockner« an einem gespannten Seil mühselig zum Kleinglockner hinauf. »Unser erstes Geschäft war, hier das Kreuz aufzupflanzen. Als das Kreuz stand, wurde im Dorfe Heiligenblut, wo man mit Fernröhren die ganze Operation sehr gut bemerken konnte, Pöller abgeschossen.«
Allerdings stellte sich nun heraus, daß man den Kleinglockner vom Tal aus für den Hauptgipfel gehalten hatte. Der Chronist überspielte das eher beiläufig: »Als wir aber auf dem Gipfel des Berges selbst standen und von dem Puncte aus, wo das Kreuz gepflanzt wurde, auf die andere Spitze visierten, zeigte sich kaum ein Unterschied.«
Er beträgt auch nur 28 Meter.
Die wissenschaftliche Welt bedachte diese Leistung mit großem Beifall, wiewohl die Ausbeute »an geognostischen und physikalischen Beobachtungen« dem Fürstbischof keineswegs genügte. Andrerseits sammelte diese Expedition wertvolle Erfahrungen für hochalpine Unternehmen. So beschrieb der Chronist taktvoll sehr irdische Probleme: »Wasser findet man während der Reise bis zur Hütte das allerköstlichste aus den reinsten Quellen. Aber bei der Hütte selbst und weiter aufwärts ist nur das trübe erdfärbige, mehr als eiskalte Wasser, das unter dem Eise herausschlammt. Daß dieses starke Abweichen (Durchfall) mache, ist in der dortigen Gegend bekannt. Diese Wirkung dürfte aber wohl für jeden, der auf dem Wege zum Glokner ist, zur Unzeit kommen. Es ist wahrhaft eine bittere Pflicht, im heftigsten Sturmwinde im Freien der Natur ihren Zoll bringen zu müssen.«
Deshalb trank die Gesellschaft dieses Wasser »nur mit Wein vermischt, den wir immer in Menge und nach Durst zu uns nahmen. Gerade dem Umstande, daß wir viel Wein tranken, verdanken wir es, daß wir ungeachtet aller nur denkbaren Unbilden der Witterung dennoch stets bei guter Gesundheit blieben.« So überrascht die Klage kaum, daß man ob der »Beschwerlichkeit des Athmens bei jedem 8ten oder 9ten Schritt immer wieder ausruhen mußte«. Gewiß »der verdünnten Luft wegen«, aber nach vier Tagen der Adaption auf 2700 Metern Seehöhe wohl auch wegen des Weines »in Menge und nach Durst«.
Ein Jahr später berichtete nämlich der berühmte Botaniker

Bau der Wendeplatte auf der Franz-Josefs-Höhe am vorläufigen Endpunkt der Gletscherstraße. Beachtenswert das Hofmannskees, das 1933 noch von der Adlersruhe bis zur Pasterze reichte.

Vermessungstrupp auf der Scheitelstrecke bei der Fuscherlacke (Blickrichtung Südwest).

Hoppe von einer Brot- und Weinjause auf der Hohenwarte beim zweiten Angriff auf den Großglockner: »Der wenige Wein hatte in dieser Schneeregion einen merklichen Einfluß auf mich gehabt. Ich wurde schwindelicht und konnte ohne Führer keinen Schritt mehr vorwärts gehen.«

Sieg über den Großglockner

Zu Anfang des Jahres 1800 spürten Kärntner und Salzburger noch nichts von den napoleonischen Stürmen in Europa. Klagenfurt zählte »beyläufig 10.000 Menschen und 850 Häuser«, wie der Arzt Schultes in seiner »Reise auf den Glockner« anmerkte und sich darüber wunderte, daß »zehn Ärzte und ebensoviele Bader und drey Apotheker hier leben können, da doch die Lage des Ortes sehr gesund ist«. Zudem »verräth der Ton, der hier herrscht, einem ziemlichen Grad von Bildung«.

Den Generalvikar Hohenwart beschäftigte unterdessen ein vordringliches Anliegen der Bildung. Denn Fürstbischof Salm, »nicht zufrieden mit jenen kostspieligen Anstalten, die er vor einem Jahr zur größeren Bequemlichkeit der Naturforscher und Alpenfreunde treffen ließ, befahl, auch in diesem Jahr alles aufzubiethen, um die Reise auf den Glockner und das gänzliche Ersteigen desselben zu erleichtern«. Salm ordnete an, auf der Hohenwartscharte »eine neue Hütte von Steinen gut und dauerhaft erbauen zu lassen, in der die Glocknerbesteiger ruhen und bei überfallenden Ungewittern Zuflucht finden könnten«. Auch sei auf der Salmhöhe eine zweite Hütte zu errichten, »damit die erste für die Honoratioren, die zweite aber für die Begleiter und Träger eine so viel möglich bequeme Wohnung und ein vor Kälte schützendes Nachtlager abgeben könnte«.

Am 23. Juli 1800 »reisten zwey Packwägen mit Lebensmitteln, unseren Geräthschaften und Instrumenten in Begleitung des Kammerdieners, Koches und eines Bedienten und Reitknechtes von Klagenfurt ab«.

Tags darauf folgten Salm, Hohenwart und Wulfen in einer »Postkalesche mit zwey Pferden«, zuweilen auf Pferderücken und zuletzt in »sechs einspännigen Kaleschen« – gemäß dem Straßenzustand ziemlich langsam, denn das Reisetempo lag zwischen 4 und 7,5 Kilometern pro Stunde.

Zeitgenössische Urteile über Straßen lassen an Klarheit nicht zu wünschen übrig: »Höchst elende, beynahe unwandelbare Straßen machen die Wägen und Karren viel eher unbrauchbar.« Es genüge eine Auflage von sieben bis zehn Zentimetern, gemischt »von einem Drittel Lehm oder Erde und zwei Dritteln Sand« auf Steinunterbau. Darauf führe man wegen des Sandes so sanft, daß es sowohl den Reisenden als ihrem Zugvieh »zur ungemeinen Bequemlichkeit und Erleichterung gereichet«.

Am 26. Juli 1800 trafen die Klagenfurter Honoratioren in Heiligenblut mit ihren ausländischen Gästen zusammen: Hoppe, Vierthaler, Schallhammer, Schiegg und Stanig. Hinzu gesellten sich neben anderen Bergrat Dillinger und Pfarrer Horasch von Döllach. Zwei Tage später setzte sich die Expedition in Bewegung: »Am 28ten Frühe ging der Herr Professor der Mathematik (Schiegg) nach gelesener Messe mit zwei Trägern, welche den Apparat der nöthigen physischen und mathematischen Instrumente trugen, auf die Salmhöhe.« Dann brach auch die »ansehnliche Alpencaravane« von Heiligenblut auf: »16 Pack- und Reitpferde mit ebenso vielen Führern, 26 Packträger und 5 Zimmerleute.« Zwölf Honoratioren bildeten die »reitende Partie« – insgesamt somit zweiundsechzig Personen.

Bei bestem Wetter gedieh das Unternehmen ganz nach Wunsch. Am ersten Tag erreichte die »Alpencaravane« planmäßig die Salmhöhe, anderentags gelangte die Partie, wenngleich unter erheblichen Mühen, fast vollzählig auf die Adlersruhe. Hohenwart, Hoppe und Vierthaler erklommen sogar den Kleinglockner, während vier Zimmerleute – darunter natürlich die beiden »Glockner« – und Pfarrer Horasch den Hauptgipfel bezwangen. Dort schlugen sie eine Schneewächte »von der Größe einer kleinen Alphütte« ab, um Platz für das 3,8 Meter hohe Gipfelkreuz zu machen, das die Zimmerleute am nächsten Tag aufpflanzten. Mit diesen erstieg auch Schieggs Assistent Stanig den Gipfel, wo er ein »sehr sinnreich und solid construiertes Barometer« in einem Kasten aufstellte, das bis 1852 »dort oben ausdauerte«.

So gelang auch die erste barometrische Höhenmessung des Glocknergipfels nach einem reichlich komplizierten System. Zu vereinbarten Zeiten wurden der Luftdruck in Klagenfurt, in Heiligenblut, auf der Salmhöhe und auf dem Gipfel gemessen, ebenso die Werte von Temperatur und Luftfeuchtigkeit, um deren Einfluß auf die barometrische Messung hinterher exakt zu berechnen.

Schiegg bestimmte die Gipfelhöhe außerdem noch trigonometrisch und kam auf 3761 Meter. Das traf zwar erheblich genauer als die Messungen des Jahres 1799 mit 4216 Metern, lag aber doch um 37 Meter zu tief. Die Ursache liegt offenbar darin, daß zu jener Zeit die Seehöhen von Klagenfurt und Heiligenblut nur barometrisch ermittelt waren – also naturgemäß sehr ungenau –, nicht aber trigonometrisch. Das unterwarf die Ausgangshöhen in Klagenfurt und Heiligenblut leider erheblichen Schwankungen.

Professor Schiegg erledigte ein großes Programm. Er berechnete die geographische Länge und Breite des Großglockners, ermittelte den Siedepunkt des Wassers auf der Hohenwartscharte (3182 Meter) mit 92 Grad Celsius, brauchte zehn Minuten, um mit einem Weingeistfeuer einen halben Liter Schmelzwasser aus Schnee zu gewinnen, und stellte fest, daß sein Ruhepuls 93 statt 72 im Tal betrüge. Eher nebenbei klärte Schiegg dann auch noch mit einem Visiergerät die wichtige Frage, daß das Wiesbachhorn zum Glück niedriger als der

Großglockner sei – exakt um 134 Meter, wie wir heute wissen. Zuvor galt das Wiesbachhorn wegen seiner relativen Höhe von 2400 Metern über Ferleiten als dem Großglockner überlegen.

Derweil Schiegg der Wissenschaft oblag, genoß Vierthaler auf dem Kleinglockner den Rundblick: »In stummer Bewunderung sahen wir dem hohen, unnennbar erhabnen Schauspiele zu. Der Puls schlug schneller, und eine sanfte Schwermuth bemächtigte sich unsrer Seele. Alles war ruhig und still um uns her, es regten sich nicht die leistesten Lüfte. Die Natur feierte eine ihrer großen, heiligen Stunden.«

Hoppe hingegen »vergieng hier der Muth – zu beiden Seiten erblickt man unermeßliche Abgründe«.

Die Führer hatten anscheinend etliche Mühe, ihre gelehrten Gäste wieder bergab zu lotsen, denn sie waren wohl mit sechszackigen Steigeisen ausgerüstet und an Seile gebunden, aber doch schon in reiferen Jahren und zudem in hochalpinen Bereichen ziemlich unerfahren.

Vierthaler gruselte es, als er bei Auf- und Abstieg über die von den Führern geschlagene »Eistreppe« im Steilaufschwung des Leiterkees in gähnende Gletscherspalten blickte: »Wir sahen da tausendjährige Eisrinden übereinander geschichtet. Der Bruch des Eises war glasicht und spielte blau, grün, grau bis hinunter in die Tiefen, wo ein Wirbel von Wasserdünsten keine Unterscheidung mehr erlaubte. Der bloße Gedanke an die Möglichkeit, in so eine Kluft zu stürzen, erfüllte uns mit Schauder.«

Außer einigen Herren, die ihr Gesicht mit Flor bedeckt und ihre Augen mit dunklen Brillen geschützt hatten, litten die Mitglieder dieser »Alpencaravane« durch Sonnenbrand »mehr als 24 Stunden die heftigsten Schmerzen«, worauf sich »die Haut am ganzen Gesichte schälte«.

Auf der Salmhöhe »beehrte der Fürstbischof die Glocknerbesteiger mit einem guten Mahle«. Salm hatte »so sehr für die übrigen Reisebequemlichkeiten gesorgt, daß man an der Salmhöhe an allem mehr Überfluß als Mangel hatte: man glaubte bey dem Vorrathe von Viktualien, unter welchen Pfirsiche, Feigen, Melonen und Ananasfrüchte waren, mehr bey der fürstlichen Tafel in der Hauptstadt als in einer Alpenhütte zu seyn.« Und es »quollen Champagner, Tokayer und Malaga, als keltere man sie vom nahen Gletscher«.

Sogar der nüchterne Mathematiker Schiegg befand, daß »für jede Bequemlichkeit fürstlich gesorgt« sei.

Am 30. Juli, dem dritten Tag, stieg die »Alpencaravane« wieder nach Heiligenblut ab. Hohenwarts Tagebuch berichtet ferner: »Der Fürst befahl den Zimmerleuten, die Hütte auf der Salmshöhe noch mit einem Zimmer zu vergrößern und eine dritte Hütte oberhalb der Hohenwarte zu erbauen, die er Adlersruhe genannt wissen wollte.« Auch diese Aufträge wurden erfüllt, nicht aber der Plan, »auf der Salmhöhe eine Kegelbahne anzulegen«.

Ein Vermögen für Expeditionen

Ein Rätsel dieser beiden Glockner-Expeditionen müssen leider vorsichtige Berechnungen lösen – nämlich die Kosten, die viermal andeutungsweise erwähnt werden. Hohenwart schrieb von »kostspieligen Anstalten«, die der »keine Kosten scheuende Fürst« getroffen habe. Das Tagebuch der Expedition von 1799 bietet ebenfalls wenig Aufklärung: »Man kann auf die Kosten der Salmshütte schließen, wenn man z. B. in dem Bauanschlage liest: 5 Bünde Stroh zu 5 Kreuzer; bis zur Hütte 1 Gulden« (= 60 Kreuzer). Und Schultes merkte an, daß diese Hütte »mehr kostete als manches stattliche Haus in der Stadt«.

Das mag übertrieben klingen, denn um 1800 kostete bereits ein einstöckiges Vorstadthaus mit Garten in Salzburg 1500 Gulden. Und so einem Haus fehlte naturgemäß der uns selbstverständliche und teure Komfort von Installationen für Wasser, Heizung, Bäder und Toiletten. Auch kannte man damals keine verteuernden Lohnnebenkosten. Mit diesem Aspekt im Auge läßt sich abschätzen, daß allein der Materialtransport zum Hüttenbau nicht gerade billig kam. Der Preis des Strohtransports per Pferd sechs Stunden von Heiligenblut zur Salmhöhe deutet auf eine »Roßsaum« von fast einem Gulden pro Tag. Der Hüttenbau samt Material und Transport dauerte anscheinend drei Wochen. So darf man den Preis der Salmhütte einschließlich Erweiterung mit 1000 Gulden ansetzen, den für die zweite Hütte auf der Salmhöhe sowie für die kleinen Hütten auf Hohenwartscharte und Adlersruhe nochmals mit mindestens 600 Gulden.

Im Jahr 1802 bekamen Heiligenbluter Bergführer pro Tag vier Gulden und Träger zwei Gulden. Der großzügige Salm war sicher nicht ein Mann, der feilschte. Danach kosteten die »19 Bauern« und 13 Pferde für die sieben Tage des ersten Versuchs 1799 sowie die »16 Pferdeführer, 18 Packträger, fünf Zimmerleute und 16 Pferde« für drei Tage im folgenden Jahr zusammen rund 600 Gulden.

Der üppige Verbrauch an Lebensmitteln für beide Expeditionen ist angesichts der geschilderten »fürstlichen Tafel«, des Weinkonsums und der erlesenen Südfrüchte auf mindestens 400 Gulden anzusetzen. Immerhin bezahlte man damals für die »Vollpension« in Landgasthäusern eineinhalb Gulden.

Hinzu kommen ferner die Reisekosten. Am billigsten war um 1800 der offene Pferdewagen mit durchschnittlich 6 Kreuzern je 10 Kilometer zuzüglich rund 30 Prozent für Trinkgeld, Wagenschmiere (daher der Begriff »Schmiergeld«) und Umspanntaxe. Das ergibt 8 Kreuzer für 10 Kilometer oder 2 Gulden 20 Kreuzer für die 175 Kilometer von Klagenfurt nach Heiligenblut. Auf diesen Preis kamen zu jener Zeit 54 Liter Milch, 14 Kilo Rindfleisch, 4,5 Kilo Butter, 220 Eier oder fünfeinhalb Tage Arbeit eines Maurergesellen. Dieses Preisschema deckt sich zwar keineswegs mit dem von heute, erlaubt aber im angenäherten statistischen Mittel den Schluß, daß um 1800 die

billigste Fahrmöglichkeit so teuer war, daß einfache Leute lieber auf Schusters Rappen ritten: 175 Kilometer im offenen Pferdewagen mit einer Geschwindigkeit von weniger als zehn Kilometern in der Stunde kosteten nach heutigem Geldwert annähernd 1000 Schilling – das Fünffache einer Fahrt mit dem Schnellzug zweiter Klasse für diese Strecke.
Feinere Leute reisten hingegen in geschlossenen Wagen – zum doppelten Preis. Das entspräche heute fast den Kosten einer Überlandfahrt mit dem Taxi. Nach allem Anschein gewährte dies der großzügige Salm seinen illustren Gästen aus Regensburg, Salzburg und Klagenfurt. Nächtigungen und Verpflegung auf den Hin- und Rückwegen sowie die effektiven Kosten der hofeigenen Packwagen, Pferde und Bediensteten noch hinzugerechnet, treiben die Reisekosten auf insgesamt mindestens 400 Gulden.
Die beiden Glockner-Expeditionen verschlangen demnach wenigstens 3000 Gulden – ein gewaltiger Preis, wenn man in Rechnung stellt, daß um 1800 »die beste Kuh, die auf zweymaliges Melken nicht über 8 Viertel (= 12 Liter) Milch gibt, sammt dem Kalbe nicht über 30 Gulden zu stehen kömmt« und ein Reitpferd annähernd 75 Gulden kostete. Das ergäbe also mindestens eine Herde von hundert Kühen und hundert Kälbern oder von vierzig Reitpferden. Trotz vieler Vorbehalte: Im ganz groben Durchschnitt entspräche das 1984 einem Wert von zwei Millionen Schilling. Für diesen Preis könnten heute zwanzig Personen drei Wochen lang im Expeditionsstil in den Anden oder im Himalaya bergsteigen.
Einen Begriff vom Wert von 3000 Gulden geben auch die 518.897 Gulden, die die Salzburger Hofkammer 1799 einnahm, weshalb ein Chronist Salzburg »zu den wohlhabenden und glücklichsten Ländern Deutschlands« rechnete, da dort »Hülle und Fülle herrschen«. Von dieser Summe gingen unter anderem 198.707 Gulden in den Hofstaat, 15.170 Gulden in Almosen, 3503 in »Schreibmaterial« und 2844 Gulden in »äußere Angelegenheiten« – das heißt in die fürsterzbischöfliche Außenpolitik.
Der begüterte Altgraf Salm bestritt 3000 Gulden mühelos aus eigener Tasche. Das bezeugt der erhaltene Entwurf seines Testaments. Darin beziffert der Fürstbischof sein Vermögen mit 100.000 Gulden, das er frommen Stiftungen vermachte – darunter 14.000 Gulden für die »Bettelsuppe« an arme, talentierte Studenten, 18.000 Gulden zur Unterstützung bedürftiger Geistlicher und jährlich 400 Gulden zur Bezahlung von Medikamenten für mittellose Kranke in Klagenfurt.
Doch die napoleonischen Kriege und ihre Nachwehen, teure Hofhaltung und grenzenlose Wohltätigkeit stürzten Salm schließlich 1821 in den finanziellen Ruin. Sein Biograph Feill entrüstete sich über einen bezeichnenden Vorfall: »Als Salm eine Reise antreten wollte, ließen ihm seine Kreditoren die Pferde ausspannen.« Völlig verarmt, mußte der zum Kardinal erhobene Fürstbischof sein letztes Lebensjahr in zwei Zimmern des Klagenfurter Priesterseminars verbringen.
Zu Recht war Salm stolz darauf, daß die »gänzliche Ersteigung des Großglockners mein Werk war«. 1806 unternahm er mit Hohenwart noch einen Anstieg und gelangte bis an das steile Glocknerleitl oberhalb der Adlersruhe, der siebenundfünfzigjährige Hohenwart hingegen erklomm endlich im dritten Anlauf den Gipfel, auf den »man mich wie einen Sack am Seile hinaufzog«, und schwärmte: »Diese Freude war grenzenlos, ich würde sie mir um alles in der Welt nicht abkaufen lassen.«
Salms Spuren sind längst verweht: Die Hütte auf der Hohenwartscharte verschwand schon 1811 »unter mehrere Klafter tiefem Schnee«, der »Alpenpalast« 1829 unter Moränenschutt, die Mauerreste auf der Adlersruhe wichen 1880 der höchsten Schutzhütte Österreichs. Salms Großtaten aber rühmte niemand überschwenglicher als der Wiener Arzt und »Glocknerherold« J. A. Schultes, der 1802 mit sechs vermögenden Herren, fünf Führern und acht Trägern »nebst einer Köchin« den Großglockner bestieg.

Geneppte Bergsteiger

Der glänzende Schreiber und scharfe Beobachter Schultes erlebte in Heiligenblut – bestehend aus »einer alten gotischen Kirche, zwey gemauerten Häusern, acht bis zehn hölzernen Hütten und 15 Kirschbäumen« – recht eindrucksvoll, daß »nichts in jeder Hinsicht glücklich ist«. Denn seine herrschaftliche Partie bezahlte beim Wirt »für zwey Mittagsmahle, sieben Abend- und fünf Frühmahle 103 Gulden«, wiewohl es nur gesottenes und gebratenes Bocksfleisch gab, das damals pro Kilo zehn Kreuzer kostete.
Hingegen bewunderte Schultes den stattlichen »Wuchs der Älpler hier bey beyden Geschlechtern« und ihre Kraft: »Ein Bursche von 17 Jahren hob mich mit einer Hand beym Genikke über einen Felsenklumpen hinauf« und »Mädchen tragen zentnerschwere Lasten auf dem Kopfe die Alpen hinan«. Schultes folgerte daraus, daß »Einfachheit der Kost den Menschen stärke und gesund erhalte«, weshalb nur »diese Athleten-Stärke und Gewandtheit im Steigen und Klettern, die über alle Begriffe geht, beynahe allein diese Gegend bewohnbar machen«. Leider fehle aber den Mölltalern »ein Unterscheidungsmerkmal zwischen dem Menschen und dem Orang-Outan, nämlich die Waden«, vielmehr seien »ihre Beine Straußenfüße«.
Daß junger Ruhm auch den Geschäftsgeist anregt, bemängelte schon 1824 der zweiundzwanzigjährige Apotheker Rudolf Hinterhuber aus Mondsee, der sich mehrere Wochen lang ehrfürchtig den botanischen Studien des berühmten Professors Hoppe rings um Heiligenblut anschloß, 1847 und 1855 zwei zauberhafte Tourenführer durch die Salzburger Alpen veröffentlichte und das patriarchalische Alter von neunzig Jahren erreichte. Als Beispiel für »die Schändlichkeit, von den Füh-

rern, von denen man doch wenigstens drei nehmen muß, hintergangen zu werden«, führte er das Mißgeschick des »aus fernem Lande hergereisten Dr. Gledicinac« an: »Nur mehr etliche hundert Schritte von der Spitze des Glockners wiesen ihn seine Führer an, daß sie ihn nicht zur Spitze befördern wollten, wenn er nicht ihren Lohn, der auf 12 Gulden bedingt war, auf 20 Gulden erhöhe. Dies war denn doch zu viel gefordert und der schätzenswerte Herr Doktor mußte so nahe der Spitze wieder unverrichteter Dinge zurückkehren.« Vermutlich steckte dahinter, was auch andere Glocknerbesteiger empörte: Wirte, die ihre Knechte als Bergführer anboten und diesen bis zu zwei Drittel der Führertaxe abknöpften.

Solches ging bis 1861 durch, da Heiligenblut sich zum berühmten Glocknerdorf entwickelte und im leider verbrannten »Glocknerbuch« von 1818 bis 1864 die Liste großer Namen und kühner Taten beständig anwuchs: Die Gewalttour des Paters Corbinian Steinberger, der 1851 »mit einem Seidel Wein und einem Stück Hausbrod versehen« die 2600 Höhenmeter von Heiligenblut auf den Gipfel und zurück im Alleingang bewältigte und diesen Ruhm durch die Erstersteigung der Königsspitze im Ortlermassiv noch mehrte; die erste Winterbesteigung des Glockners 1853 durch den Ortspfarrer Franz Francisci; die schöne Sidonie Schmiedel aus Rojach, die 1854 als erste Frau den Glockner erklomm. Dazu kamen berühmte Alpinisten, wie der Brite John Ball, der Professor Peter Thurwieser, die Münchner Geologen-Brüder Schlagintweit oder der Jurist und Schriftsteller Anton von Ruthner. Sie trugen zum Ruhm Heiligenbluts ebenso bei wie der Geograph Franz Keil mit seinem Glocknerrelief oder der Kunstmaler Marcus Pernhart. Er bestieg den Glockner gleich neunmal, um sein aufsehenerregendes Glocknerpanorama von 16×2,5 Metern Größe zu schaffen, das 1865 die Sensation einer Ausstellung in Wien war.

Im Oktober 1861 wirbelte unvermittelt ein Artikel des Alpinisten Franz Peyritsch in der »Wiener Zeitung« viel Staub auf. Peyritsch hatte soeben den Glockner von Heiligenblut und von Kals aus bestiegen und zog nun öffentlich Bilanz. In Heiligenblut nötigte man ihm drei Führer zu je zehn Gulden auf, weshalb die Tour »mit den obligaten Trinkgeldern und den zum Empfange jedes glücklichen Glocknerersteigers abzufeuernden Böllerschüssen« auf mehr als 40 Gulden kam. In Kals hingegen nahm Peyritsch nur zwei Führer zu je sechs Gulden und sparte für die »nicht beschwerlichere, wohl aber kürzere und bei weitem anziehendere Besteigung von der Tiroler Seite circa 25–30 Gulden«.

Das lenkte Wasser auf die Mühlen der Kalser. Ihnen hatten nämlich der Lienzer Student Joseph Mayr und der zierliche Dorfschuster Josef Schnell – nach zeitgenössischem Urteil »der kühnste und verwegenste Führer, den die deutschen Alpen besitzen« – 1853 den »alten Kalser Weg« über das Ködnitzkees auf die Adlersruhe erschlossen. Und schon 1856 heuerten Geometer einige Kalser Bergführer ob ihrer bescheideneren Tarife an, um auf den Glocknergipfel eine Vermessungsstange zu setzen. Vergeblich versuchte daraufhin der Heiligenbluter Bürgermeister, die bedrohliche Konkurrenz der Kalser anzuschwärzen: »Alles Geschreibe, daß die Besteigung des Großglockners von der Kalser Seite sich besser rentiert, ist schales Gefasel.« Indessen verzeichnete Kals im Jahr 1869 schon fünfunddreißig Glocknerbesteiger, Heiligenblut aber nur deren drei.

»Glocknerherr« Stüdl

Die Kalser konterten mit der Gründung eines »Vereins zur Auffindung eines unmittelbaren Glockneranstieges«. Einen eindrucksvollen Weg zum Gipfel, »ohne die Adlersruhe oder den Kleinglockner zu berühren«, machte der Lienzer Ingenieur Egyd Pegger über den luftigen Südwestgrat aus. Würden dort gefährliche Stellen durch Seile an Eisenringen »etwas hergerichtet, so wird der Weg für Reisende ganz sicher. Möge dieser Gedanke ausgeführt werden.«

Da verschlug der Zufall 1867 den begüterten Prager Kaufmann Johann Stüdl nach Kals. Dieser damals achtundzwanzigjährige Mitbegründer des Alpenvereins hatte von seinem Vater ein florierendes Lebensmittel- und Delikatessengeschäft und den begehrten Rang eines »kaiserlich-königlichen Hoflieferanten« geerbt. Dieses Kals beeindruckte den leutseligen und gradlinigen Stüdl außerordentlich: Zwar sei dieses Dorf »nicht einmal zu Wagen, sondern nur auf Fußwegen zu erreichen«, dafür seien die auffallend groß gewachsenen Kalser »ein emsiges, arbeitsames und in ihren Ansprüchen an das Leben äußerst bescheidenes und genügsames Völkchen. Eine solide Lebensweise bewirkt auch ein hohes Alter. Ein hoher Grad von Frömmigkeit ist den Kalsern eigen, so daß es schwerlich dem Touristen gelänge, einen Führer am Sonntage vor gehörter Messe zu irgendeiner Bergpartie zu überreden.«

Diesen Befund unterstrich 1872 auch Salms Biograph Feill: »Der Kärntner ist entschieden weniger bigott als der Tiroler. Während der Heiligenbluter Führer keinen Anstand nimmt, ›seinen Herrn‹ an einem Sonntag auf den Glockner zu führen, lehnt es der Kalser auf das Entschiedenste ab, um nicht den Frühgottesdienst zu versäumen. Ebenso würde er bei einer Bergfahrt an seinem Fasttage lieber hungern als eine Fleischspeise genießen, während der Kärntner diesfalls sein Gewissen leichter zu beruhigen weiß.«

Stüdl fand schnell Kontakt zu den Kalsern – und zu ihrem Anliegen, einen Direktanstieg auf den Großglockner zu erschließen. Wohl hatten Kalser Führer 1864 erstmals den Südwestgrat mit einiger Mühe erklommen, aber es fehlte an Geld, um ihn »etwas herzurichten«. Da schoß Stüdl drei Sommer lang kräftig zu. Erst versorgte er die Führer »mit verläßlichen Seilen«, neuartigen Gletscherbrillen, stabilen Eispickeln und leichten Rucksäcken anstelle der plumpen Tragkörbe. Hierauf

organisierte er einen Führerverein mit einer beispielgebenden Bergführerordnung. Dann bauten die Kalser in der Fanatscharte auf Stüdls Kosten die nach dem Spender der erforderlichen 800 Gulden benannte Hütte. Und 1869 legten sie in zwei Monaten unter Einsatz von Sprengstoff mit 150 Stiften und 400 Metern Drahtseil den ersten »Eisenweg« der Alpen an, den »neuen Kalser Weg« über den Südwestgrat zum Gipfel – über den berühmten »Stüdlgrat«.
Leider hinderte ein verknackster Fuß den in Kals mittlerweile hochverehrten »Glocknerherrn« Stüdl, an der Eröffnung des »neuen Kalser Weges« am 5. August 1869 teilzunehmen.
Zu dieser Partie von sieben Bergsteigern und sieben Führern gehörte der knapp zweiundzwanzigjährige Münchner Jurastudent Karl Hofmann, gleich Stüdl ein Mitbegründer des Alpenvereins und von seinen Freunden als »Bergsteigergenie« und »Feuerkopf« gerühmt. Mit Stüdl hatte er wochenlange Bergfahrten durch die Glocknergruppe unternommen und die Kalser Bergführer gefördert. »Hätten wir überall Männer, wie die Kalser sind, die Schande bliebe uns erspart, daß Fremde, zumal Engländer, mit Schweizer Führern in die heimischen Berge kommen«, klagte Hofmann in der mit Stüdl verfaßten Glocknermonographie. Doch ausgerechnet an diesem denkwürdigen 5. August waren die »Unzertrennlichen« getrennt.
In zweieinhalb Stunden durchstieg die Eröffnungspartie den Stüdlgrat – der ehrgeizige Hofmann trotz Mahnungen der Bergführer sogar unangeseilt. Nach dem Gipfelsieg gedachten die Herren über die Adlersruhe und das Ködnitzkees auf dem »alten Kalser Weg« wieder heimzukehren. Doch Hofmann trug den Befehl in der Tasche, am 8. August für eine Waffenübung in München gestellt zu sein. Höchste Eile tat also an diesem 5. August not, wollte der junge Mann von der Adlersruhe durch das Leitertal nach Heiligenblut absteigen, nach dem Marsch über das Hochtor am nächsten Morgen in Zell am See den Postwagen nach Salzburg und dort am 7. August noch den Zug nach München erwischen.
In dieser Bedrängnis schoß Hofmann die Idee durch den Kopf, von der Adlersruhe den Weg direkt zur Pasterze zu nehmen. Das schnitte den langen Eilmarsch nach Zell am See erheblich ab, denn von der Pasterze ginge es gleich über die Pfandlscharte in das Fuscher Tal.
Die vergletscherte und spaltenzerfurchte Nordflanke des Großglockners galt indessen auch noch unter den Spitzenalpinisten jener Zeit als unbegehbar. Hofmann wußte das – und stürzte sich mit den Kalser Führern Thomas Groder und Josef Kerer in das Abenteuer. Zu ihrer größten Überraschung gelangten sie auf die Pasterze, »ohne mit besonderen Schwierigkeiten kämpfen zu müssen«, wie Hofmann lakonisch schrieb. Und er fügte hinzu: »Der Anstieg von der Pasterze ist ohne Bedenken als der interessanteste unter den vier Wegen zu bezeichnen, die jetzt den Reisenden offenstehen, abgesehen davon, daß die Touristen dadurch zwei Tage und noch mehr Zeit gewinnen, daß sie nicht mehr nach Kals oder Heiligenblut gelangen müssen, um hier ihren Ausgangspunkt zu nehmen.«
An diesem Ausgangspunkt des »Hofmannsweges« über das »Hofmannskees« zur Adlersruhe hatte die Zeit jener Unterstandshütte arg zugesetzt, die Erzherzog Johann siebenunddreißig Jahre vorher am Rand der Pasterze hatte erbauen lassen. Sie sollte Wanderern zwischen Heiligenblut, Stubachtal und Kapruner Tal als Stützpunkt und zugleich der Wissenschaft dienen. Denn oberhalb dieser Hütte dehnt sich an der Südflanke des Fuscherkarkopfes die »Gamsgrube«, ein botanisches »Raritätenkabinett« ohne Gegenstück in den Alpen, in dem der berühmte Professor Hoppe vierzig Sommer seine Forschungen betrieb.
Wieder griff Stüdl tief in seine Tasche, und auch Hofmann steuerte bei, um diese Hütte instand zu setzen. Sie heißt »Hofmannshütte« zur Erinnerung an jenen Mann, der – knapp dreiundzwanzigjährig – am 3. September 1870 im deutsch-französischen Krieg bei Sedan gefallen ist.

Der Alpentourismus erwacht

Das Wirken Stüdls und Hofmanns lag in einer Zeit, als die Erschließung der Alpen von den Wissenschaftern auf Bergsteiger übergegangen war – auf Menschen, die nicht mehr den einfachsten Wegen zum Gipfel folgten, sondern sich anschickten, neue Anstiege zu finden und klettertechnische Aufgaben zu lösen. Das bezeugen einschneidende Ereignisse, wie die Organisation der Kalser Bergführer, die sich auch das überflügelte Heiligenblut zum Muster nahm, die Überwindung des Stüdlgrates und die Anlage von bergsteigerischen Stützpunkten. Die Gründerzeit alpiner Vereine und der Beginn des Eisenbahnzeitalters fielen in die gleiche Epoche. Beides setzte den Alpentourismus in Gang, denn bequemer Transport war jetzt nicht mehr nur dem gehobenen Bürgertum erschwinglich.
Der Alpentourismus wurde auch durch aufsehenerregende Ereignisse gefördert. Zum Beispiel der »sein Kronland hoch beglückende Besuch Seiner Majestät des Kaisers Franz Josef« 1856 in Heiligenblut. Franz Josef wanderte in vier Stunden hinauf zu jenem Sattel oberhalb der Pasterze, der seither »Franz-Josefs-Höhe« heißt. Kaiserin Elisabeth begnügte sich mit einem Ritt zum Bretterboden, fortan »Elisabethruhe« genannt.
Diese »Elisabethruhe« erschien den hundertfünfundfünfzig Mitgliedern der jungen Alpenvereinssektion Klagenfurt als idealer Platz für »ein Unterkunftshaus in unmittelbarer Nähe des Pasterzengletschers«, denn hier führte der mittlerweile populärste Weg auf den Glockner vorüber, der »Hofmannsweg«. Außerdem wuchs die Zahl der Glocknerbesteiger stark an. So standen zum Beispiel am 24. August 1872 vierunddreißig Personen gleichzeitig auf dem Gipfel.
Bereits 1876 war dieses »Unterkunftshaus« fertig – das

»Glocknerhaus« mit Platz für vierzig Personen. Die Baukosten von knapp 16.000 Gulden spielten die findigen Klagenfurter zu zwei Dritteln mit einer Lotterie herein. Nach dem Urteil des Münchner Schriftstellers Heinrich Noé, häufig »literarischer Erschließer der Ostalpen« genannt, wohnte damals »der Freund des Eises in den Alpen Österreichs nirgends so bequem wie im Glocknerhause über dem Pasterzengletscher«.
Doch alsbald entspann sich ein grimmiger Zwist über »dieses Wirtshaus, weil dort die Leute in Betten schlafen und an einer Tafel speisen, deren Substanz nicht aus dem Rucksack eines Führers herausgeschüttet wird«. Bislang waren Bergsteiger nämlich auf höchst spartanische Unterkünfte angewiesen, in denen nach einem zeitgenössischen Bericht besser zwei Mann in einem Bett schliefen – »denn einen allein derleidet es nicht wegen der Flöh, wenn es aber zwei sind, dann verteilen sich diese Viecher ein wenig«. Auch Schultes ruhte lieber unter seinem »feinen Mantel als einer oft entomologischen (insektenverseuchten) Wirthsdecke«.
Der wortgewaltige Noé bewertete aber die Dinge schon wie die Jünger des Aktivurlaubes unserer Tage: »Es ist viel wichtiger, daß der Mann, welchen die Sorgen seines Berufes abstumpfen und entkräften, und die blutleere Frau in die Mitte jener reinen Bergwelt geführt werden als der wadenstarke Spitzenkletterer. Je bequemer die Hochalpen zu bereisen und zu bewohnen sind, desto mehr Wohltaten wird diesem Geschlechte erwiesen.«
Andere sahen aber die Alpen vom Tourismus gefährdet. Da warnte August Lewald schon 1835 unter dem Eindruck einer Fahrt mit der Postkutsche auf der 1825 vollendeten und 49 Kilometer langen Straße über das Stilfserjoch: »Wenn aber alle Straßen gebaut sein werden, jedes Thal besucht, jede Schlucht durchforscht und an jedem Alpenraine, wo jetzt die gastliche Hütte sich dem Wanderer öffnet, ein städtisches Gasthaus stehen wird mit gewinnsüchtigen Wirthen und pfiffigen Kellnern, die auf die Gletscher und Wasserfälle in ihrer Nähe speculiren, dann wird auch das Alpenland vieles von seinen natürlichen, unnennbaren Reizen eingebüßt haben.«
Solchen Überlegungen schloß sich der berühmte Polarforscher und Ortler-Erschließer Julius Payer mit einem hochmodernen Argument an: »Die Naturschönheiten eines Berglandes bilden in unseren Tagen ein unschätzbares Capital für dasselbe.«
Auch der Mondseer Apotheker Rudolf Hinterhuber, dem wir schon 1824 auf dem Weg über das Hochtor nach Heiligenblut begegnet sind, fügte 1886 als Vierundachtzigjähriger seinem Tagebuch über jene Reise mit zittriger Schrift den Nachsatz bei: »Heiligenblut ist jetzt in den Sommermonaten von Fremden überflutet, ein Hotel biethet den möglichsten Comfort, auch Damen besteigen schon den Glockner, aber – alle Poesie ist von Berg und Thal gewichen.«
Ein Jahrhundert hatte genügt, die Angst vor dem Berg in Angst um den Berg zu verwandeln.

Pallavicini und die »Kletterfexe«

Im Eröffnungsjahr des Glocknerhauses, 1876, nächtigten dort schon dreihundertsechzig Personen, darunter ein Mann, auf den der Verdacht eines Kalser Bergführers genau paßte: »Die Fremden werden alleweil besser im Steigen, sie werden bald keine Führer mehr brauchen.« Das war der achtundzwanzigjährige Markgraf Alfred Pallavicini, angeblich der »stärkste Mann Wiens«. Ihn faszinierte jene 600 Meter hohe Eisrinne, in die kaum jemand von der luftigen Scharte zwischen den Glocknergipfeln hinunterzublicken wagt.
Mit den Heiligenbluter Führern Bäuerle, Kramsner und Tribusser forderte Pallavicini das Schicksal an dieser abschreckenden Eiswand heraus – ohne zureichende Sicherung. (Eishaken erfand nämlich erst 1924 der Münchner Alpinist Willo Welzenbach, um die Nordwestwand des Wiesbachhorns zu meistern.)
Tribusser machte sich als erster an das Stufenschlagen im Blankeis. Nach einer Stunde sollte der ermüdete Stufenschläger vom zweiten Mann abgelöst werden. Da stellte sich heraus, daß ein Wechsel der Führung in dieser 50 Grad geneigten Eisrinne unmöglich war. Glitte der Führende dabei aus, so risse er seine drei Partner in den sicheren Tod. Deshalb schlug Tribusser weiter Stufen – insgesamt deren 2500 in sieben Stunden, fast bis zur Erschöpfung und bis zum Gipfelsieg.
Die Durchsteigung der »Pallavicinirinne« stieß eine neue alpinistische Dimension auf. Sie ist daran zu ermessen, daß erst dreiundzwanzig Jahre später Viktor Pillwax den zweiten Durchstieg wagte, und Alfred Horeschowsky 1924 im Alleingang dieses Eiscouloir als dritter überwand. Heute können Touristen vom Parkplatz Freiwandeck mit starken Ferngläsern moderne Eistechniker bei der Arbeit in der »Pallavicinirinne« beobachten, durch die 1961 die beiden Grazer Gerhard Winter und Herbert Zacharias mit Firngleitern abgefahren sind.
Im Juni 1886 griffen Pallavicini, sein Freund Hermann Cromelin sowie die Kalser Bergführer Ranggetiner und Rubesoyer auch die abschreckende Glocknerwand an. Aber knapp unter dem Gipfel riß eine abbrechende Wächte diese Viererseilschaft aus der Eiswand und über felsdurchsetzte Steilflanken in das Innere Glocknerkar hinunter. Nur Pallavicini überlebte den Absturz. Er band sich vom Seil und suchte offenbar einen Weg durch das Spaltengewirr in das Tal. Eine Woche später fand ihn die Bergungsmannschaft vierzig Gehminuten von seinen Gefährten am Rand einer Spalte kauernd – tot, ein Auge ausgeschlagen und die Nasenpartie völlig zerschmettert.
Diese Katastrophe löste in alpinen und juridischen Fachzeitschriften eine Debatte über »unnöthig waghalsige Touren« aus: »Kletterfexe exponiren nicht nur ihr eigenes Leben, woran sie nicht gehindert werden sollen, sondern auch das Leben ihrer braven Führer, die um kargen Lohn die Partie mitmachen müssen, um für ihre Familien Brot zu erwerben.«

Juristen entwarfen sogar – vergeblich – ein Gesetz, »um dem entsetzensvollen Unwesen zu steuern, daß das Unternehmen unvernünftiger Bergpartien geradezu zu einer öffentlichen Calamität zu werden droht. Wenn unsere moderne Gesetzgebung in ihrem Verbote des Duells den falschen Begriffen von ritterlicher Ehre entgegentritt, wird sie wohl auch nicht vor der falschen Führer-Ehre Halt machen.«
Bündiger hatte die Londoner »Times« das gleiche Anliegen kommentiert, als 1865 vier der sieben Erstersteiger des Matterhorns auf dem Rückweg in den Tod gestürzt waren: »Wer hat Menschen das Recht gegeben, die Gabe des Lebens wegzuwerfen, um mit Affen, Katzen und Eichhörnchen in Wettstreit zu treten?«

Technik greift nach den Alpen

Unterdessen begann das technische Zeitalter die Postkutschen zu verdrängen. Der Massentransport rollte auf Schienen statt auf Straßen. Von 1848 bis 1854 wird die Semmeringbahn gebaut, 1860 erreicht die Westbahn Salzburg und den Anschluß nach München, fünfzehn Jahre später führt die Westbahn schon durch das Salzachtal und den Pinzgau nach Innsbruck. 1871 wird die Eisenbahnlinie von Villach über Lienz nach Franzensfeste eröffnet – ausgerechnet in einem verregneten Sommer. »Wer den Grund davon wissen will«, schrieb darüber die Zeitschrift des Alpenvereins, »erkundige sich in Heiligenblut und Umgebung, und er wird erfahren, daß die Ursache der deutsch-französische Krieg war. Die vielen Schüsse haben die Wolken in das Gebirge verjagt.«
Damals tauchte auch der Begriff »Förderung des Fremdenverkehrs« auf und legte sein Maß gleich an die »so unpraktische und langwierige« Verbindung von der Bahnstation Dölsach bei Lienz zum rund 30 Kilometer entfernten Heiligenblut: Die »schwerfällige Postverkehrs-Manipulation« erforderte 24 Stunden für eine Strecke, »die der Fußgänger in sieben Stunden bewältigt«, wiewohl eine neue Straße über den Iselsberg gebaut und die Fahrpreise der Postkutschen ermäßigt worden seien.
Die k. k. Post- und Telegraphen-Direction nahm sich solche Rüffel zu Herzen und paßte ihren Fahrplan dem Marschtempo der Fußgänger an. Davon profitierte augenscheinlich auch das Glocknerhaus oberhalb der Pasterze. Denn eine Statistik aus jenen Tagen konstruierte den waghalsigen Vergleich, daß das Heilbad Gastein in einem Sommer 4000 Fremde und Cortina deren 3750 gezählt habe, das Glocknerhaus aber immerhin »2700 den Eintritt bezahlende Gäste«.
Auch organisierte die Wiener Sektion des Österreichischen Touristen-Clubs bereits 1890 Erstaunliches: Fahrt mit dem Nachtschnellzug von Wien nach Bruck im Pinzgau, Marsch über Fusch, Ferleiten und Pfandlscharte zum Glocknerhaus, Besteigung des Großglockners, »wo wir auf das Wohl seiner Majestät des Kaisers tranken«, Abstieg nach Heiligenblut, Marsch über den Rauriser Sonnblick nach Gastein und Lend, Bahnfahrt zurück nach Wien – und das alles binnen vier Tagen »und voll Dank für das herrliche Gelingen der Tour«.
Da erkannte ein ideenreicher Mann die Schwachstelle solcher Unternehmungen für den Touristen, nämlich den zeit- und kraftraubenden Marsch von Bruck zum Glocknerhaus. Andrerseits berichteten Zeitungen, daß »in neuerer Zeit die sogenannten Touristenbahnen große Erfolge in den Alpen feiern«. Dazu zählten die 1871 eröffnete Zahnradbahn auf den Rigi in der Schweiz, jene von 1887 auf den Salzburger Gaisberg und die 1889 gebaute Pilatusbahn bei Luzern.
So meldete Ende 1889 das »Salzburger Volksblatt«: »Ingenieur Heinrich Schröder hat um die Vorconcession für eine Adhäsions- und Zahnschienenbahn von der Station Bruck–Fusch der k. k. Staatsbahn über Fusch, Ferleiten, Trauneralpe, Pfandlscharte bis zum Glocknerhaus (2127 m) und die Fortsetzung über die Franz-Josefs-Höhe zur Hofmannshütte (2438 m) nachgesucht. Die gewählte Trace erscheint als der billigste und kürzeste Weg in Salzburg und Tirol, um von einer Hauptbahn aus eine Bahn direct in das Gletschergebiet hinein zu führen. Es steht wohl zu erwarten, daß die Möglichkeit, von den Verkehrszentren Wien, München, Salzburg und Innsbruck aus schnell und ohne Mühe und verhältnismäßig billig den Pasterzen-Gletscher erreichen zu können, eine große Anziehungskraft auf den Fremdenverkehr im Lande Salzburg zu werden verspricht.«
Ingenieur Schröder wälzte sogar Pläne, mit einem »besonders construierten Bahngeleis« oder mit einer Seilbahn die Pasterze zu überqueren und von dort die »vorläufige Endstation« Adlersruhe durch eine Stollenbahn zu erreichen.
Freilich verschwand dieses Projekt bald auf jenem Ideenfriedhof, auf dem alles ruht, was zwar machbar, nicht aber bezahlbar ist. Erhalten blieb nur die ätzende Spottschrift »Die Glocknerbahn – System Schwerenöter«, worin die Salzburger Sektion des Alpenvereins diesen Angriff der Technik auf die Natur der Lächerlichkeit preisgab.
Der Klagenfurter Alpenverein hingegen wies dem aufkommenden Massentourismus einen Weg mit »sanfter Technik«, um die Auslastung des unterdessen erweiterten und sogar dem Telegraphennetz angeschlossenen Glocknerhauses zu verbessern. Er schickte sich an, eine »Glocknerstraße« für Zweispänner anzulegen – 11,5 Kilometer von Heiligenblut herauf, das knapp vor der Jahrhundertwende schon hundertundelf Gästebetten in zwei Hotels und einem Wirtshaus anbot.
Der »warme Regen« des Fremdenverkehrs war aber noch längst nicht auf alle Heiligenbluter gefallen, wie das bissige Urteil eines Wiener Gastes zeigt: »Wie würde sich der Umfang eines oberösterreichischen Bauers verringern, wenn er, seine schweinefleischgefüllten Schüsseln und seine Maßkrüge verlassend, die Lebensrolle tauschen müßte mit dem mageren, doch sehnen- und muskelkräftigen Älpler, auf dessen Tisch

nur an Feiertagen sich eine Fleischspeise zeigt, und der den Wein nicht viel mehr als dem Namen nach kennt.«

Mit dem Hieb einer silbernen Haue begann am 24. August 1900 unter Leitung des vereinseigenen Ingenieurs Heinrich Pierl – dem ersten Projektanten einer Straße über das Hochtor – der Bau der »alten Glocknerstraße«. Sie sollte »auch den breiten Schichten der Bevölkerung sowie allen jenen, für welche die beschwerlichen Fußsteige nicht benützbar sind, jenen bezaubernden stillen Erdenwinkel mit seiner Gletscherpracht leichter zugänglich machen«. Es dauerte acht Jahre, ehe dieses einspurige Sträßchen mit Maximalsteigung von zehn Prozent die 1700 Höhenmeter von Heiligenblut zum Glocknerhaus geschafft hatte – zum Preis einer halben Million Kronen, den die Klagenfurter wiederum aus eigener Kraft und mit Spenden finanzierten.

Im Frühjahr 1917 traf aber die tüchtigen Klagenfurter ein harter Schlag. Plötzlich einfallendes Tauwetter durchweichte die steilen Schneehänge oberhalb von Heiligenblut bis tief in den Humus hinein, so daß Erdrutsche die Glocknerhausstraße auf 2,5 Kilometer Länge zerstörten. Erst 1924 waren diese schweren Schäden wieder einigermaßen behoben. Eben zu dieser Zeit schickte sich Bauingenieur Franz Wallack an, bei Kilometer 6 der Glocknerhausstraße die Trassierung der »Großglockner-Hochalpenstraße« hinüber nach Ferleiten anzusetzen, um dort Anschluß an das Fahrsträßchen nach Fusch und Bruck zu finden.

»Ich hatte mir für die Trassierung den Grundsatz zurechtgelegt, möglichst den Weg des kleinsten Widerstandes zu gehen«, schrieb Wallack später, »für die Bauausführung ließen sich dann die geringsten Bauschwierigkeiten erwarten.« Daher bezog er die Glocknerhausstraße in die Planung ein.

Wallack ahnte nicht, wie steinig und zermürbend lange selbst der »Weg des kleinsten Widerstandes« werden sollte, denn Österreich durchlitt die wirtschaftlich katastrophalen Folgen des verlorenen Ersten Weltkrieges. So nahm sich auch die Planung einer »Großglockner-Hochalpenstraße« wie eine Übung im Bau von Luftschlössern aus.

»Österreich ist das, was übrigbleibt«

Im Herbst 1918 waren die Fronten und damit die österreichisch-ungarische Monarchie zusammengebrochen. Die neue Republik erbte am 12. November 1918 nach Kaiser Karls Abdankung eine Riesenlast. Die Ernte dieses Jahres erreichte nicht einmal die Hälfte jener des letzten Friedensjahres 1913.

»Österreich ist das, was übrigbleibt«, so kommentierte der französische Ministerpräsident Georges Clemenceau die Ansprüche der Nachbarn und Nachfolgestaaten einer ehemaligen Großmacht.

Als Rest blieb der Kleinstaat Österreich mit 6,5 Millionen Einwohnern, ein industrieller Torso, den neue Zollmauern von seinen früheren Märkten und Rohstoffquellen abschnitten. Unvorstellbare Not peinigte die Menschen. Allein in Wien fiel der Milchverbrauch von 900.000 Litern pro Tag im letzten Friedensjahr auf weniger als ein Zehntel. Lebensmittelimporte unterblieben aus Mangel an Devisen, die eigene Kohleproduktion deckte bestenfalls 15 Prozent des Bedarfs – und das im Winter. Hungerunruhen brachen aus.

Ein Zeitungsbericht von Anfang 1919 beleuchtet eine makabre Szene, als bei einer Schießerei in Wien das Pferd eines Polizisten getroffen wurde: »Die Menge warf sich im Nu auf das auf dem Boden liegende Pferd. Ein Matrose erstach es und forderte die Leute auf, sich einen billigen Braten nach Hause zu nehmen. Im Nu wurde das Pferd von der Menge zerstückelt, Männer und Frauen stritten sich um die Beute, und binnen kurzem sah man bereits einzelne Personen mit den noch rauchenden Fleischstücken enteilen.«

Angesichts dieser Not erwog der Salzburger Landtag sogar die Möglichkeit, den Wildbestand durch Abschuß zu halbieren, um die Hungersnot zu lindern.

Am 2. September 1919 zogen die Siegermächte in St. Germain mit ihren Friedensbedingungen an Österreich den Schlußstrich unter die Vergangenheit: Reparationen und Tilgung der Kriegsschulden in der gigantischen Gesamthöhe von rund 55 Milliarden Kronen. Das traf jeden der 6,5 Millionen Österreicher mit fast 8500 Kronen. Von dieser Summe bestritt eine vierköpfige Arbeiterfamilie ihren Bedarf an Grundnahrungsmitteln für fast vier Monate. Und das Staatsbudget 1919/1920 deckte mit 6,3 Milliarden Kronen Einnahmen knapp zwei Fünftel der Ausgaben einschließlich der Kosten zur Unterstützung von fast 190.000 Arbeitslosen und zur Subvention von Grundnahrungsmitteln. Im Budgetjahr darauf stiegen die Lebensmittelzuschüsse schon von 4,3 Milliarden auf 65,8 Milliarden Kronen und übertrafen bereits die Schulden aus acht Kriegsanleihen mit zusammen rund 33 Milliarden.

Weder willens noch fähig, diese Bürde zu schleppen, und zudem finanziell belastet durch den unterbeschäftigten zentralen Verwaltungsapparat eines Reiches von achtfacher Bevölkerung, finanzierte Österreich diese ungeheuren Kosten einfach aus der Notenpresse. Dies setzte eine Inflation in Gang, die zwar Staatsschulden, aber auch Ersparnisse in Luft auflöste. Lediglich Besitzer von Sachwerten kamen halbwegs ungeschoren davon.

Ein ausländischer Beobachter beschrieb die Auswirkungen dieser Inflation so: »Die Preise stiegen von Stunde zu Stunde, und das Publikum stürzte sich auf alles, worauf es seine Hände legen konnte. Man sah lächerliche Szenen, wie ein alter Junggeselle Windeln kaufte und ein anderer vier Dutzend Zahnbürsten erstand, nur um sein Geld auf irgend eine Weise loszuwerden.«

Die Folgen waren niederschmetternd. Ende 1919 kostete ein Schweizer Franken noch knapp 300 Kronen, drei Jahre später 13.300 Kronen. Im gleichen Zeitraum explodierten die Le-

benshaltungskosten um das Hundertzwanzigfache, die gleitenden Lohnerhöhungen zogen damit jedoch bei weitem nicht gleich. Dagegen half auch nicht die moderne Sozialgesetzgebung, die Arbeitslosenversicherung, Achtstundentag, bezahlten Urlaub und Überstundenzulage von mindestens 50 Prozent einführte.
War es nur ein böses Märchen, ein fataler Irrtum oder Ratlosigkeit, daß Österreich nach dem Sturz von der Großmacht zum Kleinstaat als lebensunfähig galt? In jedem Falle sah es hoffnungslos aus: Griffe der Völkerbund seinem jungen Mitglied Österreich nicht finanziell unter die Arme und erwiese sich Österreich nach einem vielzitierten Wort des Bundeskanzlers Ignaz Seipel »für alle Zukunft als lebensunfähig, so hieße dies, ein Loch mitten in die Karte Europas reißen«.
Der Völkerbund ließ sich erweichen und gewährte Österreich zur wirtschaftlichen Sanierung am 4. Oktober 1922 eine in elf Finanzzentren der Welt aufgelegte Anleihe von 650 Millionen Goldkronen, wenngleich zu drakonischen Bedingungen: Sicherung durch Pfandrecht auf die Einkünfte aus Zöllen und Tabakmonopol, rigoroser Abbau von 100.000 der 270.000 Staatsangestellten und zweijähriger Verzicht des Parlaments auf sein Grundrecht, das Budget zu bewilligen. Obendrein durfte diese Anleihe »nur unter der Verantwortung des vom Völkerbund eingesetzten Generalkommissärs« verwendet werden. Österreich stand somit unter Kuratel – bis 1936.
Die Regierung sanierte drastisch. Die Notenpresse wurde abgestellt, eine Warenumsatzsteuer erhöhte die Einnahmen, Löhne und Gehälter wurden unnachsichtig blockiert. Zu Ende 1924 sah es trotzdem trostlos aus: Das Bruttonationalprodukt lag zwölf Prozent unter jenem von 1913, die Preise waren seit damals auf das Fünfzehntausendfache gestiegen, ein Viertel der fast vierhundert Banken war riskanten Spekulationen zum Opfer gefallen, die Hochöfen im Eisen- und Stahlzentrum Donawitz wurden ausgeblasen, die Zahl der Arbeitslosen näherte sich den 200.000, und die Krone wurde im Verhältnis 1 zu 10.000 auf den neuen Schilling abgewertet.

»Amtshandlung« in Mittersill

Vor dieser düsteren österreichischen Szenerie mutete nun eine »Amtshandlung für die Zeit vom 30. August bis zum 5. September 1922« (amtsdeutscher Wortlaut des Protokolls) nahezu grotesk an: »Gegenstand ist die technische Überprüfung der Ausbauwürdigkeit einer seitens des Bundesministeriums für Verkehrswesen angeregten fahrbaren Wegverbindung von Fusch nach Heiligenblut, andrerseits einer zweiten Linie von Windisch-Matrei über den Felber Tauern nach Mittersill.«
Als Chef des österreichischen »Büros zur Förderung des Fremdenverkehres« hatte Adolf Jahn vier Vertreter des Bundes, Salzburgs und Kärntens nach Mittersill gebeten, um diese Ideen an der Geographie zu prüfen. Jahn stützte sich vor allem auf das »vollkommen anschließungs- und anpassungsfähige« Projekt Raimund Pierls, der noch vor dem Bau der Glocknerhausstraße 1895 eine Straße über das Hochtor entworfen hatte. Diese Idee hatte mittlerweile an Bedeutung gewonnen, denn »die Zentralalpen haben in der Strecke vom Brenner bis zum Radstädter Tauern, d. s. rund 156 km Luftlinie, keine fahrbare Straßenverbindung in transversaler Richtung«.
Das Wiener Verkehrsministerium gab daher »zur Hebung des Fremdenverkehrs die Anregung, aus Anlaß der Bekämpfung der Arbeitslosigkeit auch eine fahrbare Wegverbindung von Fusch nach Heiligenblut zu schaffen. Das Ministerium konnte trotz der damaligen schwierigen finanziellen Lage nicht umhin, die hohe Bedeutung der Schaffung einer Alpenstraße über die Tauern als eine der schönsten Europas im Hinblicke auf die dadurch bedingte Förderung des Fremdenverkehres voll zu würdigen.«
Von der Öffentlichkeit unbeachtet würdigten also diese fünf Herren die Möglichkeit, über Felbertauern oder Hochtor eine Straße zu legen. Ihre Bilanz im Mittersiller Protokoll: Die Variante Hochtor verdiene »vom Standpunkt der technischen Linienführung« den Vorzug vor dem Felbertauern, weil sie um ein Drittel billiger käme, nur 26,5 statt 49,6 Kilometer Straßenneubaus erfordere und überdies in Zell am See und Lienz »die Verbindung zwischen zwei Schnellzugsstationen von Hauptbahnen herstellt«. Nachteil dieses Projekts: »Die Verbindungslinie zwischen Fuschertörl und Hochtor wird auf eine Länge von 5,5 km starken Schneeverwehungen ausgesetzt sein.«
Der Fremdenverkehrsexperte Jahn bewertete »die Einnahmen aus dem Fremdenverkehre um ein Vielfaches höher als den anderweitigen Nutzen einer solchen Straße, ist doch eine interessant geführte und bilderreiche Hochstraße im besonderen Maße geeignet, gerade den wohlhabenden und vornehmen Reisenden anzuziehen, auf dessen Besuch wir nach den Erfahrungen der letzten Jahre das allergrößte Gewicht legen müssen«.
Kärntens Vertreter urteilte »nur vom Standpunkte des Fremdenverkehres« und plädierte daher für eine »Automobilstraße, für welche im Allgemeinen eine Fahrbahnbreite von 3,6 m genügen wird, die die weltbekannten Orte Heiligenblut und Ferleiten verbindet, in das Glocknergebiet selbst eindringt und für den Viehhandel aus Kärnten auch von Bedeutung ist«.
Salzburgs Delegierter legte sich nicht fest, wandte aber ein, daß »eine Fahrbahnbreite von nur 3,6 m mit Rücksicht auf den zu gewärtigenden starken Automobilverkehr wohl kaum ausreichend ist«.
In Österreich gab es zu dieser Zeit 8354 Personenautos und 4536 Motorräder.
Die vom Völkerbund verordnete Sanierung der österreichischen Finanzen verwies allerdings derart kühne Pläne in die Schubladen der Behörden. Trotzdem lösten sie Wortgefechte und erstaunlich zielstrebige Aktionen aus. Urplötz-

lich setzte sich der Tiroler Landtag Anfang 1924 vehement für das Straßenprojekt über den Felbertauern ein, um den Weg von Innsbruck über österreichisches Staatsgebiet nach Lienz abzukürzen. Das schreckte die Kärntner Landesregierung auf, die sich von einer Straße über das Hochtor einen Zuwachs des Fremdenverkehrs im Seen-Dreieck erhoffte. Sie lud daher für den 3. Juni 1924 achtundvierzig Vertreter des Bundes, Salzburgs, Kärntens, der Handelskammern und der Fremdenverkehrsverbände – nicht aber Tirols – zur »Beratung über die Erbauung einer Tauernstraße Heiligenblut – Ferleiten« nach Klagenfurt ein.

Kärntens Landesamtsdirektor Siegmund Zechner setzte das Leitmotiv der Diskussion: »Maßgebend für den Bau einer solchen Kunststraße wird nur der leistungsfähige internationale Fremdenverkehr jener reichen Leute aus dem weiteren Auslande sein, welche ihre Reisen zur Gänze mit dem Kraftwagen zurücklegen. Eine Glocknerstraße über das Hochtor mit einer Abzweigung zum Glocknerhaus wäre wohl eine Sensation, die selbst verwöhnte Weltreisende anzuziehen vermöchte. Wenn auch der Gedanke nicht besonders sympathisch ist, daß der einfache Tourist durch den luxuriös lebenden Reisenden verdrängt werden soll, ist man, um den Fremdenverkehr volkswirtschaftlich auszuwerten, auf diese Kreise angewiesen, welche imstande sind, viel Geld in Österreich auszugeben. Die Straße von Ferleiten nach Heiligenblut ist das einzige Stück, welches noch fehlt, um eine neue Weltverkehrsader von Italien nach Deutschland zu schaffen.«

Der Salzburger Landesrat Otto Troyer steuerte zu dieser Beratung noch den Begriff »Großglockner-Hochalpenstraße« bei, ehe die Konferenz beschloß, einen »Ausschuß zur Erbauung einer Großglockner-Hochalpenstraße« mit Sitz in Klagenfurt zu bilden und mit einem Fonds von einer Million Schilling auszustatten, damit die internationale Werbung für diese Idee anliefe. Endlich sollte dieser Ausschuß Interessenten auftreiben, »die für die Straße Geld zur Verfügung stellen«.

Der »geeignete Projektverfasser«

Sogleich machte sich der Ausschuß auf die Suche nach »einem geeigneten Projektverfasser«. Darüber schrieb Zechner später: »Da machte mich ein Freund darauf aufmerksam, daß wir im Kärntner Landesbauamt einen sitzen haben, der ganz das Zeug und die richtige Schneid besäße, um so ein Ding anzugehen: den damaligen Landesbaurat Dipl.-Ing. Franz Wallack, einen mir damals nur flüchtig bekannten Amtskollegen, der von seinen damals schon bedeutenden Leistungen so wenig Wesens gemacht hatte, daß ich erst seine technischen Vorgesetzten und Kollegen befragen mußte, ob er denn einer so großen Aufgabe gewachsen sei. Nun, die Auskünfte waren so günstig, daß ich alsbald in seiner Amtsstube saß, und in drei Tagen hatte ich seinen eingehenden Vorschlag über den Rahmen des Projekts, die Zeit und die Umstände seiner Verfassung, die Kosten und alle erdenklichen Nebenfragen in Händen.«

Franz Wallack, geboren am 24. August 1887 in Wien und Thüringer von Abkunft, diente nach Abschluß der Realschule 1906 als Einjährig-Freiwilliger beim k. u. k. Festungsartillerieregiment Nr. 1 in Wien, graduierte Ende 1912 zum Diplomingenieur, kam im August 1913 als »Aushilfsingenieur beim kärntnerischen Landesbauamt mit Dienstzuteilung zur Gailflußregulierung in Hermagor« nach Klagenfurt und rückte bei Ausbruch des Ersten Weltkriegs zu einer 24-Zentimeter-Mörser-Batterie ein. Diese kämpfte erst in Serbien, machte dann alle zwölf Isonzoschlachten mit und stand schließlich unter dem Kommando des Oberleutnants Wallack bis Kriegsende östlich von Trient zur »Auto- und Luftabwehr«. In diesen vier Jahren erwarb Wallack laut Dienstbeschreibung »alle für seinen Rang erreichbaren Auszeichnungen«.

Nach dem Zusammenbruch 1918 meldete sich Wallack in Klagenfurt freiwillig zum Kärntner Abwehrkampf gegen jugoslawische Verbände, kommandierte eine Gebirgskanonenbatterie und erhielt für diesen Einsatz die Kärntner Tapferkeitskreuze erster und zweiter Klasse. Zurückgekehrt in das Landesbauamt, entwarf und leitete Wallack den Bau von Flußregulierungen, von kleineren Kraftwerken, Straßen und von Nebenanlagen zweier Seilbahnen – nach der Landesbauchronik zusammen vierzehn Projekte –, ehe er im Mai 1924 die Befugnis eines »behördlich autorisierten Zivilingenieurs für das Bauwesen und eines Zivilgeometers« bekam.

Diesen Mann präsentierte Siegmund Zechner nun am 25. Juni 1924 in Zell am See dem »Ausschuß zur Erbauung einer Großglockner-Hochalpenstraße« vor der Begehung der Strecke über das Hochtor. Vier Tage später erteilte dieses Gremium nach einer eingehenden Besprechung in Heiligenblut Wallack den Auftrag zur »Erstellung eines generellen Projektes für eine Großglockner-Hochalpenstraße«, und zwar in der äußerst knappen Frist von zwei Monaten. Als Honorar verlangte und bekam Wallack die Hälfte dessen, womit der Ausschuß gerechnet hatte – es entsprach annähernd sechs Monatsgehältern eines Hofrats.

Mit »zwei widerstandsfähigen und bestens ausgebildeten Trassierungsgehilfen, die mit mir schon viele Touren und Aufnahmen im Hochgebirge gemacht hatten«, zwei Militärzelten, hochalpiner Ausrüstung und »sehr umfangreichem Gerät« machte sich Wallack an die Arbeit.

Dabei mußte nach Wallacks Darstellung ein besonderer Umstand berücksichtigt werden: »Die Straße sollte sich nicht nur harmonisch in das Landschaftsbild einfügen, sie sollte gleichzeitig auch möglichst viele schöne Aussichtspunkte direkt berühren. Diese im Interesse des Fremdenverkehrs gelegene Forderung sollte der Leitstern der ganzen Trassierung sein. In dieser erhabenen Bergwelt wäre es eine Vermessenheit gewesen, hätte ich mit den Mitteln der Technik der Natur den Rang ablaufen wollen. Die ungeheure Großartigkeit ihrer

Umgebung gab der Straße ja einen derart unvergleichlichen Rahmen, daß jeder Versuch, auftretende technische Schwierigkeiten anders als auf die einfachste Weise meistern zu wollen, anmaßend und abstoßend wirken mußte.«
Am 29. August 1924 legte Wallack termingerecht dem Ausschuß sein generelles Projekt vor: 27,5 Kilometer Neubau einer Straße von 3 Metern Breite und Ausweichen auf Sichtweite oder – soferne die Finanzen reichen – von 5 Metern Breite, Maximalsteigung 11 Prozent, Höchstbelastung 8 Tonnen je Fahrzeug. Um die Kosten unter 3 Millionen Schilling zu drücken, sollte die Schotterfahrbahn nicht gewalzt, sondern »durch den Baufuhrwerksverkehr eingefahren« werden.
Der Ausschuß zollte Wallacks Arbeit nach Zechners Bericht »allgemeine Anerkennung«, benannte sich auf den konkreten Zweck zur Erbauung »der« Glocknerstraße um und schrieb Wallacks Projekt sofort aus, um »vorläufige Anbote für den Bau und seine Finanzierung zu erhalten« – und zwar gleich für eine Straße von 5 Metern Breite, dazu noch zwei Hotels und eine Schutzhütte an Piffalm, Fuscherlacke und Kasereck mit zusammen 1050 Betten sowie für Erhaltung und Betrieb von Straße und Hotels.
Man veranschlagte »Bauzeit zwei Jahre, Beschäftigung von 1000 Arbeitern« und schätzte, daß die neue Straße in den fünf schneefreien Sommermonaten jährlich »1500 Autobusse, 3000 Personenkraftwagen, 150 Lastkraftwagen und 1500 Motorräder mit zusammen 40.000 Besuchern« anzöge, weil doch pro Monat bis zu 70.000 Besucher die Dolomitenstraße befühlen.
Die österreichische Verkehrswerbungsgesellschaft und die Gemeinde Zell am See rührten sogleich die Werbetrommel und luden am 28. September 1924 fünfzig Vertreter der österreichischen und internationalen Presse zu einer Besichtigungsfahrt nach Ferleiten.
Die »Wiener Allgemeine Zeitung« zeigte sich von Wallack sehr beeindruckt: »Im Ferleitner Gasthaus spricht vor Karten, Skizzen und Photographien ein junger, blonder Ingenieur mit auffallend regelmäßigen Zügen in selbstsicherer, ruhiger, knapper Art über die neu zu schaffende Hochgebirgsstraße. Einmal hatten die Römer diesen Weg schon geschaffen, hatten ihn eigentlich genau so trassiert wie der junge Baukünstler. Man steht bei diesem Manne, der in kaum zwei Monaten das Riesenprojekt bewältigte, unter dem Eindruck: er weiß, was er will, und was er will, setzt er durch. Das sind die jungen Alpensöhne, wie sie Hermann Bahr liebt.«
Alsbald bot die Wiener Herbstmesse willkommene Gelegenheit, das Projekt in der Hofburg auszustellen. Wallacks knappe Bilanz: »Der Besuch dieser Ausstellung war ein sehr reger; er trug wesentlich dazu bei, das allgemeine Interesse für die Glocknerstraße zu verstärken und das besondere Interesse einzelner Baufirmen zu erwecken. Eine Reihe von Bauunternehmungen äußerte den Wunsch nach einer Begehung der ganzen Straßentrasse, um an Ort und Stelle einen Überblick zu gewinnen.«

Anbote – aber keine Geldgeber

Außergewöhnlich günstiges Wetter erlaubte es Wallack, noch am 4. November 1924 Ingenieure von neun Baufirmen und einige Journalisten von Ferleiten über das Hochtor nach Heiligenblut zu führen – mit dem Erfolg, daß zum gesetzten Termin am 1. Dezember Anbote von fünf Firmen vorlagen, die den Bau allesamt auf annähernd 2,9 Millionen Schilling veranschlagten. Daraufhin trat der Ausschuß in Salzburg zusammen, um nach Wallacks Bericht »darüber schlüssig zu werden, was nun weiter geschehen sollte. Die Firmenanbote hatten zwar Vorschläge für die Durchführung der Finanzierung gebracht. Das aber, was sich einzelne Ausschußmitglieder von den Anboten erhofft hatten, den Geldgeber, hatten sie nicht gebracht. Die Ratlosigkeit war groß.«
Die Bundesregierung vermochte nicht einen einzigen roten Heller locker zu machen und versuchte, die Enttäuschung mit einem Angebot zu mildern: Befreiung der Großglockner-Straßenbaugesellschaft von Abgaben und Steuern, Erklärung des Projekts zur »öffentlichen Straße« mit den Rechten zu Grundenteignung und Mauteinhebung. Sogar der unentgeltliche Einsatz von Pionierabteilungen zum Straßenbau kam ins Gespräch.
Vergeblich, denn an die Quellen des internationalen Kapitalmarktes führte kein Weg. Österreich stand unter finanzwirtschaftlicher Kontrolle des Völkerbundes, und dessen niederländischer Generalkommissar Zimmermann winkte höflich und bestimmt ab, als man von Wien aus behutsam bei ihm vorfühlte, ob nicht aus dem Rest der Völkerbundanleihe von 1922 (650 Millionen Goldkronen oder, nach dem neuen Geldwert ab 1925, 936 Millionen Schilling) die auf annähernd 3 Millionen Schilling veranschlagten Baukosten der Glocknerstraße loszueisen wären: Eher – so der Bescheid – wäre der Aufwand bedeutender Mittel für die Sanierung des schlechten österreichischen Straßennetzes gerechtfertigt.
Die Planer der Großglockner-Hochalpenstraße waren enttäuscht, aber nicht gebrochen: »Ein Erfolg in naher Zukunft war nicht zu erwarten. Daher beschloß der Ausschuß, einen für die Finanzierung günstigeren Zeitpunkt abzuwarten und die Zwischenzeit zu benützen, das Projekt weiter zu studieren und möglichst zu vervollkommnen.«
Den Ansatzpunkt dafür bot die alte Glocknerhausstraße.
Als Startstrecke der zweispurigen Großglockner-Hochalpenstraße brauchte sie auf sechs Kilometer ab Heiligenblut eine zweite Spur und Kehren von längerem Radius, um Autobussen nicht riskante Manöver zuzumuten. Dieser Ausbau erschien Wallack ob des steilen Geländes just in jenem Bereich, in dem ein Erdrutsch schon 1917 so schwere Schäden angerichtet hatte, als zu aufwendig und zu gefährlich. Obendrein hatte die Pasterze in einem halben Jahrhundert ihre Gletscherzunge aus der Möllschlucht unterhalb des Glocknerhauses beinahe einen Kilometer weit zurückgezogen, womit nach Wal-

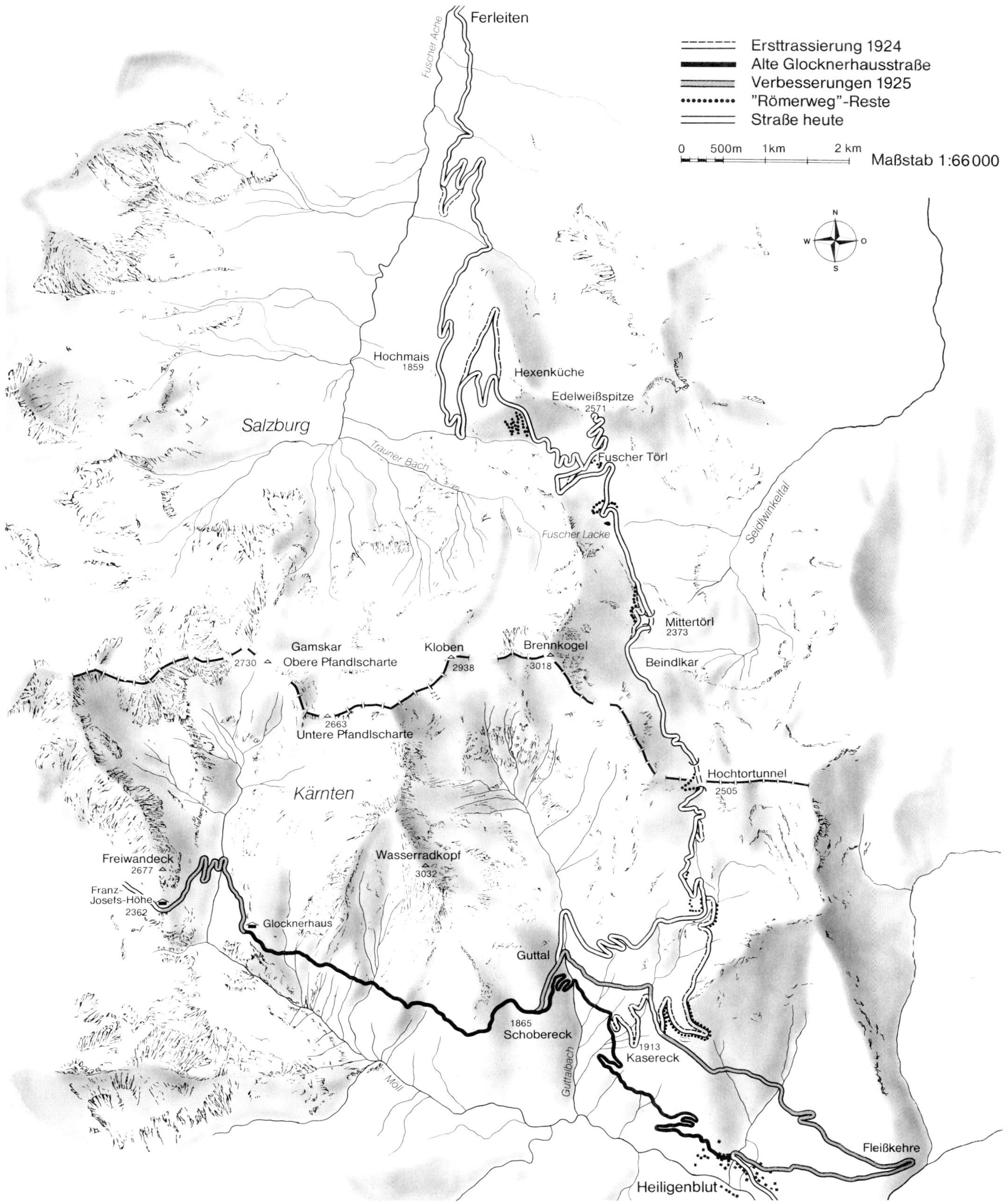

Ferleiten
Ersttrassierung 1924
Alte Glocknerhausstraße
Verbesserungen 1925
"Römerweg"-Reste
Straße heute
0 500m 1km 2 km
Maßstab 1:66 000
N
W
O
S
Fuscher Ache
Hochmais
1859
Hexenküche
Edelweißspitze
2571
Salzburg
Trauner Bach
Fuscher Törl
Fuscher Lacke
Seidwinkeltal
Mittertörl
2373
Gamskar
2730
Obere Pfandlscharte
Kloben
2938
Brennkogel
3018
Beindlkar
2663
Untere Pfandlscharte
Hochtortunnel
2505
Kärnten
Freiwandeck
2677
Franz-Josefs-Höhe
2362
Wasserradkopf
3032
Glocknerhaus
Guttal
1865
Schobereck
1913
Kasereck
Guttalbach
Möll
Fleißkehre
Heiligenblut

lacks Einschätzung »der früher so berühmte Ausblick vom Glocknerhaus auf den unteren Teil des Pasterzengletschers eine bedeutende Einbuße erlitten hatte. Fast alle Besucher, die zum Glocknerhaus hinauffuhren, traten dann den Fußmarsch auf die Franz-Josefs-Höhe an, von wo aus man nicht nur den Pasterzengletscher in seiner ganzen Länge überblicken, sondern auch den Großglockner selbst mit allen Bergspitzen und Gletschern seiner Umgebung aus viel größerer Nähe sehen kann. Verlängerte man die Alpenvereinsstraße über das Glocknerhaus bis auf die Franz-Josefs-Höhe, dann war damit ein Aussichtspunkt von ganz besonderer Anziehungskraft für den Fremdenverkehr erschlossen, der der Schönheit des Anblickes vom Glocknerhaus turmhoch überlegen war.«

Also ging der Ausschuß auf Wallacks Vorschlag ein, erstens den Anstieg der neuen Glocknerstraße von Heiligenblut in einer Kehre über das Fleißtal völlig neu zu trassieren und jenseits des Guttales in die bestehende Glocknerhausstraße einzubinden; zweitens aber vom Glocknerhaus eine Straße bis zur Franz-Josefs-Höhe anzulegen.

Noch im Winter 1925/1926 stellte Wallack diese Umplanung fertig, woraus sich eine Verlängerung des Straßenneubaus von 27,5 auf 37,5 Kilometer und ein Kostenanstieg von knapp 3 Millionen auf 6,5 Millionen Schilling ergaben.

Nutzbare Erfahrungen

Im Sommer 1925 erbot sich Wallack, auf eigene Kosten eine Studienreise über alle wichtigen Paßstraßen der Alpen zu unternehmen, um die »auf anderen hochalpinen Straßen gesammelten Erfahrungen zu nutzen«. Die Kärntner Landesregierung bewilligte ihrem beamteten Baurat dafür einen Sonderurlaub und schoß, gemeinsam mit Salzburg, einen Teil der Reisekosten zu.

Der Ertrag rechtfertigte den Aufwand völlig. Nach dem Urteil Siegmund Zechners legte der gründliche Wallack einen umfangreichen Bericht vor, »eine Monographie der Alpenstraßen in technischer und wirtschaftlicher Hinsicht, die in dieser Art einzigartig dastehen dürfte«.

Binnen fünf Wochen hatte Wallack dreiundvierzig Paßstraßen bis in die französischen Alpen bereist. Er untersuchte und verglich Straßenbeläge und Lawinengalerien, Kundendienste der Reisebüros und Postautoverkehr. Er notierte, daß man an der einzigen alpinen Mautstraße über den Karerpaß bei Bozen für Kleinvieh sieben Groschen, für Pferdefuhrwerke je Pferd 28 Groschen, für ein Motorrad 57 Groschen und für Autos oder Busse 1,72 Schilling bezahle. Zu dieser Zeit kosteten in Österreich eine Semmel fünf Groschen und ein Liter Superbenzin 52 Groschen, ein Facharbeiter bekam als Spitzenlohn pro Stunde 1,19 Schilling.

Wallack ermittelte während seiner Erhebungen den Falzaregopaß bei Cortina als Rekordhalter des alpinen Straßenverkehrs im Sommer 1925 mit 17.000 Pkw, 1580 Autobussen und 1560 Motorrädern, knapp gefolgt von Stilfserjoch und Pordoi. Über den Brenner rollten im Vergleichszeitraum aber nur 1800 Pkw, 240 Busse und 280 Motorräder, denn dort bewältigte die Eisenbahn den Hauptverkehr.

In der Schweiz fiel Wallack auf, daß man zwar die Mautgebühren abgeschafft hatte, doch beispielsweise im Kanton Graubünden eine Autosteuer einhob, die »bei drei-, zehn- oder dreißigtägigem Aufenthalt 10, 20, beziehungsweise 40 Franken je Auto« und ähnlich abgestuft für Motorräder bis zu fünf und für Busse bis zu 200 Franken betrug.

Nicht minder aufschlußreich ist Wallacks Bericht über die Autobusse des Jahres 1925: »Während die französischen Autobusse luxuriös mit drei Reihen von Sitzplätzen – in jeder Reihe drei Klub-Fauteuils – ausgestattet waren, hatten die österreichischen 18, die italienischen Reisebusse bis zu 22 und die Schweizer Postautobusse bis zu 17 Sitzplätze.« In unseren Tagen bieten Reisebusse über 70 Sitzplätze an.

Wallack sah auch auf die Preisunterschiede im Busverkehr: Der Fahrkilometer kostete 1925 in Österreich 24 bis 26 Groschen (den Preis für fünf Semmeln!), in Italien 8 bis 25, in Frankreich 11 bis 16 und in der Schweiz 42 bis 56 Groschen. Auch entging Wallack nicht, daß man auf der neuen »Autostrada« Mailand – Como bereits Autobahnmaut einhob.

Optimistisch faßte Wallack seinen Bericht zusammen: »Keine der bestehenden Alpenstraßen hatte eine Entwicklung zur Höhe, die sich landschaftlich auch nur annähernd mit jener im Ferleitental vergleichen ließ. Keine Straße hatte zwei Scheitelpunkte (Hochtor und Franz-Josefs-Höhe) mit dazwischenliegender aussichtsreicher Höhenfahrt. Keine Straße führte bis an einen Punkt, von dem aus man den überwältigenden Blick auf ein Meer von Eis von ähnlicher Ausdehnung wie die Pasterze genoß. Viele Straßen führten an Gletscherabbrüchen vorbei, über den Gletscherabbruch hinauf jedoch keine. Den Ausblick auf den tief unter der Straße vorbeiziehenden Eisstrom der Pasterze und den Großglockner, diese gewaltige Symphonie von Eis und Stein, konnte man nur an einer Stelle der ganzen Alpen von einer Straße aus bewundern. Und diese eine Straße war die Großglockner-Hochalpenstraße.«

Wallack schloß aus all seinen Beobachtungen, »daß man für die Großglockner-Hochalpenstraße alljährlich mit einem Gesamtverkehr von 120.000 Fahrgästen in 15.570 Kraftwagen, 3570 Autobussen und 1000 Motorrädern rechnen mußte«.

Dieser Optimismus eines tatkräftigen Mannes half indessen vorerst nicht weiter, obschon Wallack nun selber zielstrebig und geschickt durch Artikel in Zeitungen, Illustrierten und Fachblättern für sein Projekt warb. »Besser als der schönste Aufsatz vermochte jedoch das gesprochene Wort zu wirken, wenn es von heller Begeisterung für die Sache erfüllt war. So fertigte ich aus der großen Zahl meiner photographischen Aufnahmen eine Serie Lichtbilder an und hielt im Inland und Ausland eine große Zahl von Werbevorträgen.«

Die Werbung um Geldgeber brachte jedoch nur Absagen ein, und der Ausschuß merkte mit neidischem Staunen zu den Salzburger Festspielen 1926 an, daß dort »in Doppelreihe die Autos auffahren« und Menschen zusammenströmten, »die nicht wissen, wie sie ihr Einkommen loswerden können«. Wallack hingegen führte »bewegte Klage über die Interesselosigkeit, mit welcher das Projekt dieses bedeutsamen hochalpinen Straßenbaus, der eine sehr frequentierte neuzeitliche Straße zu werden verspricht, von den zuständigen Stellen in Wien behandelt wurde«.

»Neuzeitlicher Straßenbau« – dieses elektrisierende Wort tauchte 1927 in Wien in Verbindung mit einem Plan auf, das Netz der österreichischen Bundesstraßen im Zuge eines Zehn-Jahre-Projekts »neuzeitlich« auszubauen und darin auch die Glocknerstraße unterzubringen. Wiewohl dieser Plan schließlich daran scheiterte, daß eine interessierte britische Finanzgruppe letztlich abwinkte, hatte die Bundesregierung doch schon 1925 bei Traiskirchen eine »Versuchsstrecke für neuzeitliche Straßenbeläge« dem Verkehr übergeben, um »die modernsten staub- und kotfreien Straßenbeläge, wie sich solche in anderen Kulturstaaten insbesondere für den Kraftwagenverkehr bewährt haben«, einem Dauertest zu unterziehen. Man erprobte »Ölung der Fahrbahndecke unter Verwendung von Teer und Mineralöl«, Walzasphalt und sogar Beton. Abermals stellte sich die bedrückende Tatsache heraus, »daß das österreichische Straßenproblem nicht mehr ein technisches, sondern ausschließlich ein finanzielles Problem ist, das nicht durch Klagen und Beschwerden über den schlechten Straßenzustand« zu lösen sei.

Zahlen sprechen dazu Bände: Von 4388 Kilometern österreichischer Bundesstraßen waren 1929 nur 120 Kilometer »neuzeitlich befestigt« (staubfrei), im Jahr darauf kamen 230 Kilometer hinzu, und bis 1935 waren 600 Kilometer »neuzeitlich instandgesetzt«. Salzburgs Landeshauptmann Franz Rehrl stellte dazu sarkastisch fest, in Salzburg seien »die wichtigsten durchlaufenden Straßenzüge vortrefflich für den Fuhrwerksverkehr, aber hinderlich für den Kraftwagen«. Wallack hingegen schwärmte davon, daß die französischen und schweizerischen Straßen frei von »Schlaglöchern und Wagengleisen« seien.

Rehrls Ideen und Tatkraft

»Da erhellte ein Blitzstrahl die wolkenbedeckte Situation.« So beschrieb Wallack die Wirkung eines Artikels, den der Salzburger Landeshauptmann Franz Rehrl 1928 in der Silvesternummer der »Salzburger Chronik« unter dem sperrigen Titel »Die Zukunft unserer Wasserkräfte – Nutzbarmachung der Gletschergewässer und Tauerngefälle über zweitausend Meter« veröffentlichte: Alle Wasser der Hohen Tauern in Salzburg, Kärnten und Osttirol sollten auf einer Seehöhe von rund 2100 Metern nach dem Muster von Dachrinnen aufgefangen, in das Kapruner Tal geleitet und dort durch ein Riesenkraftwerk geschickt werden, das für seinen Strom ob des wachsenden Energiebedarfs im Ausland reichlich Devisen verdienen könnte.

Wallack begeisterte vor allem der Schlüsselsatz in Rehrls Artikel: »Da natürlich auch das Einzugsgebiet auf der Südseite der Tauern miteinbezogen werden muß, muß an dem einen oder anderen geeigneten Punkt ein Stollen quer durch das ganze Tauernmassiv geführt werden. Es braucht nun nicht besonders viel Aufwand, einen dieser Stollen, der beim Glocknermassiv zu liegen kommen wird, zu einem befahrbaren Tunnel auszubauen, wodurch auch die Frage der Glocknerstraße gelöst erscheint.« Der Bau dieses Riesenkraftwerks und eines Stollens durch das Glocknermassiv erfordere nämlich die Anlage einer Werksstraße, die nach Fertigstellung dieses »Tauernwerks« die Großglockner-Hochalpenstraße wäre.

Wallack war hingerissen: »Ein monumentaler Entwurf, ein wahrhaft geniales Konzept. Aus der Salzburger Zeitung verpflanzte sich diese Idee in die Weltpresse und Weltwirtschaft, aus aller Welt richteten sich die Blicke auf den Landeshauptmann des kleinen österreichischen Bundeslandes Salzburg.« Wallack sah in Rehrl »den Mann aus dem Chaos«.

Rehrl hatte selber einmal seine politische Methodik sehr plastisch formuliert: »Ich setze einen gewissen Ehrgeiz darein, derartige schwebende, erst erwachende Zukunftsfragen im Verein mit gleichgesinnten Heimat- und Fortschrittsfreunden in Fluß zu bringen und sie aus dem ungewissen Schoß der Möglichkeiten an das Tageslicht der Wirklichkeit emporzuheben.« Mit diesem »gewissen Ehrgeiz« hatte Rehrl Beeindruckendes erreicht – auch in seiner persönlichen Karriere.

Am 4. Dezember 1890 war er als erstes von vier Kindern eines Zimmerers in Salzburg zur Welt gekommen. Er besuchte das k. k. Staatsgymnasium, erhielt dank guter Leistungen nach dem Tod seines Vaters Stipendien und promovierte 1915 in Wien zum Doctor juris. Da an Diabetes kränkelnd, rückte er nicht in den Krieg, sondern in den Dienst der Salzburger Landesregierung ein, wurde bereits 1919 zum stellvertretenden Landeshauptmann gewählt und 1922, als Einunddreißigjähriger, zum Landeshauptmann.

Der Historiker Ernst Hanisch beschreibt Rehrl als einen Mann mit »ausgeprägtem, ebenso zähem wie phantasievollem Sinn für das ökonomisch Machbare«, als einen Typ von Unternehmer, dem allen Widerständen zum Trotz »die Durchsetzung neuer Kombinationen gelingt«. Für Salzburg orientierte er sich an drei Zielen: »Das Land Salzburg ist arm an ökonomischen Ressourcen. Vorhanden sind jedoch: 1. Wasserreichtum, 2. Naturschönheiten, 3. ein reiches kulturelles Erbe. Diese drei Möglichkeiten galt es ökonomisch zu nutzen.«

Naturschönheiten und kulturelles Erbe stellten Salzburgs Fremdenverkehr auf eine tragfähige Grundlage. Aus Rehrls Sicht hieß das: »Der Fremdenverkehr ist nicht ein Geschenk,

das sich aus Zufälligkeiten ergibt. Die wahre Pflege des Fremdenverkehrs fordert, daß man immer wieder neue Anziehungskräfte erschließe.«
Eine dieser Anziehungskräfte wirkte bereits in Salzburg, als Rehrl 1922 das Amt des Landeshauptmannes antrat: Die Salzburger Festspiele mit »Jedermann« und »Salzburger großem Welttheater« von Hugo von Hofmannsthal in Max Reinhardts Regie und mit Mozart-Opern, dirigiert von Franz Schalk und Richard Strauss.
Mit dem Umbau der Hofreitschule zu einem Festspielhaus hatte sich die Festspielgemeinde allerdings finanziell völlig übernommen.
Rehrl griff beherzt ein, sanierte die Festspielgemeinde und setzte 1926 mit der Bildung eines Fonds zur Förderung des Fremdenverkehrs eine Pioniertat; auch zur Finanzierung der Festspiele, »da eben diese Festspiele gerade für den Fremdenverkehr von wesentlicher Bedeutung sind«. Das bewiesen in jenem Jahr 152 Autos und 50 Kutschen bei der Auffahrt zum »Jedermann« und sogar 492 Autos und 495 Kutschen bei der Festspieleröffnung.
»Für den Fremden-, insbesondere für den Touristenverkehr als geradezu hervorragend geeignet« schätzte Rehrl Zell am See ein, das »besonders seit dem Aufblühen des Wintersports einen großartigen Zustrom von Fremden erhalten hat.« Vor allem bot es mit der Schmittenhöhe einen vielgerühmten Aussichtsberg. Im Oktober 1926 übernahm daher Rehrl die Führung eines Konsortiums, das baureife Pläne für eine Seilschwebebahn auf diesen Berg erarbeitet hatte, doch mit Finanzierungsproblemen kämpfte. Hinter den Kulissen ließ Rehrl seinen Einfluß spielen, damit »im Interesse des Fremdenverkehrs die Zeichnung von Aktien« vorankäme. Sie kam tatsächlich sogleich in Schwung, und nach 227 Bautagen wurde die Schmittenhöhebahn im Dezember 1927 eröffnet.
Es war die erste Seilschwebebahn in Salzburg und die fünfte in Österreich. Ihre Gondeln beförderten jeweils 24 Personen in 14 Minuten zum Gipfel. (Mittlerweile stieg die stündliche Förderleistung von 92 auf 500 Gäste.)
Am Silvestertag 1927, an jenem Tag, an dem die Schmittenhöhebahn um 13.30 Uhr feierlich eröffnet wurde, stand in der »Salzburger Chronik« abermals eine Neujahrsbotschaft Rehrls. Darin bestätigte der Landeshauptmann Gerüchte über ein Projekt, das einer Zeitung als ausnehmend »unsinnig« erschien: Den Bau einer Autostraße auf den Salzburger Gaisberg, »um den gesteigerten Anforderungen an Verkehrsintensität« zu genügen. Diesen entsprach nämlich die altersschwache, 1887 gebaute Zahnradbahn längst nicht mehr. Deshalb stimmten sogar die oppositionellen Sozialdemokraten Rehrls Plan zu, daß das Land die Baukosten vorschieße, »denn die Zahl der Arbeitslosen war im Lande unterdessen auf ca. 6000 gestiegen, worunter der überwiegende Teil Hilfsarbeiter waren, die gerade bei dieser Arbeit verwendet werden konnten«.
Im Mai 1929 war die 8,9 Kilometer lange Gaisbergstraße fertig, erbaut in 362 Tagen von 950 Arbeitern. Das große Aufsehen gerade in Kreisen des Fremdenverkehrs führten die »Münchner Neuesten Nachrichten« auf eine einfache Ursache zurück: Als erster Ostalpengipfel sei der Gaisberg »mit dem Auto erreichbar«.

Verwertung der Alpenwasserkräfte

Neben der Anziehungskraft des Fremdenverkehrs schätzte Rehrl den Wasserreichtum als unerschöpfliche Quelle für die Salzburger Wirtschaft ein, zumal die Energieversorgung seit dem Zusammenbruch von 1918 beklemmend stark von Kohleimporten aus den Nachfolgestaaten abhing. Bereits 1919 hatte Rehrl die Gründung der landeseigenen Elektrizitätsgesellschaft SAFE betrieben. Und 1923 brachte er den Ausbau des Bärenkraftwerks in Fusch zustande – »mit aufopferungsvollem Bemühen und besonderem Verhandlungsgeschick«, wie ein Redner im Landtag rühmte.
So reifte schließlich Rehrls Idee, der »Verwertung der Alpenwasserkräfte zur Erzeugung von Elektrizität und ihres Transportes nach den österreichischen Industriegebieten und nach Mittel- und Norddeutschland erhöhtes Augenmerk zuzuwenden«. Die Entwicklung dürfte nämlich keinesfalls bei mittleren Kraftwerken für den örtlichen Bedarf anhalten, vielmehr laute die Aufgabe, »größtdimensionierte Energiewerke mit weitestem Aktionsradius« zu errichten.
Die anvisierte »Größtdimensionierung« war bereits 1928 auf den Reißbrettern festgelegt, denn Deutschlands wachsender Energiebedarf hatte schon 1926 die Aufmerksamkeit der Berliner AEG auf die Gletscher der Hohen Tauern gelenkt. Die vorgelegten Größenordnungen erregten international Aufsehen und beflügelten Rehrls »Ehrgeiz, derartige schwebende Zukunftsfragen aus dem ungewissen Schoß der Möglichkeiten an das Tageslicht der Wirklichkeit emporzuheben«.
1250 Kilometer Hangkanäle, 80 Kilometer Sammelkanäle und 120 Kilometer Sammelstollen sollten in rund 2100 Metern Seehöhe jährlich 3,3 Milliarden Kubikmeter Wasser aus einem Einzugsgebiet von rund 2000 Quadratkilometern Fläche in drei riesige Becken hinter Staumauern bis zu 170 Metern Höhe im Kapruner Tal leiten. Diese Wassermassen würden erst zwei Kraftwerke in Kaprun speisen und dann durch einen Stollen von der Dimension eines zweigleisigen Eisenbahntunnels 29 Kilometer weit nach St. Johann im Pongau zu einem dritten Kraftwerk fließen. Grob geschätzt sollte dieser Kraftwerksbau die astronomische Summe von 150 Milliarden Schilling verschlingen und jährlich 6,6 Milliarden kWh Strom erzeugen – das 2,75fache der damaligen Stromproduktion Österreichs.
Österreich lag noch immer auf der Schattenseite des weltweiten Wirtschaftsbooms und mit seinem Produktionsvolumen um zwei Prozent unter dem Vorkriegsniveau von 1913. Man

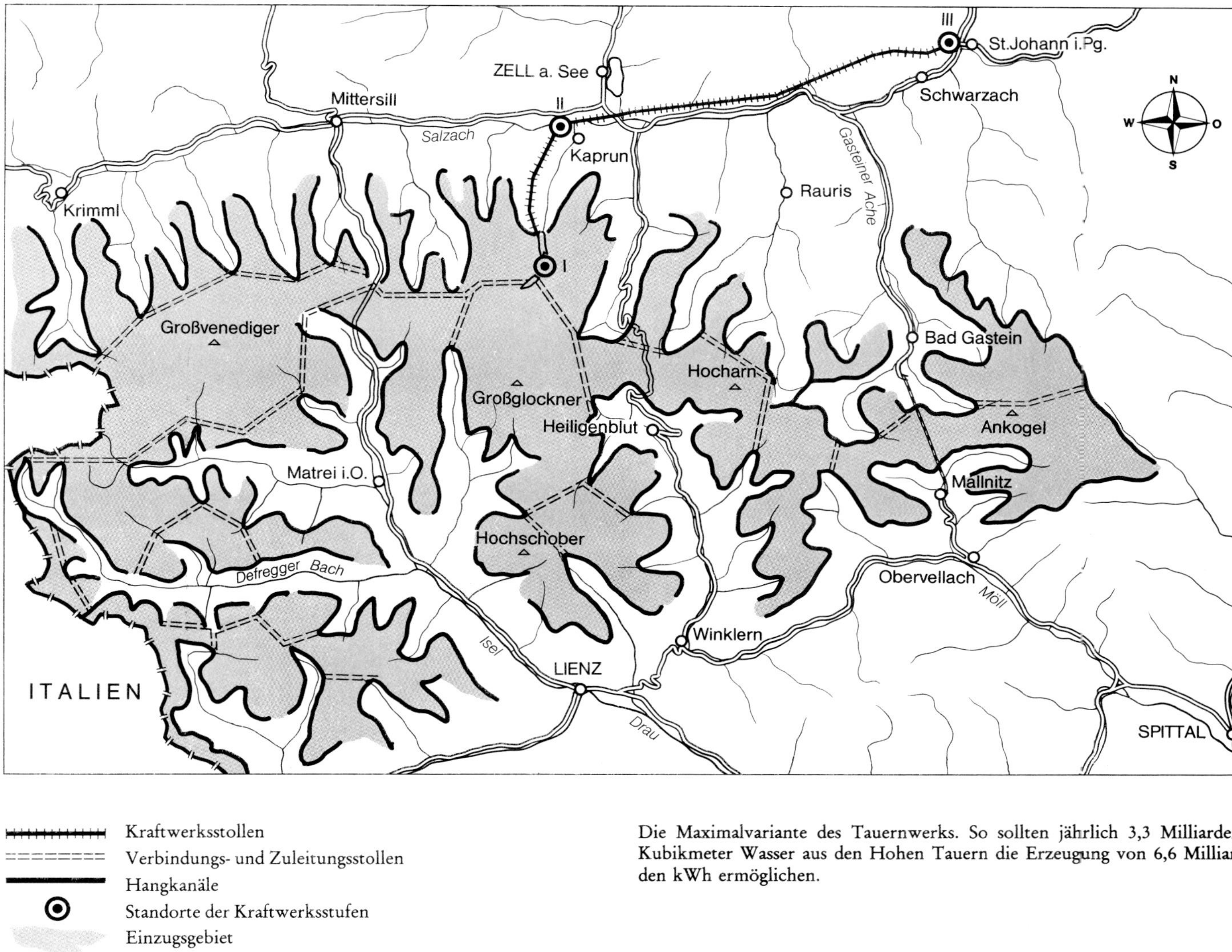

Die Maximalvariante des Tauernwerks. So sollten jährlich 3,3 Milliarden Kubikmeter Wasser aus den Hohen Tauern die Erzeugung von 6,6 Milliarden kWh ermöglichen.

zählte 1928 186.700 Arbeitslose. Der Bau der Tauernwerke hätte auf Jahre hinaus Tausenden Arbeit und Brot gegeben.
Der Salzburger Landtag stimmte also diesem Projekt zu und ermächtigte die Landesregierung, mit der AEG Berlin »auf paritätischer Grundlage« eine Vorbereitungsgesellschaft zu bilden und in Wien zwei entscheidende Schritte zu unternehmen: Erstens: Ersuchen an die Regierung, dieses Projekt zum »begünstigten Bau« zu erklären, womit der lange Weg durch die Instanzen entscheidend abgekürzt worden und die fachliche Entscheidung nur mehr beim zuständigen Ministerium gelegen wäre. Zweitens: Erwerb aller behördlichen Bewilligungen auf den Namen des Landes Salzburg; dann hätte es nur mehr der Zustimmung der Regierung bedurft, damit der erste Sprengschuß hätte gezündet werden können.
Rehrl legte es erkennbar darauf an, den Nutzen aus diesem Projekt vorwiegend in sein Land zu lenken, den Einfluß des Bundes möglichst zurückzudämmen und Salzburgs Wirtschaftskraft durch ausländische Kapitalbeteiligung (bis zur Höchstgrenze von 50 Prozent) fühlbar zu stärken. Das Projekt »Tauernwerke« hätte Salzburg ohnedies bevorzugt, denn augenscheinlich wären Kärnten und Tirol in die Rolle von Wasserlieferanten gedrängt worden, wogegen Salzburgs Standortvorteile – konkurrenzlos günstige Kessel für Staubecken im Kapruner Tal – Gewinn aus der Stromproduktion verhießen.
Prompt warnte die »Kärntner Volkszeitung« vor dem »verhängnisvollen Fehler«, dem Treiben Salzburgs untätig zuzusehen, denn die Wasserableitung in das Tauernwerk werde »die gesamten Wasserverhältnisse Kärntens umwälzend ändern und im weiteren Verlauf werden sogar klimatische Änderun-

gen erwartet« mit unabsehbaren »wirtschaftspolitischen und gesundheitlichen Folgen« für Landwirtschaft und Fremdenverkehr.
Unterdessen zogen sich die Tauernwerke-Verhandlungen über das weltwirtschaftliche Katastrophenjahr 1929 bis zum Frühling 1930 hin. Dann endlich bildeten Salzburg, die AEG und die Creditanstalt ein Proponentenkomitee, dem auch Kärnten und Tirol beitreten sollten. Vergeblich – denn im Grunde war dieses Projekt schon gescheitert, wiewohl Rehrl dies nicht wahrhaben wollte. Die praktische Erprobung eines zwei Kilometer langen Hangkanals im Kapruner Tal bestätigte nämlich die längst und in zunehmendem Maß geäußerten Zweifel kritischer Fachleute. Geschiebe verlegte nach Regenfällen diese »Probedachrinne« derart, daß sie tagelang von Schotter freigeschaufelt werden mußte. Vor allem aber befürchtete man in Wien ernste Schwierigkeiten mit Jugoslawien, denn die Tauernwerke hätten der Drau riesige Wassermengen entzogen, was flußabwärts Anlandungen zur Folge gehabt hätte.
Daß Rehrl trotz alledem unbeirrbar am Projekt Tauernwerke festhielt, bezeugt keineswegs realitätsfremden Starrsinn. Ganz im Gegenteil: Aus seiner Sicht hätte nur der Bau dieses Riesenkraftwerks das Projekt Großglocknerstraße »an das Tageslicht der Wirklichkeit« gehoben. Und ein Beschluß des Salzburger Landtags vom 11. März 1930 offenbart mit aller Klarheit die Strategie Rehrls, Energiepolitik mit Fremdenverkehr zu verflechten: »Kommt es zur Errichtung des Tauernwerkes, dann muß die Straße von der AEG Berlin gebaut werden. In diesem Falle ist die Großglockner-Hochalpenstraße allerdings nichts anderes als eine Werksstraße und bleibt auf die Dauer der Bauarbeiten am Tauernwerk für den öffentlichen Verkehr gesperrt. Mit dem Bau ist sofort zu beginnen und zu diesem Zweck ein eigenes Straßenbauunternehmen zu gründen. In dem Augenblick, in dem die AEG Berlin die Konzession für die Errichtung des Tauernwerkes erhält, hat sie den Betrag, der bis dahin für die Werksstraße aufgewendet wurde, dem Straßenunternehmen zurückzuzahlen.«
Im Klartext: Die finanziellen Probleme der Glocknerstraße würden auf ein Privatunternehmen abgewälzt, das ohne Werksstraßen nicht auskommt. Obschon Rehrls Konzept den »Rückkauf« dieser Werksstraße vorsah, sobald das Tauernwerk in Betrieb ginge, waren damit die Finanzprobleme zumindest auf Jahre und vielleicht auch bessere Zeiten vertagt.

Nach dem »schwarzen Freitag«

Rehrls erster Finanzierungsplan für die Glocknerstraße orientierte sich am vorrangigen Ziel, »den großen Fremdenverkehr, einen der Hauptfaktoren der österreichischen Zahlungsbilanz, der von Norden gegen Italien strömt, über österreichisches Gebiet zu lenken und damit bestehenden Plänen einer Ausschaltung Österreichs zuvorzukommen«. Zu den mittlerweile auf zwölf Millionen Schilling angesetzten Baukosten müsse die Post für das Autobusmonopol eine Million »als Subvention« beisteuern. Den Rest trüge eine Aktiengesellschaft aus Bund (55 Prozent), Salzburg, Kärnten und AEG (30 Prozent), Baufirmen (12 Prozent) sowie Banken, Autounternehmen, die österreichische Fremdenverkehrswerbung und »Benzinfirmen für das Monopol der Aufstellung von Benzinpumpen« (3 Prozent). Diese letzte Gruppe träfe allerdings die Verpflichtung, »im Falle des Nichtbaues des Tauernwerkes den Anteil der AEG bis zu einem Gesamtbetrag von 3,1 Millionen Schilling zu übernehmen«.
Noch deutlicher wird die Rolle der AEG als Hebamme der Glocknerstraße im zweiten Finanzierungsplan Rehrls vom April 1930. Denn mittlerweile hatten neue Berechnungen die Baukosten einschließlich des Zinsendienstes und »zehn Prozent für Unvorhergesehenes« auf 16 Millionen Schilling statt 12 Millionen veranschlagt. Nach Rehrls Plan sollten Aktionäre davon 10 Millionen zeichnen: Der Bund 6,05 Millionen, die AEG 3,3 Millionen, Baufirmen und Private 650.000 Schilling. Der Rest wäre mit je 2 Millionen auf die Vergütung aus der Arbeitslosenfürsorge, auf den Monopolinhaber für den Busverkehr und auf die Baufirmen durch Übernahme von Obligationen entfallen.
Die AEG stimmte dieser Lastverteilung unter der Voraussetzung zu, daß ihr Projekt bis zum 28. Februar 1931 zum »begünstigten Bau« erklärt werde, anderenfalls – so entschied die Bundesregierung – hafte der österreichische Bundesschatz dafür, daß ein anderer Partner das Aktienpaket der AEG übernähme. Diese Regelung sollte noch arge Schwierigkeiten und bösartige Polemiken verursachen.
Die augenscheinliche Planungshektik im Gefüge von Bedingungen und Unklarheiten wurde natürlich auch vom New Yorker Börsenkrach im Oktober 1929 verursacht. An jenem »schwarzen Freitag« endeten die »brüllenden zwanziger Jahre« und die Hoffnungen von Millionen Anlegern auf schnelle Spekulationsgewinne. Binnen Tagen erreichten die Kursverluste an der New Yorker Börse 50 Milliarden Dollar. Ein beispielloser Boom verlor seinen Atem.
Noch im März 1929 war in den USA die Rekordmenge von 622.000 Autos – 85 Prozent der Weltproduktion – gebaut worden. Statistisch besaß bereits jede zweite amerikanische Familie einen Wagen. Industriearbeiter zahlten nur zwei Monatslöhne für Fords »Volkswagen«, die »Tin Lizzy«. Es sah aus, als sollte dieser Boom schon sehr bald der gesamten Weltbevölkerung von 1,9 Milliarden Menschen zu ungeahntem Wohlstand verhelfen.
Selbst Österreich war ein bißchen in den Sog dieses Aufschwunges geraten. Die Zahl der Autos war seit 1924 von 9722 auf knapp über 17.000 gestiegen (1984 waren es 2,6 Millionen!), und in Österreichs Urlaubsgebieten türmten sich ge-

radezu die Erfolgszahlen: 1924 zählte man 2,8 Millionen Gäste, 1929 schon 4,2 Millionen, und der Anteil devisenträchtiger Ausländer stieg von 28 auf 43 Prozent, wovon die Hälfte auf Deutsche entfiel. Das Bruttonationalprodukt kletterte zwischen 1924 und 1929 real von 9,56 Milliarden auf 11,35 Milliarden Schilling. Im gleichen Zeitraum nahm die Zahl der Telephonanschlüsse von 93.559 auf 142.313 zu und die Zahl der Radiobesitzer um das Zehnfache auf 300.000 (Ende 1983 gab es in Österreich rund 2,5 Millionen Fernsehbewilligungen und ebenso viele für das Radio!). Sogar eine »Miss World« kam aus Österreich, die 20jährige Liesl Goldarbeiter errang in den USA diesen begehrten Titel.
Im internationalen Wohlstandsvergleich hinkte Österreich aber weit hinterher. Beispielsweise gab es in den USA ein Auto auf fünf Personen, in Deutschland eines auf 145 und in Österreich eines auf 382. Außerdem litt Österreich an chronischer Finanzschwäche. Unter der Schockwirkung der Mega-Inflation zu Anfang der zwanziger Jahre betrieb die Regierung eine rigorose Deflationspolitik, die zwar dem harten Schilling den spöttischen Beinamen »Alpendollar« eintrug, doch die Fähigkeit hemmte, Eigenkapital für Investitionen zu bilden. Dafür zahlte Österreich den auf sozialem Gebiet verheerenden Preis beständig hoher Arbeitslosigkeit – von 1924 bis 1929 lag der Jahresdurchschnitt bei 181.000 Arbeitslosen.
Überdies versetzte die bürgerkriegsähnliche Atmosphäre in Österreich die Bevölkerung zunehmend in Unruhe. Ausgerechnet im Krisenjahr 1929 löste das einen Ansturm der Sparer auf die Geldinstitute und die Flucht in Dollar oder Franken aus. Erstes Opfer dieser Finanzkrise war die sehr bedeutende Boden-Creditanstalt, die sich in zu riskante Operationen eingelassen hatte und nun zusammenbrach.
Dieser Krach legte den schwächsten Punkt der österreichischen Wirtschaft bloß: das Kreditwesen. Die Regierung leimte den Schaden der Boden-Creditanstalt mit 100 Millionen Steuerschillingen, um das wankende Geld- und Kreditsystem zu stützen.
Es braucht wenig Phantasie, um sich auszumalen, wie fürchterlich dann die Weltwirtschaftskrise diesem kleinen Österreich zusetzte: Verluste auf den Auslandsmärkten trieben die Arbeitslosigkeit in die Höhe, was wiederum den Inlandsmarkt schrumpfen ließ und abermals die Arbeitslosigkeit verschärfte. Diese Krise traf auch Salzburg mit verheerender Wucht: Die Glasfabrik Bürmoos, der Mitterberger Kupferbergbau und die Halleiner Zellulosefabrik mußten zusperren.

Arbeitsbeschaffung durch Straßenbau

Diese bedrückende Situation gab nun den Anstoß, das längst baureife Projekt der Großglockner-Hochalpenstraße endlich »aus dem ungewissen Schoß der Möglichkeiten an das Tageslicht der Wirklichkeit emporzuheben«. Daher faßte der Salzburger Landtag am 11. März 1930 den Beschluß, daß die Glocknerstraße gebaut werde, um die Arbeitslosigkeit einzudämmen. Die Geldgeber für dieses Projekt standen freilich nur auf dem Papier. So lag die Entscheidung bei der Bundesregierung. Auf einer Wirtschaftskonferenz Mitte März »begrüßte« sie allerdings nur, wenn auch »wärmstens«, den Beschluß des Salzburger Landtags »als eines der besten Mittel, um Tausenden von Arbeitern gleichzeitig Beschäftigung und Verdienst zu geben«. Geld hatte Wien aber nicht.
Eine Riesenfreude erlebte in jenen düsteren Tagen Franz Wallack in Klagenfurt. Am 11. März elektrisierte ihn ein Telegramm Rehrls: »Teile mit, daß Salzburger Landtag soeben beschlossen hat, unter Zugrundelegung Ihres technischen Entwurfes noch heuer an den Ausbau der Großglockner-Hochalpenstraße zu schreiten. Ich rechne damit, daß Sie sich führend an den technischen Arbeiten beteiligen werden.«
Wallack jubelte: »Was jahrelang von vielen Seiten als Utopie bezeichnet worden war, wurde auf einmal vollster Ernst. Die immer mehr ansteigende Arbeitslosigkeit, die unabweisliche Notwendigkeit, endlich einmal mit einer Großarbeit zu beginnen, zwangen dazu, auch das Projekt der Großglockner-Hochalpenstraße aufzugreifen, für deren Bau wenigstens ein genereller Entwurf vorhanden war, Unterlagen, die für viele andere zur Durchführung geplante Bauten gänzlich fehlten. Endlich einmal raffte man sich dazu auf, ernstliche Anstalten zu einer Hebung der österreichischen Volkswirtschaft zu treffen.«
Auf Rehrls Vorschlag übersiedelte Wallack sogleich nach Salzburg, nachdem er von der Kärntner Landesregierung die Dienstfreistellung erwirkt hatte, um sich ausschließlich den dringenden Vorarbeiten für den Bau seiner Straße zu widmen. Mit einem jederzeit kündbaren Werksvertrag stand er nun im Dienst eines Gremiums, das den »Ausschuß zur Erbauung der Großglockner-Hochalpenstraße« abgelöst hatte: eines »Proponentenkomitees«, gebildet aus Land Salzburg, der AEG und der Creditanstalt.
Dieses Proponentenkomitee konnte wohl den Baubeschluß des Salzburger Landtags und das Wohlwollen der Bundesregierung vorweisen, nicht aber das nötige Geld. Wallack vermerkte dazu: »Das Büro, das ich in Salzburg notdürftig eingerichtet hatte, bestand nur aus mir, meiner Frau als ehrenamtlicher Privatsekretärin und aus einem Zeichner.«
Wallacks »Abwerbung« nach Salzburg unterstreicht abermals Rehrls Zielstrebigkeit in dem Bestreben, Vorteile für seine Heimat an Land zu ziehen und die Durchführung seiner Initiativen an eine möglichst kurze Leine zu nehmen. Im Rückblick erscheint dies sachlich völlig gerechtfertigt, um einen beispiellosen und monatelangen Balanceakt ohne Absturz zu meistern. Wallack und sein winziges Team hatten alle Hände voll zu tun, um technische Vorarbeiten, Bauausschreibungen und Verhandlungen mit Firmen zu bewältigen. Rehrl wieder-

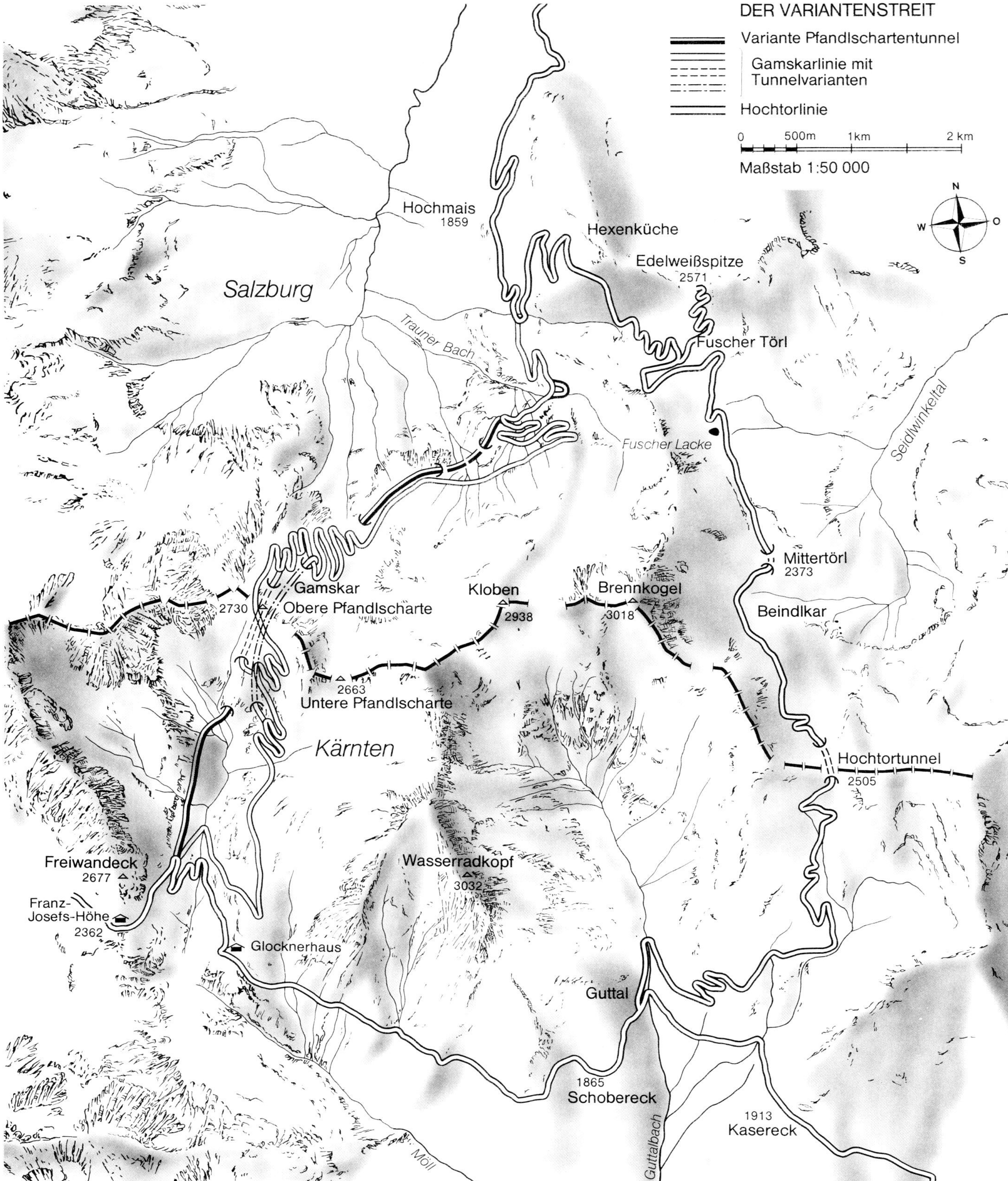

DER VARIANTENSTREIT
Variante Pfandlschartentunnel
Gamskarlinie mit Tunnelvarianten
Hochtorlinie
0 500m 1km 2 km
Maßstab 1:50 000
N
W
O
S
Hochmais
1859
Salzburg
Trauner Bach
Hexenküche
Edelweißspitze
2571
Fuscher Törl
Fuscher Lacke
Seidwinkeltal
Mittertörl
2373
Beindlkar
Gamskar
2730
Obere Pfandlscharte
Kloben
2938
Brennkogel
3018
2663
Untere Pfandlscharte
Kärnten
Hochtortunnel
2505
Freiwandeck
2677
Franz-Josefs-Höhe
2362
Wasserradkopf
3032
Glocknerhaus
Guttal
1865
Schobereck
1913
Kasereck
Möll
Guttalbach

um zog die Fäden, um das »Spiel der Mächtigen« in seinem Sinne zu lenken und die Finanzierung sicherzustellen.
Kaum einen Monat nach der Übersiedlung nach Salzburg erstellte Wallack schon am 14. April 1930 die Bauausschreibung und setzte den Anbietern die überaus knappe Frist von nur vierzehn Tagen. Trotzdem lagen am Stichtag zehn Anbote vor – nicht verwunderlich angesichts wachsender Arbeitslosigkeit und der verschärften Wirtschaftskrise. Das Rennen um den Auftrag machten schließlich zwei österreichische Firmengruppen.
Was nun endlich verheißungsvoll anzulaufen schien, geriet jedoch alsbald wieder in ernüchternde Schwierigkeiten.
Die österreichische Postverwaltung lehnte es ab, das Autobusmonopol nach Rehrls Plan mit einer Millionen-»Subvention« zu honorieren oder auch nur Aktien zu zeichnen.
Ebenso zerstob die Hoffnung auf Millionenvergütung aus der Arbeitslosenversicherung, wiewohl sich die Baufirmen verpflichten mußten, »den Bau nur mit Arbeitslosen, zugewiesen von den Arbeitsämtern, gemäß den Bestimmungen über die produktive Arbeitslosenfürsorge zu führen«.
Dann entfiel auch die Aktienzeichnung durch die Baufirmen, weil sich leider herausgestellt hatte, daß dies den Bau verteuert hätte. So schrumpfte das vorgesehene Aktienkapital aus Rehrls Plan von 16 Millionen auf 10 Millionen Schilling zusammen.
Außerdem begehrte das Finanzministerium den Grad der »Wahrscheinlichkeit« zu erfahren, daß die errechneten Baukosten von 16 Millionen Schilling überschritten würden. Wallack zog sich aus dieser Schlinge mit dem Hinweis, daß seit dem Bau der Straße über das Stilfserjoch, ein Jahrhundert zuvor, in Österreich keine vergleichbare Alpenstraße mehr angelegt worden sei, weshalb »aus neuerer Zeit Erfahrungswerte über tatsächliche Ausführungskosten nicht vorliegen«.
Jetzt fiel die fast sechsjährige Wartezeit schwer ins Gewicht: 1924 hatte Wallack lediglich ein »generelles Projekt« trassiert und dieses ein Jahr später um die große Schleife im Anstieg durch das Fleißtal und die Strecke vom Glocknerhaus zur Franz-Josefs-Höhe erweitert. Damals wären die Ausgaben für eine aufwendige Detailplanung sinnlos gewesen, denn niemand wußte, ob diese Straße überhaupt je gebaut würde. Nun aber fehlten just diese Detailpläne, um die Baukosten exakt zu ermitteln.
So strebte der Balanceakt zwischen technischer Eilplanung und Finanzierung dem dramatischen Höhepunkt zu. Denn zu allem Überfluß waren Rehrl und Wallack, zwei Männer von vergleichbarer Tatkraft und Zielstrebigkeit, in jenem Variantenstreit aneinandergeraten, der den Straßenbau empfindlich verzögern und zuweilen geradezu dramatisch komplizieren sollte.

Der Variantenstreit beginnt

Rehrl bat Wallack kurz nach dessen Übersiedlung nach Salzburg zu einer Besprechung und überraschte ihn mit einer völlig neuen Trasse. Statt über das Hochtor (2505 Meter) sollte die Glocknerstraße in rund 2300 Metern Seehöhe durch einen knapp zwei Kilometer langen Tunnel unter der Pfandlscharte direkt zur Franz-Josefs-Höhe führen, damit Besucher aus Salzburg diesen schönsten Aussichtspunkt der Straße auf kürzestmöglicher Zufahrt erreichen – von Ferleiten aus wären das lediglich 20,5 Kilometer statt der 34,5 Kilometer über das Hochtor gewesen.
Wallack empfand dies als »großen Dämpfer« und wandte ein, daß Tunnelbauten pro Kilometer zehnmal teurer kämen als eine Straße. Rehrl wischte diese Bedenken beiseite, und die beiden Herren kamen überein, diese Variantenfrage nicht übers Knie zu brechen. Um keine Zeit zu vergeuden, könnten vorerst die Straßenrampen von Heiligenblut bis zur Franz-Josefs-Höhe und von Ferleiten bis in annähernd 2200 Meter Seehöhe gebaut werden – bis dorthin also, wo sich die Varianten gabeln.
Am 12. Mai 1930, zwei Wochen nach Eintreffen der Anbote, breitete Wallack vor dem Proponentenkomitee zum Bau der Glocknerstraße – Land Salzburg, AEG und Creditanstalt – das Ergebnis aus Verhandlungen und Anboten aus: Wallacks Trasse (Variante I) über das Hochtor koste 13 Millionen Schilling, Rehrls Tunnelprojekt (Variante II) durch die Pfandlscharte aber 19,5 Millionen.
Das sprach auf den ersten Blick eindeutig für die erheblich billigere und touristisch lohnendere Variante I, für die sich auch der österreichische Straßenbaukongreß stark machte, erledigte aber durchaus nicht Variante II.
Wollte man nämlich die Finanzkraft des Tauernwerk-Planers AEG einsetzen, dann stand lediglich Rehrls Tunnel-Variante zur Wahl, die eine Kombination von Straßentunnel und Wasserstollen zumindest nicht ausschloß. Und die beiden Baukonsortien mußten sich verpflichten, einen Kredit von 2 Millionen vorzuschießen, für 550.000 Schilling Aktien zu zeichnen und bei Abschluß des Baues Obligationen von mindestens 2 Millionen zu übernehmen – vorausgesetzt, daß die Bauvergabe »ehestens« erfolge.
Nun stand aber auch das zeitraubende Unternehmen an, ohne Baubeschluß die Grundablösen einzuleiten – ein überaus heikles Unterfangen, denn etliche Grundbesitzer versprachen sich davon das große Los. Verständlich, denn im Fuscher Tal und im Mölltal bestanden völlig unterschiedliche Besitzstrukturen.
Auf der Schattseite des Tauernkammes nördlich des Hochtores reichen die Felder bis auf rund 1100 Meter Seehöhe, auf der sonnigen Südseite aber bis auf 1650 Meter. Auf der Nordseite betrieben vergleichsweise wenige Bauern seit Jahrhunderten Ackerbau, Viehzucht und Forstwirtschaft. An der Süd-

flanke hingegen rang eine Vielzahl von Kleinkeuschlern – vorwiegend Nachfahren der Bergknappen – dem dürftigen Boden den kärglichen Lebensunterhalt ab. Und das erzwang, auch infolge von Erbteilungen, intensive Bewirtschaftung des Bodens bis in größere Höhen. Diese Keuschler traf somit der Verlust auch nur kleiner Grundflächen ungleich härter als die Pinzgauer Bauern, weshalb die Grundablösen im Süden erheblich größere Beträge verschlangen als im Fuscher Tal.

Obendrein meldete die Klagenfurter Sektion des Alpenvereins Forderungen an. Sie hatte vorwiegend aus Eigenmitteln die Glocknerhausstraße gebaut, die großen Schäden des Erdrutsches behoben und erhielt nun diese Straße aus den Mauteinkünften von 5 Schilling pro Person. Diese Straße wäre nach dem Bau der Großglockner-Hochalpenstraße auf den ersten 6 von 11,5 Kilometern dem Verfall preisgegeben und im oberen Streckenabschnitt ohnedies in die neue Straße aufgegangen. Wallack wandte ein, daß die Klagenfurter von der Last der Straßenerhaltung befreit würden, doch der Alpenverein pochte auf Entschädigung. Obgleich dieses Tauziehen vorerst ergebnislos verlief, zeigten die Klagenfurter doch erstaunliche Großmut, als der Bau der Glocknerstraße 1932 in ernste Bedrängnis geriet.

Unterdessen verfloß weiterhin wertvolle Zeit. Ende Juni 1930 wußte noch niemand, wann die Bauaufträge vergeben und die ersten Sprengschüsse gezündet würden. Nur die wachsende Not jener Zeit vermag zu erklären, daß die beiden Baukonsortien schließlich Ende Juni 1930 Wallacks beharrlichem Drängen nachgaben, die Detailprojektierung im Gelände aufs Geratewohl in Angriff zu nehmen. Sechsundzwanzig Vermessungstrupps zogen mit Zelten unter Wallacks Führung aus, um in kürzester Zeit zwischen Fusch, Heiligenblut und Franz-Josefs-Höhe – noch dazu in zwei Varianten – nachzuholen, was beinahe sechs Jahre hatte warten müssen: Die Beschaffung der Einzelentwürfe für eine Hochalpenstraße, die nach Wallacks Baukalender bei durchschnittlich günstigem Wetter »zu Beginn der Hauptreisesaison 1932 für den allgemeinen Verkehr« freigegeben werden sollte.

Offensichtlich kostete diese Phase Wallack viel Nervenkraft, denn er schrieb: »Saboteure umlauerten schon damals aus Neid, Unverstand oder Trägheit dieses Werk, und wenn man erst darauf gewartet hätte, bis diese Saboteure das wenige Geld für die Detailprojektsverfassung bereitgestellt hätten, dann hätte man wahrscheinlich graue Haare bekommen können und trotzdem die ›vorherige Fertigstellung der Detailprojekte als Basis der Finanzierung‹ nie erlebt.«

Diese »Saboteure« saßen aber dermalen wirklich nicht in Wien, wo Rehrl und Wallack sie meist vermuteten. Hatte doch Bundeskanzler Schober soeben an Reformen verkündet, was dem Föderalisten Rehrl wie Musik klingen mußte: »Ein Projekt, von dem ich mir eine weitere Besserung unserer Verhältnisse verspreche, ist die Abschaffung und Minderung der Zuvielverwaltung. Ich glaube, daß es der wirtschaftlichen Entwicklung unseres Landes mehr entspricht, wenn die zentrale Bundesverwaltung nicht in alles die Nase hineinsteckt.«

Rehrl ortete die »Saboteure« nun weniger in der »schwerfälligen Bundesbürokratie«, sondern vielmehr in »Finanz- und Wirtschaftsgruppen, die ihr Interesse und ihren unberechtigten Einfluß auf die öffentliche Wirtschaft ständig mit den wirklichen Interessen der Volkswirtschaft und der Volksnot verwechseln. Es scheint fast ein österreichisches Verhängnis zu sein, daß bei der Schaffung von Werken, nach denen die notleidende Wirtschaft förmlich schreit, zuerst ein ganzer Berg von Schwierigkeiten und Hemmnissen aufgetürmt werden muß, deren faktisches Endziel nur die Tatsache sein könnte, daß überhaupt nichts geschieht.«

Der Bund zahlt endlich

Zu guter Letzt brachten die zermürbenden Verhandlungen zwischen Finanzministerium und Proponentenkomitee zum Bau der Großglockner-Hochalpenstraße am 4. August 1930 einen Erfolg. Nach amtlicher Bekanntgabe »ist nunmehr die Finanzierung dieses für den österreichischen Fremdenverkehr überaus bedeutsamen Straßenzuges gesichert. Die Vorarbeiten für die Errichtung der Großglockner-Hochalpenstraßen AG sind weit fortgeschritten, die Konstitutierung dieser Gesellschaft kann binnen kurzem erfolgen. Die Aktien der Gesellschaft werden zu 60 Prozent vom Bunde, zu 33 Prozent von den Proponentenkomiteen der Tauernwerke AG übernommen. Der Rest wird von den Ländern Salzburg und Kärnten und einigen Interessenten gezeichnet. Schon vor Konstituierung der Aktiengesellschaft wird das mit den Vorarbeiten befaßte Proponentenkomitee zur Ausnützung der heurigen Bausaison unverweilt die Bauvergebung durchführen; mit dem Bau wird daher schon in allernächster Zeit begonnen werden.«

Tags darauf zog Rehrl in einer Rundfunkrede Zwischenbilanz: »Wir würden unserem Lande einen schlechten Dienst erweisen, wenn wir zu taten- und gedankenlosen Hütern einer historisierenden Tradition herabsänken. Unsere Arbeitskraft muß noch vor andere Leistungen gestellt werden, soll unser Zeitalter einen guten Klang in die Zukunft mitnehmen. Die wirtschaftliche Notlage unseres Staates muß ein mächtiger Ansporn sein. In diesem Sinne hat sich Salzburg gerade aus der Bedrückung der Zeit heraus seine Festspiele geschaffen. Wir bauen von der gleichen Triebkraft fortgerissen Kraftwerke und Straßen. Wir wollen unser geliebtes Heimatland nicht als Bettler, sondern als tätige Arbeitsmenschen – unseres Wertes und unserer Kraft wohl bewußt – unserer Mitwelt erschließen.«

Ein ungelöstes Problem drängte Rehrl allerdings in den Hintergrund – die Variantenfrage: »Nun kann mit dem Bau im Pinzgau und in Kärnten begonnen werden. Diese beiden

Straßenteile sind ja völlig unumstritten. Über die Führung der Trasse im Hochgebiete wird später entschieden werden. Eingehendes Studium und genaue Kostenberechnungen werden die Grundlagen für die Entscheidung bringen.«
Am 6. August 1930 wurden in Salzburg die Bauverträge mit den Firmenkonsortien unterzeichnet. Und Wallack wähnte sich am Ziel seiner Wünsche: »Nach langem und schwerem Ringen hatte endlich die Stunde der Verwirklichung des Projektes geschlagen. Und damit begann ein Arbeitskampf, wie ihn das Hochgebirge bisher nur selten gesehen hatte, ein Kampf mit den Naturgewalten, wie er erbitterter noch nie geführt worden ist. Aber es war wert, diesen Kampf bis ins Letzte mit aller Energie durchzufechten, denn sein Ziel war schließlich die in aller Zukunft nie wieder wegzuleugnende Tat: Die Großglockner-Hochalpenstraße.«
Die allerletzte Hürde auf dem Weg zum Baubeginn räumte die Bundesregierung am 12. August beiseite, indem sie die Glocknerstraße zum »begünstigten Bau« erklärte, wenngleich unter Auflagen: »Alle für die Herstellung der Straße notwendigen Baustoffe, Hilfsstoffe, Baubestandteile und sonstigen Einrichtungsgegenstände, ferner die anzuschaffenden Maschinen und Geräte müssen inländischen Ursprungs sein. Die Verwendung oder der Bezug ausländischer Stoffe und Geräte ist nur dann und in dem Umfange zulässig, als sie im Inland überhaupt nicht oder nicht in der durch den Verwendungszweck gebotenen Zeit, Menge oder Beschaffenheit oder gegenüber den sonst gleichwertigen ausländischen Angeboten zu unverhältnismäßig höheren Preisen erzeugt werden. Ein Verstoß gegen diese Bedingungen zieht die Verhängung einer Konventionalstrafe nach sich.«
Die unaufhaltsam wachsende Wirtschaftskrise macht diesen Protektionismus verständlich. Nüchterne Zahlen dokumentieren Österreichs Talfahrt: In einem Jahr waren die Konkurse und Ausgleiche von 2568 auf 3389, die Arbeitslosigkeit um fast 50.000 Menschen auf 245.000 (=11,3 Prozent) und der Aufwand der Arbeitslosenversicherung von 161 Millionen auf 203 Millionen Schilling geklettert. Der Index der österreichischen Industrieproduktion war von 102 auf 90 gefallen. Wie hart diese Entwicklung gerade die kleinen Verdiener traf, läßt der Rückgang der Zigarettenproduktion von 5,1 Milliarden auf 4,9 Milliarden Stück und der Biererzeugung von 5,22 Millionen auf 5,09 Millionen Hektoliter erahnen. Selbst den Luxus eines Telegramms leisteten sich 1930 erheblich weniger Österreicher: Statt der 3,2 Millionen im Jahr vorher wurden nur noch 2,7 Millionen aufgegeben.
Wegen dieser beklemmenden Entwicklung – und es sollte noch viel schlimmer kommen – knüpfte die Bundesregierung die Begünstigung dieses Straßenbaus an eine weitere Auflage: »Für alle mit dem Straßenbau zusammenhängenden Arbeiten sind Arbeitslose (mindestens 80 Prozent) zu verwenden, die von den durch das Ministerium für soziale Verwaltung bezeichneten Stellen zugewiesen werden. Andere Arbeiter und Angestellte dürfen nur in einem Ausmaße Verwendung finden, die für die Durchführung der Arbeit unbedingt erforderlich ist.«
Doch gerade diese Maßnahme »im öffentlichen Interesse und zu gemeinnützigen Zwecken« bereitete Wallack einiges Kopfzerbrechen, als im Herbst 1930 rund 1300 Männer den »Kampf mit den Naturgewalten« aufnahmen und bis zu 4050 Arbeiter diesen »Kampf bis ins Letzte« fortsetzten. Wallack klagte: »Schon in der ersten kurzen Bauperiode zeigte es sich, daß die Arbeiterzuweisung viel zu wünschen übrig ließ. Friseure, Kellner und andere Erwerbstätige, die noch nie eine Schaufel in der Hand gehabt hatten, vollkommen unzweckmäßig gekleidet und meist auch unterernährt waren, das waren nicht die Männer, die den Grundstock der künftigen Glocknerstraße-Arbeiter bilden sollten. Selbst der beste Wille zur Arbeit nützt da nichts, wo die körperliche Eignung fehlt.«
Unterdessen hatten die sechsundzwanzig Vermessungstrupps schon genügend Detailpläne für die beiden Rampen der Straße fertiggestellt, so daß die Baustellen eingerichtet werden konnten. Mehrere hundert Arbeiter fanden vorerst Quartier in Gasthöfen und bei Bauern in Fusch und Heiligenblut. Tragtiere, Trägerkolonnen und Traktoren schafften zerlegbare Baracken zu den Baulagern – je drei an der Nord- und der Südrampe mit Unterkünften für 877 Mann sowie Magazinen, Werkstätten, Kantinen, Büros und Verkaufsständen.
»Kompressoren, Preßluftleitungen und Bohrhämmer, Schotterquetschen, Sandmühlen, Feldbahnmaterial und alles erforderliche Werkzeug waren an die einzelnen Baustellen geliefert worden. Und nächst dem Glocknerhaus befand sich eine kleine Wasserkraftanlage im Bau, die einen Teil der erforderlichen Antriebskraft für die verschiedenartigsten Baumaschinen liefern sollte«, schrieb Wallack über die Vorbereitungen zum großen Ereignis, dem ersten Sprengschuß am 30. August 1930.

Der erste Sprengschuß

Von diesem Tag berichtete die »Salzburger Chronik«: »Heute um 9 Uhr 30 Minuten fuhren die Teilnehmer an der feierlichen Eröffnung des Baubeginnes der Großglockner-Hochalpenstraße in Sonderkraftwagen nach Ferleiten. Dort begrüßte Landeshauptmann Rehrl und gab in einer Ansprache der Freude über das Gelingen des Werkes Ausdruck. Hierauf ergriff Finanzminister Juch das Wort. Er erscheine im Auftrage des Bundeskanzlers Schober, der es sehr bedauere, daß er infolge dringender Staatsgeschäfte verhindert sei, dem Festakte beizuwohnen. Die Glocknerstraße werde nach ihrer Vollendung den Vergleich mit keiner zweiten Alpenstraße zu scheuen brauchen. Der Minister bezeichnete die Straße als verheißungsvolles Symbol zur Erreichung aller Hoffnungen, welche Österreich zur gesundmachenden Höhe hinaufführen sollen.«

Unter den Gästen war auch der Regensburger Oberbürgermeister Hipp. Er begrüßte die vielhundertköpfige Versammlung in Ferleiten ausdrücklich als Vorsitzender des Bayerischen Städtebundes und als Vorstandsmitglied des deutschen Städtetages: »Wir freuen uns sehr, daß Österreich ein Zeugnis ablegt von seinem unerschütterlichen, festen Willen, sich durch alle Schwierigkeiten durchzusetzen und sich wirtschaftlich und staatspolitisch zu behaupten. Wenn wir Reichsdeutsche hierherkommen, dann haben wir nicht die Überzeugung, daß wir ins Ausland reisen, sondern nur in einem anderen Teil unseres größeren deutschen Heimatlandes uns befinden. Der große internationale Verkehrsweg der Glocknerstraße hat noch eine tiefere Bedeutung, denn diese Straße wirkt auch völker- und staatenversöhnend.«

Dann löste Rehrls fünfjährige Tochter durch Knopfdruck den ersten Sprengschuß aus. Und die Reporter notierten, daß dieser »erste Sprengschuß einen riesigen Felsblock zerschmettert hat, worauf Hunderte von Sprengschüssen entlang der untersten Anstiegsstrecke der Straße donnerten«. Für Wallack war das der offizielle Auftakt des »Kampfes mit den Naturgewalten, wie er erbitterter noch nie geführt worden ist«. Es wurde allerdings auch ein Kampf mit finanziellen Problemen und um die endgültige Variante der Scheitelstrecke. Kurzum: Von den Festgästen ahnte niemand, daß die anvisierte Bauzeit vom Beginn der Hauptreisesaison 1932 bis zum August 1935 verlängert würde. Drei sommerliche Bauperioden standen auf dem Programm, sechs von zusammen sechsundzwanzig Monaten sollten es werden.

Brot für »Glocknerbaraber«

Beim Bau der Glocknerstraße verdienten im monatlichen Durchschnitt 3200 Menschen in unwirtlicher Lage zwischen 1500 und 2500 Metern Seehöhe mit härtester Arbeit ihr Brot. Trotzdem war diese Mühe fern von Familien, Freunden und gewohnten Lebensumständen begehrt, weil vergleichsweise gut bezahlt. Die Werksverträge mit den Baufirmen und die ausgehandelten Kollektivverträge zeichnen ein anschauliches Bild der sozialen Verhältnisse jener Zeit, da innenpolitische Beben Österreich bis in seine Grundfesten erschütterten – darauf soll hier nicht eingegangen werden – und die Auswirkungen der Weltwirtschaftskrise noch verschärften.

Bauleiter Wallack verdiente laut seinem jederzeit kündbaren Werksvertrag monatlich 2000 Schilling. Gemessen an den Politikerbezügen – 3913 Schilling für den Bundespräsidenten, 3549 für den Bundeskanzler, 2250 für einen Landeshauptmann und einheitlich 1005 für Nationalratsabgeordnete – und an den heutigen Spitzengehältern in staatlichen Betrieben erscheint das eher bescheiden für einen Mann, der ein Großunternehmen leitete. Die Bezüge des Spitzenmanagers Wallack lagen knapp über dem Endgehalt der höchsten Beamtenkategorie (1956 Schilling). Das Höchstgehalt eines Universitätsprofessors betrug 1474 und das eines Mittelschulprofessors 730 Schilling monatlich. Die Mindestbezüge für Angestellte des öffentlichen Dienstes begannen mit 137 Schilling.

Beim Bau der Glocknerstraße verdienten Vorarbeiter nach dem Kollektivvertrag pro Woche zu 48 Arbeitsstunden rund 75 Schilling, Maurer und Zimmerer 69, Professionisten wie Elektriker oder Schlosser 67, Gerüster und Mineure 58, qualifizierte Hilfsarbeiter 52 und Hilfsarbeiter 47 Schilling. Das schloß nicht aus, daß »sehr gut qualifizierte Arbeiter über dem Tarif-Stundenlohn entlohnt werden können«.

Je nach Ort der Baustelle gab es Höhenzulagen bis zu 12 Prozent. Überstunden sowie Arbeit an Sonn- und Feiertagen brachten Zuschläge von je 25 Prozent.

Von den Löhnen wurden für täglich drei Mahlzeiten – »früh und abends im Quartier, mittags in der Nähe der Arbeitsstelle« – 2,80 Schilling und für die Schlafstelle in Baracken 30 Groschen abgezogen. Vom Wochenlohn flossen also durchschnittlich 20 Schilling in die Verpflegung und 2,10 Schilling in die Unterbringung.

Betriebsrat Sepp Knöpfelmacher strich noch einen anderen Aspekt heraus, der bei seinen Verhandlungen um Kollektivverträge viel wog: »Arbeiter hatten Schutz vor Willkürakten der Vorgesetzten (und) mit Befürwortung von Ing. Wallack setzten die Betriebsräte die erste Schlechtwetterregelung im Baugewerbe durch. An den Tagen, an denen nicht gearbeitet werden konnte, wurden die Kosten für Verpflegung von der Bauleitung vergütet.«

Die Grundlöhne der »Glocknerbaraber« lagen teilweise knapp unter jenen für vergleichbare Arbeit in den Städten. Zulagen und Überstunden machten die Straßenbauer dennoch zu den Spitzenverdienern in ihren Berufsgruppen. Nicht von ungefähr wunderte sich Olga Mayer, Kantinenköchin bei der Fuscherlacke, noch Jahrzehnte später, daß damals die »Braunschweiger« als billigste Wurstsorte bei den »Glocknerbarabern« beinahe unverkäuflich war.

Der Kaufwert der gewiß nicht fürstlichen Löhne – Vorarbeiter je Stunde 1,56 Schilling, qualifizierter Hilfsarbeiter 98 Groschen – ist an den Preisen von 1930 zu messen. Pro Kilo kosteten Schwarzbrot 58 und Kartoffeln 28 Groschen, Würfelzucker 1,20 Schilling, Butter 6, Rindfleisch 3,60, Schweinefleisch 4,80, Extrawurst 3,80 und Emmentaler 5,40 Schilling. Eine Semmel kam auf 7 Groschen, ein Ei auf 14 und eine Zigarette der beliebten Marke »Sport« auf 3 Groschen. Für einen guten Anzug von der Stange zahlte man 142 Schilling, für ein Paar Schuhe 32, für ein Herrenhemd 10 und für ein Damenkostüm 162 Schilling. Die amtlich festgesetzte Durchschnittsmiete für Zimmer, Küche und Kabinett kam auf 13 Schilling, ein Haarschnitt kostete 1,80 Schilling, eine Kilowattstunde Lichtstrom 70 Groschen, ein Liter Milch 54, eine Halbe Bier 48 und eine Zeitung 10 bis 20 Groschen. Die Fahrt mit dem Schnellzug dritter Klasse nach Wien kostete von Salzburg

Bau der Parkplätze Fuschertörl (oben) und Edelweißspitze im Sommer 1934.

22,60 und von Klagenfurt 25 Schilling. Und für den Personenzug 3. Klasse von Salzburg nach Zell am See zahlte man 6,40 Schilling.
Den Baufirmen oblag die vertragliche Pflicht, in Betriebsküchen für gute und ausreichende Kost durch Übereinkünfte mit Handel und Kantineuren zu sorgen. Augenscheinlich riß man sich um dieses Geschäft, denn in jenen Notzeiten verhieß die Versorgung von durchschnittlich mehr als dreitausend Menschen zwischen Mai und Oktober ein gleichwohl knapp bemessenes Zubrot. Das bezeugt beispielsweise das Protokoll über »mehrfache Wechselreden betreff der Fleisch- und Wurstwarenpreise« zwischen der Fleischhauerinnung Zell am See, den Baufirmen und den Kantineuren vom 18. September 1930. Die Fleischhauer gewährten auf Rindfleisch und Schweinefleisch Rabatte von knapp 35 Prozent auf den Ladenpreis und räumten den Kantineuren das Recht ein, »selbstgefüttertes Kleinvieh selbst zu schlachten« und »das Fleisch notgeschlachteter Tiere der Umgebung einer Kantine außerhalb des normalen täglichen Fleischbedarfes auch ohne Mitwirkung der Innung zum Konsume heranzuziehen«.
Betriebsrat Knöpfelmacher schrieb dazu in seinem Erlebnisbericht über »die Großglockner-Hochalpenstraße und ihre Männer« ebenso anschaulich wie zweideutig: »Und so stürzte eine Kuh in der Almregion über eine steile Böschung und mußte notgeschlachtet werden. Der Koch Lang kaufte sie gleich für die Arbeiterküche. Er kaufte auch sonst das Vieh direkt bei den Bauern, weil es billiger war als beim Metzger.«
Die Kantineure beherrschten natürlich auch das kaufmännische kleine Einmaleins, wie eine auf hundert Mann angelegte »Aufstellung der reinen Selbstkosten für die Verpflegung der Arbeiter der Großglocknerstraße« zeigt. In dieser Liste korrigierte Wallack etliche »Überpreise« für Brennmaterial, schwarzen Kaffee und Gulaschfleisch nach unten. Das ergab schließlich pro Mann für das Frühstück (Milchkaffee, Zucker, 200 Gramm Brot) 34 Groschen, für ein Mittagessen aus Nudelsuppe, 250 Gramm Rindfleisch, Knödel und Gemüse 1,08 Schilling und für das Abendessen (Gulasch mit Reis oder Schinkenfleckerl oder Tiroler Gröstl) 65 Groschen – zusammen daher 2,07 Schilling, womit auf den Tagsatz für Essen mit 2,80 Schilling noch 73 Groschen fehlten. Diese gingen nach Rechnung des Kantineurs für Personal, »17 Prozent Zuschlag für soziale Lasten«, Pacht, Licht, Steuern und sonstige Abgaben sowie »einen bürgerlichen Verdienst von 10 Prozent« auf. Obendrein berechnete er, daß er einen täglichen Bierkonsum von 1,5 Litern pro Mann dieser Hundertschaft brauche, um nach Abzug von Amortisation, Versicherung und Instandhaltung der Kantine in die Gewinnzone zu gelangen.
Das aber paßte nicht ganz zum kollektivvertraglichen Verbot, »während der Arbeitszeit geistige Getränke auf die Arbeitsplätze zu tragen und dort zu genießen«. Vielmehr mußte die Betriebsleitung »dafür Sorge tragen, daß jederzeit genügend gesundes Trinkwasser auf den Arbeitsstellen vorhanden ist«. Licht auf die Zeitumstände wirft auch die Verpflichtung der Betriebsräte, »insbesondere mitzuwirken, daß die Disziplin auf den Arbeits- und Baustellen aufrecht erhalten bleibt«, oder die Abmachung, daß »jede Agitation während der Arbeitszeit unzulässig ist«. Damit war politische Agitation gemeint, die mit ganz seltenen Ausnahmen ohnedies unterblieb. Nach allem Anschein hielten die »Glocknerbaraber« mehr von einem Arbeitsplatz als von politischen Veranstaltungen und Auseinandersetzungen.
Übereinstimmend urteilten unzählige Journalisten, die regelmäßig auf den Bauplätzen auftauchten, daß die Arbeiter wohl »spartanisch«, den Verhältnissen entsprechend aber »gut« untergebracht seien. Das bestätigt auch folgender Absatz aus den Kollektivverträgen: »Für die Reinigung, Beheizung und Beleuchtung der Baracken sorgen die Unternehmungen. Für die in den gemeinsamen Baracken zur Benützung überlassenen Bettsorten (d. s. eine Bettstelle, ein Kopfpolster, ein Strohsack, ein Leintuch, drei Bettdecken), für das notwendige Stroh und für die Beheizung in den Monaten Oktober bis Mai, sowie für die Beleuchtung und Reinigung wird für den Kopf und Tag ein Beitrag von 30 Groschen in Abzug gebracht.«
Das gab der kommunistischen »Roten Fahne« im August 1931 Anlaß, gegen die »Unverfrorenheit« zu wettern, »für skandalöse ›Schlafstellen‹ täglich 30 Groschen einzuheben«, da zwei Decken nicht ausreichenden Schutz gegen Kälte böten, für vierzig Arbeiter in einer Baracke nur 81 Quadratmeter, zwei Waschgelegenheiten und kein Warmwasser zur Verfügung stünden und das Essen »unter jeder Kritik« sei. Auch bestehe ein »Großteil der Aufseher aus ehemaligen Offizieren, die mit den Arbeitern wie mit Rekruten umgehen, was einen Arbeiter zur treffenden Bemerkung veranlaßte, daß sie hier schlechter als im Krieg behandelt werden«. Überdies bemängelte dieses Blatt: »Obwohl ein Großteil der Arbeiter gewerkschaftlich organisiert ist, kümmert sich die Organisation fast garnicht um die Vertretung ihrer Interessen.«
Das löste sogleich einen Wirbel auf einer Konferenz in der Kärntner Arbeiterkammer aus. Nach dem Bericht der »Freien Stimmen« wurde ein Funktionär, der bei einem Lokalaugenschein auf den Baustellen die »krassesten Verhältnisse«, wie in »Baracken und Ställen zusammengepferchte« Arbeiter, von »Schmutz starrende Schlafstätten« und »Waschgelegenheit mit kaltem Schneewasser«, festgestellt hatte, mit »Mundvollnehmen« und »Demagogie« niedergebrüllt.
Daß Kritik an der Unterbringung der Arbeiter und am Kantinenessen zumindest in der Anfangsphase nicht ganz unbegründet war, belegt ein knapper und scharfer Brief Wallacks vom März 1931, worin er die Baufirmen auf ihre Vertragspflichten hinweist: »Wir haben die Wahrnehmung gemacht, daß in der vorigjährigen Bauperiode Art und Weise der Verköstigung und Unterbringung der Arbeiter Anlaß zu Beschwerden seitens der Arbeiterschaft gegeben hat. Die Verhältnisse veranlassen uns, Sie aufzufordern, den vertragsmäßi-

gen Zustand bis zum Beginn der Hauptbauzeit herzustellen.« Anscheinend wirkte dieser »Wink mit dem Zaunpfahl«, denn Wallack legte diesem Schreiben zwei kritische Zeitungsberichte mit der handschriftlichen Notiz »zur Berichtigung aufgefordert« bei. Damit verlieren sich aber die Spuren dieser Affäre. Statt dessen begannen andere Affären für Schlagzeilen zu sorgen – und wie schon üblich, waren es die Finanzen.
Mit wetterbedingten Einschränkungen war 1930 auf sieben Baulosen teilweise bis in den Dezember hinein gearbeitet worden. Auf der 14,3 Kilometer langen Nordrampe Fusch–Ferleiten–Piffalm–Hochmais (805 bis 1850 Meter Seehöhe) und der 16 Kilometer langen Südrampe von Heiligenblut über Kasereck, Schobereck und Glocknerhaus zum Parkplatz Franz-Josefs-Höhe (1301 bis 2363 Meter Seehöhe) hatte der Straßenbau auf 13,1 von zusammen 30,3 Kilometern begonnen. Mit Mühe waren die letzten Grundablösen abgeschlossen worden. Dann folgten umfangreiche Sprengungen, Mauerbauten, Erdbewegungen. Die Anlage von »Hilfswegen« exakt auf der trassierten Straße erlaubte den Transport von Baustoffen, Maschinen und Gütern.
Auch mit der Klagenfurter Sektion des Alpenvereins war eine faire Abfindung für die alte Glocknerhausstraße ausgehandelt worden: 190.000 Schilling, wovon 50.000 sofort ausbezahlt und 140.000 auf ein Sperrkonto bis zu jenem Zeitpunkt gelegt wurden, an dem die neue Glocknerstraße fertiggestellt wäre. Bis dahin durften die Klagenfurter auf ihrer alten Straße weiter den Verkehr mit einer Maut von 5 Schilling pro Person abwickeln. Das brachte einiges ein, denn allein 1929 fuhren rund 19.000 Personen mit 3000 Autos und 300 Motorrädern von Heiligenblut zum Glocknerhaus.
Außerordentliche Sorgen bereitete 1930 den Technikern auch noch knapp zwei Kilometer östlich von Heiligenblut die steile »Schütt«, so benannt nach den Randmoränen, die in der Eiszeit am Zusammenfluß der Pasterze und des Fleißkees dorthin »geschüttet« worden waren. Diese rutschgefährdete und von Quellen unterwaschene »Schütt« mußte vor und nach der Fleißkehre von der neuen Straße zweimal durchschnitten und deshalb mit beträchtlichem Aufwand befestigt, entwässert und abgestützt werden.

Kosten und Probleme wachsen

Die abgeschlossenen Detailarbeiten der Trassierung ergaben endlich auch eindeutige Anhaltspunkte für die Berechnung der Baukosten. Die noch im Frühjahr veranschlagten 13 Millionen für die Variante I (Hochtor) und von 19,5 Millionen für die Variante II (Pfandlschartentunnel) wuchsen nun auf mindestens 21 Millionen bzw. 32 Millionen an. Einen bemerkenswerten Trost ob dieser Kostensteigerung spendete ein österreichischer Journalist mit einem Zitat aus der Frankfurter »Umschau in Wissenschaft und Technik«: Die römische

Bau der Scheitelstrecke zwischen Guttal und Hochtor. Blick vom Tauerneck auf die Kehren der Zlamitzen, 1934.

Via Appia mit ihrem bis zu 1,5 Meter geschichteten Unterbau und einer fugenlos verlegten Decke von Steinplatten »kostete pro laufenden Meter das Sechsfache wie ein Meter einer modernen, guten Autostraße für schweren Verkehr«.
Wallack, Rehrl und das Verkehrsministerium rechtfertigten diese Kostensteigerung um rund 60 Prozent mit dem Zwang, der raschen Entwicklung des Kraftwagenverkehrs zu entsprechen. Zur Illustration: Seit Wallack 1924 die Glocknerstraße trassierte, hatte sich allein in Deutschland der Bestand an Personenautos auf rund 650.000 mehr als verdreifacht. Und mit 53 Prozent von 1,8 Millionen ausländischen Touristen war Deutschland 1930 das Hauptquellgebiet des österreichischen Fremdenverkehrs. Irgendwann würde auch die Weltwirtschaftskrise enden und der Autoverkehr wieder stürmisch zunehmen.
In jedem Fall: Die 1924 und 1925 geplante »Billigausführung« der Glocknerstraße war überholt. Nach Wallacks Urteil taugte die »primitive Bauweise« nach dem Muster der alten Glocknerhausstraße mit ungewalzter Fahrbahn von 3 Metern Breite, mit einfachsten Holzbrücken und Trockenmauern und einer Höchstbelastung von 8 Tonnen keinesfalls mehr für ein Projekt, das »technisch alle berühmten Alpenstraßen der

Schweiz und Italiens in den Schatten stellen« müsse. Die Zeit zwang zu diesem Ziel: »Herstellung einer für den Großverkehr geeigneten Straße von Fusch nach Heiligenblut« mit gewalzter Fahrbahn von 6 Metern Breite und Belastbarkeit bis zu 24 Tonnen.

Das warf abermals die Preisfrage der Finanzierung auf. Vertragsgemäß waren wohl 1930 noch 40 Prozent des Aktienkapitals von 10 Millionen Schilling eingezahlt worden. Nun aber fehlten je nach Variante noch mindestens 11 Millionen. Auch löste die endlich am 19. Februar 1931 konstituierte »Großglockner-Hochalpenstraßen AG.« ihren Vorläufer ab, das aus dem »Ausschuß zur Erbauung der Großglockner-Hochalpenstraße« weiterentwickelte »Proponentenkomitee« des Landes Salzburg, der AEG und der Creditanstalt.

Schon am 28. Februar fiel der Proponent AEG aus – gemäß jenem Vertrag, den die Bundesregierung bei ihrem Entscheid für den Bau der Glocknerstraße am 4. August 1930 mit den Planern der Tauernwerke geschlossen hatte: Würde das Tauernwerk nicht bis zum 28. Februar 1931 zum »begünstigten Bau« erklärt, dann dürfe die AEG aus dem Projekt Großglocknerstraße aussteigen und der österreichische Bundesschatz müsse jemanden finden, der das AEG-Aktienpaket übernähme.

Dieses Aktienpaket wog aber 33 Prozent von 10 Millionen Schilling. Und in Wien schreckte man angesichts wachsender Kritik am geplanten Tauernwerk und drohender wasserrechtlicher Probleme mit Jugoslawien davor zurück, der AEG diese Begünstigung zu erteilen. Folgerichtig stieg die AEG an jenem letzten Februartag aus.

Das hätte im Grunde auch den Streit darüber entscheiden müssen, ob die Glocknerstraße nun über das Hochtor (Wallacks Variante I) oder durch den Pfandlschartentunnel (Rehrls Variante II) gebaut würde. Aber das Ausscheiden der AEG focht den Salzburger Landeshauptmann durchaus nicht an. Er setzte weiter auf die Erschließung der Wasserkräfte in den Tauern und untermauerte sein Beharren auf Variante II mit dem zusätzlichen Argument, der Tunnelbau liefere »die notwendigen Erfahrungen für den Bau der langen Wasserstollen, die späterhin beim Bau der Tauernwerke errichtet werden sollten«. Dies geschah erst zwei Jahrzehnte später mit der Überleitung des Pasterzenwassers vom Margaritzenstau unterhalb des Glocknerhauses zu den Stauseen der Tauernkraftwerke im Kapruner Tal.

Mit seinem Argument hatte also Rehrl nur die Akzente in der Baufolge anders gesetzt: Zuerst Glocknerstraße als tunneltechnisches »Pilotprojekt« für die AEG und dann Tauernwerke – ohne damit allerdings die Frage zu beantworten, ob und wie die neue Glocknerstraße als Werksstraße dienen und zeitweise gesperrt werden könnte.

Doch es kam noch schlimmer. Der Bund mußte nicht nur für die AEG in die Aktienbresche springen, sondern auch für die Creditanstalt. Am 8. Mai 1931 veröffentlichte nämlich der Glocknerstraßen-Proponent Creditanstalt seine Jahresbilanz mit dem horrenden Verlust von 140 Millionen Schilling. Vor diesem mächtigsten Bankunternehmen Österreichs waren schon fünf Großbanken zusammengebrochen, darunter auch die Boden-Creditanstalt. Und die Creditanstalt hatte Aktiva und Passiva dieser Banken übernommen. Sie kontrollierte somit 80 Prozent der Industrie.

Die Katastrophenbotschaft vom 8. Mai löste Panikreaktionen aus. Sofort stürmten die kleinen Gläubiger die Kassen der Creditanstalt. Diesen Sturm besänftigte auch die eilige Erklärung der Bundesregierung nicht, daß sie die Haftung für die Schulden dieser Großbank übernähme. Daher mußte die Creditanstalt Anfang Juni 1931 ihre Schalter schließen. Und der Bund zahlte: Die komplizierte Sanierung der Creditanstalt, an deren Tore noch mächtige ausländische Gläubiger pochten, bewahrte zwar Gläubiger und Aktionäre vor Schaden, kostete aber die österreichischen Steuerzahler rund eine Milliarde Schilling. Diese Riesensumme entsprach dem halben Jahresbudget Österreichs.

Somit stand der dritte Proponent, das Land Salzburg, allein da. Denn diese kostspielige Sanierung entkräftete den Bund finanziell dermaßen, daß er sich vorerst außerstande sah, das Aktienpaket der AEG zu übernehmen. Daher folgte am 3. Oktober 1931 noch eine »Sanierung«, damit der Bund wieder etwas zu Kräften käme. Den Bundesbediensteten wurden Gehaltskürzungen verordnet – bei Monatsbezügen unter 283 Schilling um 4 Prozent, bis 416 Schilling um 5 und jenseits dieser Grenze um 6 Prozent.

Zu diesem Zeitpunkt war die Arbeitslosigkeit in Österreich um rund 60.000 Personen weiter auf 303.000 (= 14 Prozent) gestiegen. 4327 Betriebe gingen 1931 pleite – um 938 mehr als im Jahr vorher. Und der Bierkonsum – ein Gradmesser für Alltägliches – fiel in einem Jahr von 5,09 Millionen auf 3,98 Millionen Hektoliter ab.

Das österreichische Gemüt konnte sich nur an einer wirtschaftlich völlig belanglosen Nebenfront Erleichterung verschaffen: Eine Woche nach dem Zusammenbruch der Creditanstalt schlug Österreichs Fußballmannschaft in Wien den »Lehrmeister« Schottland mit einer Demonstration des »Scheiberlspiels« mit 5:0. Das legendäre »Wunderteam« war geboren, das eine Woche später in Berlin Deutschland mit 6:0 überfuhr und dann in eineinhalbjähriger Serie von vierzehn Siegen unter anderen nochmals Deutschland 5:0, die Schweiz 8:1, Belgien 6:1 und Ungarn 8:2 abfertigte. Die Fußballwelt beneidete Österreich um diese Mannschaft.

Von ungleich weniger Beneidenswertem berichteten zu dieser Zeit die »Freien Stimmen«: »Aus dem oberen Mölltale wird gemeldet, daß in Heiligenblut täglich Arbeitsuchende eintreffen. Hiezu wird mitgeteilt, daß beim Bau der Großglockner-Hochalpenstraße nur zugewiesene Arbeiter aufgenommen werden, daß es daher im Interesse der Vermeidung unnötiger Reiseauslagen gelegen ist, sich nicht ohne einen solchen Auf-

Mit der Schleife um den Törlkopf begann im Herbst 1933 der Bau der Scheitelstrecke über das Hochtor.

trag dorthin zu wenden, weil die Arbeitsucher sonst unbedingt abgewiesen werden müßten.«
Kurz darauf stand in den »Freien Stimmen« über eine Sitzung der Arbeiterkammer Klagenfurt zu lesen, daß zu diesem Anlaß eigens ein Spitzenfunktionär aus Wien angereist sei. Er sollte die Forderung nach Verkürzung der Arbeitswoche von 48 auf 40 Stunden untermauern.
»Die Weltwirtschaftskrise und das allgemeine Überangebot von Waren, die ungeheuere Ausdehnung des Produktionsapparates, der nicht einmal zum Teil ausgenützt werden kann, sind der beste Beweis dafür, daß der technische Fortschritt und die Intensivierung der Arbeitsleistung die Wirtschaft für eine neue, dauernde Arbeitszeitverkürzung reif gemacht haben, die eine bessere Sicherung gegen künftige Krisen und einen Schritt vorwärts in der Arbeiterkultur bedeutet. Mit diesem Gedanken verbindet sich aber in einer Zeit der furchtbaren Not ein zweiter Plan, der vor allem auf eine Linderung der Massenarbeitslosigkeit des Augenblicks abzielt. Das ist die sofortige Verkürzung der Arbeitszeit in Zweigen der Wirtschaft, in denen nicht schon bisher infolge des Mangels an Beschäftigung Kurzarbeit eingeführt worden ist und wo eine Verkürzung der Arbeitszeit eine Einstellung von Arbeitslosen ermöglicht. Das würde zweifellos eine günstige Auswirkung auf die Konsumkraft der arbeitenden Bevölkerung ergeben.«
Die Kammersitzung billigte eine Resolution gegen »Doppelverdienertum« und Überstunden und forderte in einem Dringlichkeitsantrag die Landesregierungen von Kärnten und Salzburg auf, »alle zweckdienlichen Schritte bei der Bundesregierung und den in Betracht kommenden Körperschaften zu unternehmen, um die Weiterführung des Glocknerstraßenbaues unter allen Umständen zu ermöglichen«.

Der »Glocknerpfarrer«

Schon Ende März 1931 hatten die Bauarbeiten in den tiefergelegenen Bauabschnitten wieder eingesetzt. Und mit den ersten Arbeitern rückte auch der »Glocknerpfarrer« Pater Franz Stiletz ein – für fünf Bausaisonen. Anfangs tat er sich offensichtlich sehr schwer, das Zutrauen der »Glocknerbaraber« zu gewinnen. Zu Ostern klagte er seine seelsorglichen Probleme den »Freien Stimmen«: »Der reguläre Sonntagsgottesdienstbesuch muß leider als ein recht matter bezeichnet werden. Gleich matt wurde bisher der Sakramentenempfang beobachtet. In Ferleiten beteiligten sich an Osterbeichte und Osterkommunion bloß ungefähr 25 Personen. Freilich sind viele über die Feiertage nach Hause und haben vielleicht in der Heimat ihre Christenpflicht erfüllt.«

Ein Arbeiter bekannte dem »Glocknerpfarrer« dazu freimütig: »Sünden haben wir ja keine, wir bringen niemanden um und stehlen nichts. Hie und da gibts eine Rauferei. Im Krieg haben wir die Leute erschießen müssen, ohne daß es eine Sünde war. Sünden begehen diejenigen, die uns so schlecht bezahlen.« Das betraf die Akkordarbeit, die nach Ansicht der Arbeitspartien meist zu niedrig bemessen war.

Ein schweres Unglück führte Pater Stiletz im Mai 1931 recht drastisch vor Augen, daß er berechtigtem Unmut als Blitzableiter dienen mußte: »Ein junger Mineur wurde von einem herabstürzenden Felsblock getötet. Auf die Kunde eilte ich sofort zur Unglücksstelle. Der Weg dahin wurde zu einem schweren Kreuzweg für mich. Es herrschte aufgeregte Stimmung, die Lohnverhandlungen (über Verbesserungen; Anm. d. A.) waren resultatlos verlaufen. Arzt war trotz des hohen Arbeiterstandes noch keiner heroben, die sanitären Vorkehrungen ließen viel zu wünschen übrig. Auf dem Wege konnte ich die verschiedensten Bemerkungen hören: ›Wenn ich den sehe, da habe ich schon gefressen, einen Pfaffen haben sie uns gegeben, wir wollen lieber einen Arzt.‹« (In den Baulagern gab es Sanitätsstuben und auf jeder Rampe einen Arzt, doch war dieser zur Zeit dieses Unfalls aus unerfindlichen Gründen abwesend.)

Ein Zeitungsbericht über diesen Vorfall faßte zusammen: »Freilich ist der Widerstand dem Seelsorger gegenüber gebrochen, nachdem die Arbeiter ihn näher kennengelernt hatten und vielleicht auch deswegen, weil dieser bei der Beerdigung des ersten Opfers in der Grabrede sie liebevoll aufgeklärt und darauf hingewiesen hat, daß die Angehörigen als erste Frage gestellt haben, ob der Matthias versehen worden ist. Das war so menschlich, so ergreifend, so erhaben über Konfessionsgeschäft, daß er von diesem Tag an die Sympathie aller Arbeiter hatte.«

Ein »alter Baraber« fand das tröstliche Wort für den Pater: »Das haben dumme und unerfahrene Buben gemacht. Ein echter Baraber tut das nicht.« Ein anderer Arbeiter versicherte Zeitungsreportern: »Unser Pfarrer ist ein fesches Haus, ein echter Baraberpfarrer, der uns versteht.«

Pater Stiletz verstand seine Arbeiter: »Dann wissen sie so viel über die kapitalistische Einstellung und Arbeiterfeindlichkeit der Kirche und über deren Reichtum zu reden und daß sie von der Lehre Jesu abgewichen sei. Ich habe so recht klar erkannt und als bitter empfunden, daß der Einfluß der Kirche und Religion auf die Mehrzahl dieser Arbeiter fast Null ist. Die triste wirtschaftliche Lage und die daraus erwachsene Verbitterung über die Ungerechtigkeit der gegenwärtigen Wirtschaftsordnung haben ihren unheilvollen Einfluß ausgeübt.«

Geradezu rührend nehmen sich die Bemühungen des Paters Stiletz aus, die »Glocknerbaraber« in der Freizeit vor allem am Abend zu betreuen. Eine gewaltige Aufgabe fürwahr in einer außergewöhnlichen Umgebung, die den Reporter des Wiener »Journals« an ein »förmliches Kriegsgebiet« gemahnte, in dem die »Arbeiterbataillone die Almeinsamkeit in ein Kriegsgebiet der Arbeit« verwandelt hätten. Bis zu hundertfünfzig Wohnbaracken in fünfundzwanzig Arbeiterdörfern beherbergten annähernd dreitausend Arbeiter, »darunter auch Intellektuelle, die umgesattelt haben. Abenteuerlich bunt durcheinandergewürfelte Menschentypen hausen in provisorischen Dörfern, die keinen Namen haben und auf keiner Karte stehen«. Alles erinnere »an das pittoreske Leben und Treiben exotischer, aus Schutt und Sand aufgeschossener Goldgräberdörfer«. Und weil diesem Berichterstatter sehr bald die Farbe für sein sprachliches Großgemälde ausging, bedauerte er, »daß wir keinen Jack London haben, der den Roman der Straßenarbeiter am Großglockner schreiben würde«.

Den Journalisten stach geradezu einheitlich dies in die Augen: »In den Barackenanlagen herrscht überall große Sauberheit. Nirgends liegen Papierabfälle und dergleichen herum. In jedem Raum sind eiserne Betten für je zehn Personen aufgestellt. Auch hier herrscht große Reinlichkeit. An der Tür fast jeder Baracke liest man die Bitte: ›Schuhe abputzen‹.«

Sie notierten ferner: »Eine Anzahl von Inspektoren sorgt für strengste Einhaltung der hygienischen Vorschriften. Alle Räume sind natürlich heizbar. Denn jeder Schlechtwettereinbruch bringt hier oben sofort grimmige Kälte, der Sommer dauert nicht lang und der Schnee kommt bald. Dann haben die von der Arbeit kommenden Leute ein gemütliches, wenn auch primitives Heim. Denn ins Tal kommen sie oft viele Monate nicht.«

Allerdings »schwankt die Arbeiterzahl beständig«, ermittelte einer der Journalisten. »Wenn das Wetter schlecht wird, wandern viele Leute ab. Sie halten es in den Hochgebirgsverhältnissen dieser Höhe einfach nicht aus und müssen durch neue Nachschübe ersetzt werden.«

Zu solchen Erschwernissen zählte offenkundig auch die Selbstversorgung vor allem jener, die möglichst viel vom Verdienst ihren Familien schicken wollten. Für diese »Sömsiada« (»Selbstsieder«) gab es »Selbstversorgerküchen«, die ein Zeitungsbericht anschaulich vorstellte: »Mittags und abends sind in einer dieser Küchen etwa 60 Personen mit der Zubereitung eines ›Mahles‹ beschäftigt. Ein Teil kocht an einer Art Sparherd, dessen Platte aus einem etwa 2 bis 3 Meter langen und einen Meter breiten Stück Blech besteht, auf das jeder Einzelne sein Haferl oder seine kleine Pfanne stellt. Ein anderer Teil

kocht hier am offenen Feuer. Freilich, einfach genug ist das Mahl, aus dem die Arbeiter Kraft zu neuer Tätigkeit sammeln. Aber, so sagen die Leute, alles wäre zu ertragen, wenn nicht das Wetter sie so oft zwänge, Feierschichten einzuschieben. Leider ist es ganz unmöglich, die ausgefallenen Arbeitsstunden innerhalb der vierzehntägigen Lohnperiode wieder hereinzubringen, so daß die schließlich errechnete Lohnsumme oft genug bedauerlich karg wird.«
Eine andere Reportage hob hervor, daß in diesen Barackendörfern »nur Männer hausen und das Erscheinen einer Frau – jeder, auch der ältesten – förmlich die Sensation des Tages bildet. Deswegen geht es in diesen Männerdörfern durchaus nicht langweilig zu. In der ›Kulturbaracke‹, die so etwas wie das Klubhaus der Arbeiter ist, gibt es fast immer etwas zu sehen und zu hören. Vor allem dient sie als Unterkunftsraum, in den jeder Zutritt hat, ohne, wie in den Wirtsbaracken, eine Zeche machen zu müssen. Ihren Hauptanziehungspunkt bildet natürlich das Radio, daneben werden Vorträge gehalten, es gibt eine Menge Gesellschaftsspiele. Und noch lieber als beim Schach sitzen die Leute nach Feierabend beisammen und tratschen, wobei es sich als höchst segensreiche Einführung erwiesen hat, daß das Politisieren ausnahmslos verboten ist.«
Die »Linzer Nachrichten« beschrieben neben dem »ausgezeichneten Essen« in den Werksküchen auch den »besten Arbeitsfrieden und eine geradezu ideale Zusammenarbeit zwischen dem Bauleiter, den Ingenieuren und den Arbeitern. Der Geist da oben ist ein guter Berggeist. Keine Politik, kein Streiten, man vertreibt sich die Zeit mit Musik.« Und dieser »gute Berggeist« war der »Glocknerpfarrer« Pater Stiletz. »Alle haben ihn gern, selbst die sogenannten ›Kommunisten‹.«
Wie ein roter Faden ziehen sich die Leistungen dieses Priesters durch nahezu alle Zeitungsberichte vom Bau der Glocknerstraße: Er richtete Bibliotheken ein und organisierte Lichtbildervorträge oder Filmabende, »weshalb es keine langen Abende und keine langweiligen Feiertage mehr gibt«. Er »gewann die Sympathie aller Arbeiter – von Links bis Rechts« und zog sogar einen Männergesangsverein auf, von dem er allerdings selbst bekannte, »daß die Pflege des vierstimmigen Männergesanges trotz guter Stimmen nicht über versuchsweise Ansätze hinausgekommen ist, weil der führende Mann fehlte, der systematisch die Übungen durchgeführt hätte«.
Noch ein halbes Jahrhundert später entsann sich der Bauingenieur Heinrich Reimann, daß Stiletz' Lichtbildervorträge »bei den Arbeitern sehr beliebt waren, da es ja vornehmlich Fotos von Arbeitsphasen des Baugeschehens zu sehen gab, sich die Arbeiter im Bild wiedererkannten und auch Kollegen von anderen Baulosen vorkamen«.
Pater Stiletz lag auch die Ausgestaltung seiner Bibliotheken in den Baulagern sehr am Herzen. Dazu Kostproben aus seiner Buchführung: »Als besonderer Wunsch gelten: Wildschützenromane, Räubergeschichten, spannende Reise- und Abenteurerromane wie Karl May. Bei der Suche nach einer ›Räubergeschichte‹ erwischte einmal einer Schillers ›Räuber‹ und war dann ziemlich enttäuscht. Von einer Belegschaft von 150 Mann eines Barackendorfes benützten 37 die Bibliothek. Diese fast 25% Beteiligung gerade bei dem prachtvollen Wetter ohne Regenschichten zeigt, daß auch der ermüdete Arbeiter nach zehnstündiger Arbeitszeit noch das Verlangen besitzt, ein Buch zu benützen.«
Das Wiener »Journal« urteilte über Pater Stiletz: »Diesem ihrem besten, teilnehmendsten und fröhlichsten Kameraden hängen die Arbeiter unterschiedslos mit einer rührenden Treue und Freundschaft an – er ist wirklich der gute Geist dieser erdfernen Männerdörfer an der Grenze des ewigen Schnees.« Und die »Wiener Neuesten Nachrichten« würdigten den »Glocknerpfarrer« als einen Mann, »dessen Name einmal in der Geschichte dieses Riesenwerkes genannt werden muß«.

Bauarbeit und Ausflügler

Wallacks Riesenwerk gedieh 1931 erstaunlich schnell, obschon der Finanzierung endgültig der Atem auszugehen drohte. Durch den Ausfall der AEG schmolz das Aktienkapital auf 6,7 Millionen Schilling zusammen. Und diese Summe war vor Ende der Bausaison 1931 aufgezehrt. Nur ein Überbrückungskredit rettete gerade noch das Bauprogramm. Die Straße sollte aber mindestens 21 Millionen Schilling kosten, falls man sich für Wallacks billigere Variante I über das Hochtor entschiede. Zudem hemmte das Baulos 6 zwischen Schobereck und Glocknerhaus die Arbeit, denn auf dieser 4,5 Kilometer langen Strecke der nur einspurigen Glocknerhausstraße mußten Touristenverkehr und Bauarbeiten zugleich Platz finden.
Wallack jonglierte zwischen seiner Verpflichtung, »den Touristen- und Autoreiseverkehr aufrecht zu erhalten, während gleichzeitig gearbeitet werden mußte, und dabei sollte die Arbeit noch flott vorwärtsgehen«.
Wallacks Baubericht stellte diese Nervenprobe so dar: »Der Autoverkehr zwischen Heiligenblut und Glocknerhaus war so geregelt, daß zu Beginn jeder geraden Stunde die Auffahrt der in Heiligenblut angesammelten Autobusse und Autos erfolgte, während zu Beginn jeder ungeraden Stunde die Talfahrt begann. Es kam daher jede halbe Stunde eine Kolonne von Autos, die oft bis zu 40 Fahrzeuge zählte. Wären die Autos in diesen Kolonnen dicht hintereinander gefahren, dann wäre die Sache ja einigermaßen erträglich gewesen. Besonders aber in der Bergfahrt machten sich die zwischen stärkeren Wagen fahrenden schwächeren Wagen unangenehm bemerkbar, da durch sie die Kolonnen weit auseinandergezogen wurden. Da ein Vorfahren auf der schmalen Straße unmöglich war, kamen die Autos jeder Kolonne immer in einzelnen Trupps daher. Und neben diesem Autoverkehr war der Baufuhrwerksverkehr auf der gleichen Straße zu bewältigen.«

Fahrzeuge der dreißiger Jahre: Lastkraftwagen beim Bau der Scheitelstrecke (oben) und Autobusse auf der Franz-Josefs-Höhe.

Damit kam Wallack zum Kern der Sache: »Welche Aufgabe dies bedeutete, kann nur der ermessen, der diese Baustelle während des Sommers ständig vor Augen gehabt hat. Bei Sprengungen größeren Umfanges kam es daher mehr als einmal vor, daß die alte Straße auf kurze Strecken im Abgrund verschwand und sofort wieder instandgesetzt werden mußte. Durch Stützmauern gewonnene halbwegs ebene Flecken wurden sofort zur Lagerung von Baustein auf der alten oder der neu geschaffenen Fahrbahn genutzt, daß man sich schließlich kaum mehr rühren konnte. So gab es oft genug Verkehrsstauungen, die weder rasch noch leicht zu beheben waren. Dabei war es unmöglich, in den kurzen Intervallen zwischen den einzelnen Fahrzeugkolonnen an die Verlegung der Packlage jener Fahrbahnhälfte zu schreiten, die gerade frei war und über die der Verkehr ging. Diese Arbeiten mußten in die frühesten Morgenstunden und in die späten Abend- und Nachtstunden verlegt werden.«
Im Herbst flaute der Verkehr zum Glocknerhaus ab. Wallack »setzte die Beschränkung der Auf- und Abfahrten der Autokolonnen auf täglich zwei durch, um die ständige Behinderung der Bauarbeiten herabzumindern. Dieser Vorteil wurde aber fast zur Gänze durch Schlechtwetter wieder aufgehoben.«
Überdies mußten Arbeiter abgestellt werden, um die schmalen Holzbrücken des Mölltaler Sträßchens zu verstärken, damit sechs schwere Straßenwalzen von der Bahnstation Dölsach bei Lienz über den Iselsberg nach Heiligenblut und – wegen des Touristenverkehrs – während der Nacht über die alte Glocknerhausstraße an die Baustellen rollen konnten.
Trotzdem legte Wallack zu Ende der Bausaison im Spätherbst 1931 eine eindrucksvolle Bilanz vor: Seit Sommer 1930 hatten in zwei Bausaisonen bis zu 4000 Arbeiter in 597.999 Tagwerken von den 30,2 Kilometern beider Rampen 11 Kilometer fertiggestellt, darunter das 7,2 Kilometer lange Stück von Fusch durch die Bärenschlucht nach Ferleiten. Und 20 Straßenkilometer standen im Bau. Lediglich auf den letzten 200 Metern vor der Franz-Josefs-Höhe hatten die Arbeiten noch nicht begonnen.
Der Statistiker Wallack faßte zusammen: »Damit waren die Arbeiten auf der Nordrampe (Fusch–Hochmais) zu 87,3 Prozent, auf der Südrampe (Heiligenblut–Franz-Josefs-Höhe) – in erster Linie durch die größeren Höhen der Baustellen bedingt – zu 69,2 Prozent fertiggestellt.«
Da fiel dem »Salzburger Volksblatt« eine völlig neuartige Möglichkeit ein, die Glocknerstraße auch in den Dienst der Volksgesundheit zu stellen. Auf dem internationalen Radiologenkongreß in Paris hatte nämlich der Prager Professor Stoklasa phantastische Ergebnisse von Pflanzenversuchen vorgelegt: Radiumstrahlen könnten alle Alterungsprozesse im Leben stoppen. Daher bestehe »theoretisch die Möglichkeit, immer wieder die altgewordenen Gewebe zu erneuern, so daß der menschliche Körper unzerstörbar würde«. Die Zeitung verwies auf die radioaktiven Gasteiner Heilquellen und schlug vor, eine Behandlung nach Stoklasas System mit einer Höhenkur an der Glocknerstraße zu kombinieren.
Auch diese Chance bestand vorerst nur sehr theoretisch, denn die 1930 hoffnungsfroh für Sommer 1932 anvisierte Eröffnung der Glocknerstraße war in weite Ferne gerückt – wie üblich wegen des Variantenstreits und des Problems, »zumindest die Restfinanzierung der in Fertigstellung begriffenen Rampenbauten zu sichern«. Endgültige Klärung sollten daher Gutachten schaffen.

Endloser Variantenstreit

Den Stein brachte Landeshauptmann Rehrl im Sommer 1931 mit dem Antrag ins Rollen, Urteile unabhängiger Fachleute einzuholen. Also bat die Bundesregierung den Vorarlberger Regierungsoberbaurat Julius Ratz um einen Kostenvergleich zwischen den Varianten. Das Ergebnis bestätigte Wallacks Berechnungen: Variante I über das Hochtor 21 Millionen bis 23 Millionen, Variante II zwischen 30 Millionen und 33 Millionen Schilling.
Weil ohnehin Bekanntes bekräftigt wurde, zog die Großglockner-Hochalpenstraßen AG den Wiener Geologieprofessor Josef Stiny, den Bergwerkstechniker Karl Imhof und den berühmten Skipionier Oberst Georg Bilgeri zu Rate. In Gutachten über Geologie, Tunnelbau und alpine Gefahren – besonders durch Lawinen – listeten diese drei Experten alle Vor- und Nachteile beider Varianten auf, umgingen aber die Antwort auf die brennende Frage, welcher Variante sie den Vorzug gäben.
Das erboste Wallack: »Es schien tatsächlich nur eine Geldfrage zu sein, ob man die billigere oder teuerere Variante bauen sollte. Danach wären also beide Varianten einander gleichwertig gewesen. Wenn man sich aber dann entschließen wollte, ausgerechnet die teuerere zu bauen, dann mußte man hierfür schon gewichtige Gründe ins Treffen führen können.«
Nun ersuchte Rehrl die Automobilklubs von Kärnten und von Salzburg um ein Urteil darüber, welcher Variante verkehrstechnisch der Vorzug gebühre.
Die Kärntner plädierten für Wallacks Hochtor-Variante, weil die billiger sei, weniger Tunnels brauche und größere landschaftliche Reize biete. Die Salzburger hielten Rehrls Pfandlscharten-Variante trotz des langen Tunnels für landschaftlich schöner und obendrein für rentabler. Also wieder ein Unentschieden.
Der hartnäckige Rehrl wandte sich daher an die Alpenvereinssektionen Salzburg und Klagenfurt, damit sie die landschaftlichen Reize beider Varianten bewerteten. Die Salzburger traten für die Rehrls Variante II ein – augenscheinlich vom naturschützerischen Motiv gelenkt, unerläßliche technische Eingriffe in die alpine Landschaft möglichst gering zu halten. Die Klagenfurter wandten sich grundsätzlich gegen einen Straßen-

bau in alpinem Ödland und erachteten Rehrls Variante als die noch weniger vertretbare Form von Landschaftszerstörung.
Es blieb beim Unentschieden, zumal die Landesämter für Fremdenverkehr in Kärnten und Salzburg auf Rehrls Ersuchen um ein Urteil zum Variantenstreit kniffen. Sie beschränkten sich auf den Wunsch, daß die Glocknerstraße ehestens fertiggestellt werde.

Punkte für Wallack

Den Weg aus dieser Sackgasse sollte nun ein Mann weisen, dessen internationales Ansehen als Theoretiker und Praktiker für Autorität und Qualität des Urteils bürgte: Professor Leopold Örley, Ordinarius für Straßen-, Eisenbahn- und Tunnelbau an der Technischen Hochschule Wien. Im Februar 1932 legte Örley sein erbetenes Gutachten auf 66 Seiten samt einem Paket von Tabellen, Skizzen und Graphiken vor.
Diese akribische Studie erklärte vorweg beide Varianten der Scheitelstrecke für technisch durchführbar. Dem knapp 300 Meter langen Hochtortunnel räumte Örley den Vorzug vor mehreren Tunnelvarianten durch die Pfandlscharte von jeweils rund 2 Kilometern Länge ein. So gab er zu bedenken, daß Fußgänger, »zumeist Alpinisten mit großen Rucksäcken, Pickeln und unter Umständen Skiern vielleicht in einem Zustand der Ermüdung den Tunnel durchschreiten (Gehzeit 25–30 Minuten)«. Das erfordere mit Geländern gesicherte Gehsteige, damit solche Passanten, »falls sie in der ungewohnten Tunnelluft und durch das Vorbeieilen der vielen Kraftwagen schwindelig werden, nicht auf die Fahrbahn sinken und dortselbst verunglücken«. Für nachteilig und kostensteigernd hielt Örley die Beleuchtung und die technischen Anlagen zum Absaugen der Luft aus einem langen Tunnel.
»Von besonderer Bedeutung« erschien ihm aber, »daß der Glanzpunkt des neuen Straßenbaues – die Franz-Josefs-Höhe – mit ihrem überwältigenden Blick auf Großglockner und Pasterze vom Norden über Variante II (=Pfandlschartentunnel) auf einem Weg erreicht wird, der in seiner Eigenart und Kürze konkurrenzlos unter allen Paßstraßen der Alpen dastehen würde.« Der Automobilist spare 16 Kilometer und auf Hin- und Rückweg auch 1600 Höhenmeter.
Jedoch: »Die angeführten Verkürzungen sind für den Privatkraftwagenverkehr nicht von besonderer Bedeutung, denn dem Privat-Automobilisten ist in der Regel das Fahren Selbstzweck, sodaß die Betriebskostenersparnis keine Rolle spielt und sie Umwege oftmals geradezu mit Absicht wählen.«
Örley würdigte den »sehr konzentrierten landschaftlichen Reiz« auf der Nordrampe zum Pfandlschartentunnel. Dieser werde aber durch unbedingt erforderliche Lawinengalerien beeinträchtigt und um einen hohen Preis erkauft. Denn diese Trasse führe mehrere Kilometer durch kalte Nordhänge und widerspreche somit dem alten Grundsatz, möglichst sonniges Gelände zu wählen, das frühzeitig schneefrei werde, schneller auftrockne und weniger leicht vereise.
Andererseits brauche Variante II weniger Schneeräumung als die Trasse über das Hochtor, sei gewiß eine Woche früher befahrbar und bei Schlechtwetter oder gar Schneefällen im Sommer betriebssicherer.
In seinem Variantenvergleich erwog Örley sogar den Ausbau der Glocknerstraße für den ganzjährigen Betrieb, stellte diese Frage aber für mehrjährige Erfahrungen zurück. An der Hochtor-Variante strich er die Möglichkeit heraus, ein hochgelegenes Skigebiet von internationaler Anziehungskraft zu erschließen. Dies erfordere moderne Hotelanlagen, »wie sie z. B. im letzten Jahrzehnt (allerdings ästhetisch nicht sehr befriedigend) in Zürs entstanden sind. Erst wenn solche Bauten im Bereich des Fuschertörls an schön gelegenen, einigermaßen geschützten Punkten entstanden sind, kann der Wintersport sich in solchem Maße entwickeln, daß für die aufgewendeten Investitionen und die erhöhten Erhaltungskosten der Großglocknerstraße die Möglichkeit entsteht, sich zu rentieren.«
Örley schätzte jedoch den Vorsprung der »geographisch weit günstiger gelegenen Schweiz in der Erschließung hochgelegener Skigebiete« als international beinahe unschlagbare Konkurrenz ein. Zudem werde »der Besuch aus dem Inlande allein in der vor uns liegenden Epoche der Verarmung nicht ausreichen«, derartige Pläne zu verwirklichen.
Schätzungen des künftigen Autoverkehrs über die Glocknerstraße tat Örley als »nicht beweiskräftig« und »in zuverlässiger Art überhaupt unmöglich« ab. Deshalb bewertete er die von Wallack »angenommene jährliche Gesamtbesucherzahl der Straße von 120.000 Personen als mindestens um 30 Prozent zu hoch gegriffen«. (1936 wurden 146.427 und 1938 sogar schon 374.465 Personen an den Mautstellen der Glocknerstraße gezählt.)
Zu dieser Vorsicht bewogen Örley die Frequenzzahlen anderer Alpenstraßen. Dabei stellte er sogar jenen Vorteil in Frage, den er selbst so klar herausgestellt hatte: »In Summe bietet die Variante I über das Hochtor mehr an landschaftlichem Genuß als Variante II – nur bringt letztere diesen Genuß auf der Nordrampe in gedrängterer, sensationellerer Form. Dort tritt zur Wirkung des umfassenden Fernblickes noch der besondere örtliche Reiz des Straßenbaues selbst hinzu; des Straßenbaues hoch über dem Tal an steil abstürzenden Felswänden, gesichert durch eindrucksvolle Kunstbauten aller Art. Dieser Sensation steht auf Variante I die Seltenheit gegenüber, auf rund 9 Kilometern Länge eine Autofahrt zu vollführen, die unausgesetzt in Seehöhen zwischen 2300 und 2500 Metern verbleibt. Dies hat ganz gewiß für den Automobilisten seinen besonderen Reiz, denn alle anderen Pässe der Alpen haben nahezu ausnahmslos die Eigenart, daß die Überfahrung der Paßhöhe nur wenige Sekunden in Anspruch nimmt und daß die lang andauernde Bergfahrt ganz plötzlich von einer ebenso lang andauernden Talfahrt abgelöst wird.«

Daraus schloß Örley mit verblüffender Weitsicht und gegen die vorherrschende Meinung, daß »die Glocknerstraße auf den großen internationalen Durchzugsverkehr rein aus Gründen der Weg- und Fahrzeitverkürzung keine Anziehungskraft ausüben und nur wegen ihrer hervorragenden landschaftlichen Schönheit befahren werden wird, soferne die unbeliebte und hohe Mautgebühr nicht abschreckend wirkt«. (Dieses Urteil stimmt heute offensichtlich mehr denn je, da der internationale Durchzugsverkehr überwiegend den Weg über die Tauernautobahn und die Felbertauernstraße nimmt.)
Ebenso treffsicher schätzte Örley den Tagesausflugsverkehr auf der Glocknerstraße ein – allerdings nach den Maßstäben der bescheidenen Leistungskraft damaliger Autos, Busse und Straßen. Das Einzugsgebiet dieses Ausflugsverkehrs bemaß Örley am »Aktionsradius für Autobusse mit 110 Kilometern und für Privatwagen mit rund 180 Kilometern, das bedeutet Tagesleistungen von 220 bzw. 360 Kilometern. Solche Leistungen sind im Straßenverkehr auch für mittlere Fahrer und Wagen nichts Ungewöhnliches.«
Als Beleg für außerordentliche Tagesleistungen nannte Örley »die Dolomitenfahrt einer Wiener Taxameterdroschke vom Typ Steyr 45 mit vier zahlenden Fahrgästen, die am dritten Reisetag 430 Kilometer mit Befahrung von Falzarego-, Pordoi- und Karerpaß zurücklegt«. Diesen Satz beschloß Örley sogar mit einem Ausrufezeichen. Immerhin brachte diese Taxitype mit 6 Zylindern 40 PS auf die Straße und erreichte eine Spitzengeschwindigkeit von knapp 100 Kilometern in der Stunde.
Nach diesem Maßstab Örleys schlösse das Einzugsgebiet für Tagesfahrten zum Großglockner »das ganze Land Salzburg, Nordtirol ungefähr bis zum Achensee, Osttirol, Westkärnten bis zum Wörthersee, einen erheblichen Teil des Salzkammergutes, das Berchtesgadenerland, Teile von Südbayern und endlich von Italien das Gebiet vom Pustertal bis Udine und Tarvis« ein. (Bis heute wuchs dieses Einzugsgebiet auf einen Raum, der ganz Österreich bis auf die östlichsten Bezirke und Bayern bis zur Donau abdeckt.)
Kopfzerbrechen machte Örley die geplante Maut von 10 Schilling pro Person, mit der künftig die Kosten des Straßenausbaus und der Erhaltung hereingespielt werden sollten. Da allen »Schätzungen« abhold, rechnete Örley mit einem Rückgang der Besucher, »sobald der erste Reiz der großen Neuheit vorüber und die ganz von selbst entstandene Verkehrswerbung durch die Fach- und Tagespresse des In- und Auslandes wieder in Wegfall gekommen ist«. (Damit schätzte Örley seine österreichischen Landsleute richtig ein, die in den ersten Jahren nach Eröffnung der Glocknerstraße rund zwei Drittel der Besucher ausmachten, in den jüngsten zwanzig Jahren aber nur mehr knapp ein Fünftel.)
Abermals verwies Örley auf die Konkurrenz der Schweiz, wo der »Fremdenverkehr über die Alpenpässe so gut wie keine künstliche Drosselung durch Mautgebühren erfährt«. Das lenke die Urlauberströme von Österreich ab. Zudem sei mit nennenswertem Verkehr aus Italien nicht zu rechnen: »Der Italiener ist einerseits sparsam und wird sich deshalb durch die hohe Mautgebühr abgeschreckt fühlen und ist heute andrerseits leidenschaftlich nationalistisch eingestellt und meidet schon aus diesem Grunde Fahrten ins Ausland.«
Nachdrücklich warnte Örley vor »allzu optimistischer Auffassung« über Mauteinnahmen, denn »es erscheint mir sehr fraglich, ob es mit Rücksicht auf die weitverbreitete Abneigung der Kraftfahrer gegen Mautgebühren möglich sein wird, die Maut in voller Höhe durch 25 Jahre oder noch länger aufrechtzuerhalten«.
Örley stellte auch überraschende und handfeste volkswirtschaftliche Überlegungen an. Die Nähe der Staatsgrenzen hielt er zumal in schlechten Zeiten für einen Nachteil: »Es ist für einen Privatwagen möglich, um 9 Uhr in Reichenhall abzufahren, um 12 Uhr auf der Franz-Josefs-Höhe zu sein und nach einstündigem Aufenthalt um 5 Uhr in Toblach einzutreffen. So kann der österreichischen Volkswirtschaft lediglich die Mautgebühr aus einer solchen Fahrt zufließen, denn es ist keine Seltenheit, daß die Kraftwagenbesitzer ihre Tagesverpflegung in hiefür erzeugten Proviantkoffern mitführen und daher keine Ausgaben vollziehen.«
Also sei »mit dem Straßenbau allein noch lange nicht alles getan«, denn für das Straßenwesen gelte auch der eisenbahnpolitische Grundsatz aller Länder, »den Verkehr auf das eigene Staatsgebiet zu ziehen und ihn hier tunlichst festzuhalten«. Volkswirtschaftlich schade Österreich eine Straße nur zum »Durchrasen«. Dazu lade die Variante II durch den Pfandlschartentunnel ein, nicht aber die aussichtsreiche Variante I über das Hochtor.
Dann diskutierte Örley seine Kostenberechnung von 24,5 Millionen Schilling für Variante I und von 37,7 Millionen für Variante II. Er schloß daraus, daß ein »bescheidener Bruchteil der 13 Millionen Mehrkosten für Variante II zur Finanzierung jener »dringenden zusätzlichen Erfordernisse« reiche, die »auch den verwöhnten Ansprüchen des internationalen Publikums an Hotelbauten und Gaststätten als Stütz- und Rastpunkten« entsprächen. Denn »Hotelanlagen und Gaststätten gehören zur modernen Kraftwagenstraße im Gebirge genau so wie die Bahnhöfe zur Eisenbahn«.
Unter »zusätzlichen Erfordernissen«, die aus den eingesparten Mehrkosten für Variante II finanzierbar wären, hob Örley den Ausbau der Zufahrtsstraßen hervor, »ganz besonders der für den modernen Kraftwagenverkehr ganz unzureichenden Landesstraße im Mölltale und über den Iselsberg«.
Schließlich zog Örley seinen stärksten Trumpf: »Ein Mehraufwand von 13 Millionen Schilling für Variante II ist vom Standpunkt der Rentabilität aus nicht tragbar und diese Erkenntnis tritt vollkommen klar in Erscheinung, wenn man sich seine Größenordnung an der Hand eines naheliegenden Vergleiches vergegenwärtigt. 13 Millionen Schilling würden nämlich ausreichen, um die 35 Kilometer lange Gerlosstraße

fertig auszubauen und die 20 Kilometer lange Zillertalstraße für den modernen Kraftwagenverkehr befriedigend auszugestalten. Hierbei würden noch etwa 2 Millionen Schilling erübrigt für die Verbesserung der Pinzgauer Landesstraße.« Dies gäbe dem Zillertal und dem Pinzgau »wertvolle Impulse«, zöge den Fremdenverkehr an, brächte der Glocknerstraße »nicht unerheblichen Verkehrszuwachs«, dehne den »bequemen Tages-Ausflugsbereich« aus und verbessere damit die Rentabilität. (Diese realistische Kalkulation ist heute nach dem Ausbau der Gerlosstraße eindrucksvoll bestätigt.)
Örley schloß: »Ich stelle somit den Antrag, es möge die Scheitelstrecke der Großglocknerstraße nach dem Projekt der Variante I erbaut werden!«
Aber diese Berechnung des führenden österreichischen Fachmannes bewog Landeshauptmann Rehrl keineswegs, die Segel zu streichen. Im Gegenteil – er legte sofort eine neue Straßenvariante mit einem einspurigen Tunnel durch die Pfandlscharte vor, um die Baukosten zu senken und seine Lieblingsidee zu retten, nämlich die Kombination des Straßenbaus mit dem Tauernwerk zum Nutzen der österreichischen Wirtschaft und der Stellung Salzburgs. Und binnen weniger Tage sprang ihm die AEG mit einer Stellungnahme zu Örleys Gutachten bei: Ein einspuriger Tunnel sei allemal besser als der Verzicht auf die teurere Variante II.
Dieser Standpunkt leuchtet ein, denn die AEG hatte viel Geld in ihre mißlungenen Versuche mit Hangkanälen gesteckt und die Hoffnung auf ihr Tauernwerk noch nicht begraben: Immerhin könnte ein Straßentunnel erhebliche Summen für geologische Studien zum Bau von Wasserstollen sparen. Zudem hatte es Rehrl Ende 1928 dem Straßenbauer Wallack und der AEG als entscheidenden Vorteil der Kooperation dargestellt, daß ein Überleitungsstollen für das Tauernwerk »zu einem befahrbaren Tunnel auszubauen« sei, womit beide Projekte Geld einsparten. Diese Grundüberlegung bestimmte Rehrls Verhalten im Variantenstreit ebenso wie die durchaus begründete Ansicht, daß eine möglichst kurze Zufahrt vom Pinzgau zur Franz-Josefs-Höhe dem Salzburger Fremdenverkehr Vorteile verschaffe.
Es fiel also wieder keine Entscheidung im Variantenstreit, obschon inzwischen 19.663 Schilling für Gutachten ausgegeben worden waren.

Skandal um eine Zeitung

In diesem kritischen Zeitpunkt, da die beiden Rampen ihrer Vollendung entgegengingen und die Variantenfrage auch der öffentlichen Arbeitsbeschaffung wegen zur Entscheidung drängte, löste die »Wiener Sonn- und Montags-Zeitung« einen psychologisch verheerenden Wirbel aus. Am 11. April 1932 schreckte eine Schlagzeile dieses Boulevardblatts die von Bankenkrachs, steigender Arbeitslosigkeit, wachsender Not und innenpolitischer Hochspannung gequälte Öffentlichkeit auf: »Wieder sechs Millionen Steuergelder verwirtschaftet: Gigantischer Skandal um die Glocknerstraße – Weiterbau unmöglich – das Aktienkapital der Großglockner AG aufgezehrt – Bisheriger Bauerfolg: 2 Kilometer fahrbare Straße – der Bund verliert 6 Millionen.«
Und dann hagelte es Vorwürfe: »Verbrecherischer Leichtsinn aller Verantwortlichen« hätte 12 Millionen Schilling für ein Stückwerk verjuxt, davon 6 Steuermillionen. Bei Baubeginn »gab es lediglich eine unzulängliche Skizze«. Und dieses »dilettantische Elaborat, das jeder Technik-Student besser gemacht hätte, fand die einstimmige Genehmigung der maßgeblichen Faktoren«.
Kein Wunder, denn zum »alleinigen Bauführer der Straße wurde Oberbaurat Wallack bestimmt. Er war Autoreferent der Kärntner Landesregierung. Von Straßenbau verstand und versteht er nichts. Er wußte nicht, wie die eigentliche Trasse der Glocknerstraße geführt werden würde (und noch heute ist das nicht entschieden), er wußte aber auch sonst über keines der wichtigsten Details Bescheid. Aus unbekannten Größen wurde ein Voranschlag zusammengekleistert, bei dem sich Wallack nur um einige hundert Prozent geirrt hat.«
Die Salzburger Landesregierung stellte diesen Vorwürfen, »die mit den Tatsachen nicht übereinstimmen«, Überprüfbares gegenüber: Von 31,2 Straßenkilometern seien 9,2 Kilometer ganz und 22 Kilometer zu mehr als zwei Dritteln fertiggestellt. »Hervorragende Straßenbaufachleute« und das zuständige Ministerium hätten alle Pläne überprüft und gebilligt. Die Baukosten seien im erwarteten Ausmaß gestiegen, Probleme aber erst durch das Ausscheiden des Aktionärs AEG aufgetreten, weshalb das Finanzministerium der Aufnahme eines Überbrückungskredits zugestimmt hätte. Und Wallack sei »auf Grund seiner fachlichen Befähigung von den beiden Landesregierungen in Kärnten und Salzburg für den verantwortlichen Posten des Bauleiters vorgeschlagen und bestellt worden. Damit kennzeichnet sich die Kritik des Artikelschreibers von selbst.«
In seiner nächsten Ausgabe polemisierte das Blatt dennoch weiter: »Der Bauplan bestand aus einer Touristenkarte, in welche die Trasse eingezeichnet war. Die Höhenmessungen wurden statt mit den üblichen exakten Instrumenten bei Nebelwetter mit dem Barometer in der Hand gemacht. Kein Wunder, daß nachher nichts stimmte.« Außerdem hätte Wallack einbekannt: »Ich dimensioniere gefühlsmäßig.« Folglich seien Steigungen und Kurvenradien so ausgefallen, daß sie »nach den Tabellen der Lehrkanzel für Straßenbau nur für Karrenwege im Hochgebirge zulässig sind und die Glocknerstraße wegen ihrer engen Kurven für schwere Autobusse unbefahrbar sein wird. Es ist kein Zweifel, daß eine derartige Todesstraße von allen Automobilisten gemieden werden wird.«
Daraufhin platzte dem Böcksteiner Bergbauingenieur Karl Imhof, der schon ein Gutachten zum Variantenstreit verfaßt

hatte, ob derart »unglaublicher Niedertracht« der Kragen. Im »Salzburger Volksboten« warf er dem Wiener Blatt miserable Recherche vor – statt 2 seien schon 9,2 Straßenkilometer fertiggestellt – und deckte bis ins Detail auf, mit welch falschen Zahlen operiert worden war. Imhof bemaß die Steigung des »Karrenweges« Glocknerstraße mit maximal 12 Prozent an den Steigungen der Autostraßen über den Katschberg (28 Prozent), den Pötschen (18 Prozent), den Brenner (15 Prozent) und den Arlberg (13 Prozent). Daher zeigten die haltlosen Anwürfe auf Wallack die »unfaßbar häßliche Maske« des Artikelschreibers. Und Imhof stellte diesem Journalisten die rhetorische Frage: »Ist der Mann Ingenieur und darf er als solcher dem Leser derartigen Unsinn und derartige Widersprüche vorsetzen?«

Die »Wiener Sonn- und Montags-Zeitung« glaubte, immer noch Pfeile im Köcher zu haben, und bekam vom Wiener »Extrablatt« Schützenhilfe. Beide Zeitungen verglichen allerdings Unvergleichbares – nämlich Wallacks erste Trassierung und Kostenschätzung von 1924 mit der Detailplanung von 1930. Und daraus errechneten sie eine »Kostenüberschreitung von etwa 700 Prozent«, wogegen beim skandalumwitterten »Bau des Panamakanals die Kostenüberschreitung nur 600 Prozent betrug«.

Diesen Wirbel bereicherte schließlich die »Deutschösterreichische Tages-Zeitung« noch um eine antisemitische Note. Sie nahm Wallack und den Straßenbau gegen »alle Lügen und Falschmeldungen der jüdischen Presse« in Schutz. Dieser böse Hieb galt dem Herausgeber der »Wiener Sonn- und Montags-Zeitung«, Ernst Klebinger. Sein Blatt hatte nämlich kurz zuvor in einer Extraausgabe die Sensation verbreitet, Adolf Hitler heiße in Wahrheit Schicklgruber.

Augenscheinlich motivierte nun die Glockner-Skandalserie dieses Blattes drei junge Nationalsozialisten, Klebinger in seinem Wiener Stammcafé zu verprügeln. Dazu kommentierte eine deutschnationale Zeitung, Klebinger gehöre »zu den größten Hetzern« gegen das Deutschtum, sei »selbstverständlich ein Jude« und erfreue sich deshalb besonderer Gunst der Regierung.

Ministerialrat Carl Grünhut-Bartoletti, der in Wien jahrelang und beharrlich die Finanzierung der Glocknerstraße durch den Bund betrieben hatte, bedauerte später diese »heftige Campagne« vor allem deshalb, weil sie »einen merkbaren Rückschlag in der öffentlichen Meinung zur Folge hatte, die sich vorher ganz einhellig für diesen monumentalen Bau eingesetzte«.

Übrigens meldete sich die »Wiener Sonn- und Montags-Zeitung«, mit der die erbosten »Glocknerbaraber« fortan ihre Toiletten zu tapezieren pflegten, zur Eröffnung der Großglocknerstraße im August 1935 nochmals zur Sache: »Wir stehen nicht an, der unerschrockenen Tatkraft des Schöpfers dieses Werkes und dem großen Ingenieur Wallack unsere Bewunderung auszudrücken; er verdient den Triumph, weil es ihm gelungen ist, alle Schwierigkeiten zu überbrücken und Österreich um ein Werk zu bereichern, das seinesgleichen in Europa nicht hat.«

Wiewohl sich das Gewitter dieser »heftigen Campagne« verzog, lasteten die offenen Fragen der Finanzierung und der Varianten weiterhin wie bleierne Wolken über dem Bau. Wallack wollte im Sommer 1932 wenigstens die beiden Rampen bis zum Hochmais im Norden und bis zur Franz-Josefs-Höhe im Süden fertigstellen. Doch die Kassen waren leer.

Da wirkte eine Entscheidung der Klagenfurter Sektion des Alpenvereins wie ein Sonnenstrahl aus dunklem Gewölk. Die Sektion lieh der Großglockner-Hochalpenstraßen AG jene 140.000 Schilling aus der Ablöse für die alte Glocknerhausstraße, die ungenutzt auf einem Sperrkonto Zinsen verdienten. Das reichte gerade, um zu verhindern, daß im Sommer die alte Glocknerhausstraße nicht mehr und die neue Glocknerstraße im kritischen Teilstück zwischen Schobereck und Glocknerhaus noch nicht befahrbar sei.

Und so konnte am 15. Juni 1932 der Sommerverkehr von Heiligenblut über die alte Straße und das neue Teilstück bis zum Glocknerhaus ungestört anrollen. Doch dann war vorerst einmal Feierabend.

Wallack wird gekündigt

Schon am 27. April 1932 war Wallack ein knappes Schreiben seines Arbeitgebers in das Haus geflattert: »Infolge der ungeklärten finanziellen Lage unserer Gesellschaft, die derzeit nicht erkennen läßt, ob und wann die Straßenbauarbeiten heuer wieder aufgenommen werden, sehen wir uns gezwungen, das Dienstverhältnis mit Ihnen mit 30. Juni 1932 zu lösen. Falls bis zum 30. Juni 1932 die Wiederaufnahme der Straßenbauarbeiten gesichert und Sie gewillt sein sollten, in unserem Dienst zu verbleiben, behalten wir uns vor, die Kündigung ausdrücklich zurückzunehmen.«

Ähnlich lautende Schreiben erhielt die gesamte Bauleitung. Wallack bestätigte lakonisch mit Unterschrift: »Kündigung erhalten.«

Und es kamen noch andere Unglücksbotschaften, die bis Jahresende 1932 eine triste Statistik ergaben: Seit 1929 fiel Österreichs Produktion um 39 Prozent, das Außenhandelsvolumen um 47 Prozent, die Lohnsummen sanken allein in Wien von 1,9 Milliarden Schilling auf 1,34 Milliarden, die Betriebseinnahmen um 32 Prozent, die durchschnittlichen Einkommen um rund 10 Prozent. Die Österreichischen Bundesbahnen schrieben Rückschläge im Gütertransport um 42 Prozent an, im Personenverkehr um 35 Prozent und in den Einnahmen um 55 Prozent. Im gleichen Zeitraum schwoll die Arbeitslosigkeit um 97 Prozent auf 468.000 »vorgemerkte Arbeitslose« an – auf 21,7 Prozent der arbeitsfähigen Bevölkerung. Zugleich schlug die Notenbank einen rigorosen Deflationskurs

Auf Drängen von Landeshauptmann Rehrl (vorne) besuchte Bundeskanzler Dollfuß hoch zu Roß am 5. Juni 1932 die Baustelle. Offensichtlich beeindruckt, bewilligte Dollfuß anschließend einen Bundeskredit zur Fertigstellung beider Rampen.

ein und drosselte den Banknotenumlauf um 14 Prozent. Konkurse und Ausgleiche schnellten von 2568 im Jahr 1929 auf 5580. Der Konsum schmolz um ein Fünftel – an vier alarmierenden Beispielen erläutert: Bei Bier von 5,2 Millionen auf 3,1 Millionen Hektoliter, bei Briefmarken um 18 Prozent, bei Zucker um 20 Prozent und bei Fleisch um 30 Prozent. Und der Fremdenverkehr ging von 1931 auf 1932 um 56 Prozent zurück.

Ein Teufelskreis drehte sich zur Spirale nach unten: Weniger Arbeit, also weniger Kaufkraft und weniger Umsatz, daher abermals verschärfte Arbeitslosigkeit, sinkender Absatz, sinkende Produktion, sinkende Löhne, sinkende Preise und steigende Zahl der Pleiten. Im Schnitt lasteten auf jedem Hektar landwirtschaftlichen Bodens 120 Schilling Schulden – eine Folge der Massenarbeitslosigkeit, die Absatzkrisen und Preisstürze verursachte.

Aus dieser Katastrophe half auch der Umstand nicht heraus, daß es noch einige Leute mit Geldbesitz gab. So stieg zwar in Österreich zwischen 1930 und 1932 der Bestand an Pkw von 17.355 auf 23.180 und an Motorrädern von 27.378 auf 29.418, aber die düstere Zukunft des Tourismus riet keinesfalls zu schnellem Ausbau der Glocknerstraße. Die Chance dieses Projekts lag nun fast ausschließlich darin, das Heer der Arbeitslosen um etwa 3000 zu verringern – um weniger als ein Prozent!

Das bewog einen Leserbriefschreiber zum Vorschlag, eine Steuer von 30 Schilling für den Straßenbau einzuheben, da doch die Österreicher pro Kopf jährlich 150 Schilling für Alkohol und Tabak ausgäben.

In der hoffnungslosen Lage jener Zeit überredete Rehrl den Bundeskanzler Engelbert Dollfuß zu einer Besichtigung des Glocknerstraßenbaues am 5. Juni 1932, um dem Kanzler vor Ort klarzumachen, wie wenig nur mehr an den beiden Rampen fertigzustellen sei. Sichtlich beeindruckt, sagte Dollfuß Hilfe des Bundes zu – und weckte damit nach einem Bericht der Salzburger »Wacht« prompt »die eifersüchtigen Tiroler. Wie das Klagegeschrei kleiner Kinder hört sich das Jammern des Finanzausschusses des Tiroler Landtages an, daß die Bundesregierungsmutter das Land Salzburg mit Bundesmitteln für die ›Protektionsstraße‹ des Salzburger Landeshauptmannes Rehrl bevorzuge.« Die Klagenfurter »Freien Stimmen« hatten aber Verständnis für den Wunsch der Tiroler, daß ihnen »ein gleich hoher Betrag wie anderen Bundesländern für den dringend notwendigen Ausbau von Straßen zugewiesen werde, damit die große Arbeitsnot und das furchtbare Elend im Lande einigermaßen gemildert würden«.

Am 24. Juni 1932 bewilligte Wien ein unverzinsliches Darlehen von 3,9 Millionen Schilling – mehr als den Ausfall der AEG – für den Ausbau der beiden Rampen, wofür Wallack allerdings mindestens 5 Millionen veranschlagt hatte. Immerhin, es ging nach argem Zeitverlust weiter. Am 27. Juni erhielten die beiden Firmenkonsortien die Bauaufträge. Anderentags verlängerte die Großglockner-Hochalpenstraßen AG Wallacks »Dienstverhältnis für 1932 für jeweils einen Monat« und nahm die Kündigung des Personals der Bauleitung zurück.

Damals meinte das Wiener »Tagblatt«, das Geheimnis dieser Wende aufgespürt zu haben: »Kommt in Salzburg die Rede auf die neue Glocknerstraße, immer läßt sich der Schluß gleich in einem Refrain in zwei Worte zusammenfassen: ›der Rehrl.‹ ›Ja, wenn wir den Rehrl nicht gehabt hätten...‹ ›Da sind wir halt zum Rehrl gegangen...‹ ›Wenn sich der Rehrl etwas in den Kopf setzt...‹ Ohne mit dem Landeshauptmann je gesprochen zu haben, gewinnt man einen erschöpfenden Begriff von der Energie und Zähigkeit, von dem Weitblick und der modernen, ganz unbürokratischen Großzügigkeit dieses Mannes, dem alles Überwinden von Schwierigkeiten kein abschreckendes Hindernis, nur einen doppelten Anreiz bedeutet.«

Jetzt kam es nach Wallacks Worten vor allem darauf an, »mehr als bisher zu zeigen, was eine erprobte und bergvertraute, in harter Arbeit zusammengeschweißte Arbeitertruppe, was die ›Glocknerstraßen-Baraber‹ zu leisten vermochten«. Sie gewannen die »Arbeitsschlacht« gegen die Zeit: Am 1. September 1932 eröffnete Rehrl die 7,1 Kilometer lange Nordrampe von Ferleiten zum Hochmais. »Der Parkplatz auf dem Hochmais«, schrieb Wallack, »konnte allein die große Zahl der Kraftwagen natürlich nicht fassen und kilometerweit standen die Wagen unterhalb desselben auf der Straße in langer

Kette. Nach der Eröffnungsfeier schulterte ich meinen Rucksack und ging hinüber über das Hochtor auf die Südrampe, deren rascheste Fertigstellung mir nun ganz besonders am Herzen lag.«

Auch dort gelang es Wallack und seinen Arbeitern, begünstigt von mildem Wetter, die vorgesehenen Arbeiten vor dem ersten Schnee abzuschließen. Am 2. Oktober eröffnete Bundespräsident Wilhelm Miklas die 16 Kilometer lange Südrampe von Heiligenblut zur Franz-Josefs-Höhe.

Österreichs Zeitungen feierten »dieses grandiose Werk, das Menschengeist erdacht und Menschenhände in die Tat umgesetzt haben«. Man bemaß diese Bauleistung an plastischen Vergleichen, die Wallacks Oberingenieur Alfons Unger zusammengestellt hatte: Durchschnittlich 3200 Arbeiter bauten in 700.000 Tagwerken 30,2 Kilometer Gebirgsstraße mit 40 Brücken und bewegten dabei 500.000 Kubikmeter Erde oder Fels. Das entspräche der Ladung von 90.000 Lastwaggons und somit einem Lastzug, der von Wien 1080 Kilometer weit bis Genf reiche. 80.000 Kubikmeter Mauern wurden aufgeführt, was 570 einstöckigen Einfamilienhäusern gleichkäme. Und man brauche rund 12 Millionen Postkarten, um die Fläche der Fahrbahn von 180.000 Quadratmetern abzudecken.

Acht Jahre zuvor hatte Wallack 27,5 Kilometer für den Straßenbau trassiert. Die Planverbesserung von 1925 kam schon auf 37,5 Kilometer Neubau. Nun maßen die beiden Rampen bereits 30,3 Kilometer und noch fehlten je nach Variante bis zu 18,4 Kilometer, um die Lücke auf der Scheitelstrecke zu schließen.

Das Unternehmen stand wiederum wegen Geldmangels still. Nicht aber schien es an Zeit zu fehlen, um die Variantenfrage weiterzuspinnen. Professor Örleys Gutachten zugunsten der Hochtorlinie hinderte Landeshauptmann Rehrl durchaus nicht, neue Variantenvorschläge einzuholen, unter denen nach Wallacks Urteil »besonders kühne Ideen waren, die wert waren, in ein Witzblatt aufgenommen zu werden«.

Rehrls jüngste Idee hieß »Variante IIa« oder auch Gamskarlinie: Eine tunnelfreie Trasse durch das Gamskar und über die 2730 Meter hohe Obere Pfandlscharte. Das hätte zwar die Kosten eines Tunnels eingespart und Rehrls Traum von einem möglichst kurzen Weg von Salzburg zur Franz-Josefs-Höhe entsprochen, allerdings den Gipfelpunkt der Scheitelstrecke um 224 Meter bzw. 468 Meter höher als jenen des Hochtores oder des Pfandlschartentunnels gerückt. Nochmals wurde Örley um ein Gutachten gebeten, und Rehrl bat den Professor, sich doch dieser Idee »anzupassen«. Der zähe Landeshauptmann griff sogar den Plan eines seiner Mitarbeiter auf, mit Vorträgen und Diskussionen in den Rotary Clubs die Öffentlichkeit für diese Variante IIa zu gewinnen, denn »die Rotarier sind fast alle Automobilisten«.

Im Februar 1933 lieferte Örley sein zweites Gutachten ab: Klimatische Bedingungen und Schneeverhältnisse in der Glocknergruppe verböten es, eine Straße höher als 2500 Meter zu führen. Ein Tunnel in 2500 Metern unter der Oberen Pfandlscharte hindurch verteuere aber die Gamskarlinie um 25 Prozent gegenüber der Variante II und um das Zweieinhalbfache gegenüber der Hochtorlinie.

Unterdessen war schon die gesamte Arbeiterschaft der Glocknerstraße abgebaut worden, weil niemand wußte, wann, wie und ob es überhaupt mit dem Bau weiterginge. Nur den Landeshauptmann Rehrl flog die grassierende Resignation nicht an. Unverdrossen intervenierte er in Wien, bis sich die Bundesregierung endlich im Juni 1933 grundsätzlich bereit erklärte, »im Rahmen der Durchführung des Arbeitsbeschaffungsprogrammes für Zwecke der Abrechnung der bisherigen Bauten 1 Million Schilling und für Zwecke des Weiterbaus der neuen Straße 5 Millionen Schilling noch im heurigen Jahr zur Verfügung zu stellen; für das Jahr 1934 wird ein weiterer Betrag von 6 Millionen Schilling zwecks Fortführung des Baues der Scheitelstrecke in Aussicht gestellt«. Allerdings flössen die ersten 5 Millionen »erst nach gefällter Entscheidung der Variantenfrage«.

Die Zeit drängte, wie der Hinweis auf das Arbeitsbeschaffungsprogramm der Regierung unterstrich. Der Variantenstreit hatte schon die Hälfte des Jahres 1933 gekostet – eines Jahres, das nach allen Indikatoren längst schon als das Katastrophenjahr Österreichs ausgewiesen war: Rückgang des realen Brutto-Nationalprodukts von 11,36 Milliarden Schilling 1929 auf 8,8 Milliarden, Anstieg der »vorgemerkten Arbeitslosen« auf 557.000 (= 26 Prozent), Kürzung der Arbeitslosenunterstützung wegen Geldmangels von durchschnittlich 20 Schilling pro Woche um 20 Prozent und in der Dauer von 30 auf 20 Wochen! Und ein Viertel der Betriebe führte Kurzarbeit von 40 und weniger Stunden ohne Lohnausgleich ein, obwohl noch die 48-Stunden-Arbeitswoche galt.

Die Regierung beschloß eine Krisensteuer von 0,5 Prozent für Monatseinkommen ab 200 Schilling und bis zu 5 Prozent für Einkommen ab 2500 Schilling. Sie erließ die berüchtigte »Abbauverordnung« für Bundesbedienstete ab dem 60. Lebensjahr, falls die Dienstbeschreibung »schwache« Leistung feststellte. Und sie entließ verheiratete Frauen aus dem öffentlichen Dienst, wenn deren Männer ebenfalls in Bundesdiensten standen und je nach fachlicher Qualifikation mehr als 340 bis 460 Schilling brutto verdienten.

Zu allem Überfluß verschärften die Nationalsozialisten nach Hitlers Machtübernahme in Deutschland im Jänner 1933 beiderseits der Grenze ihre Agitation für die »Wiedervereinigung« und ihre Gewaltakte in Österreich. Weil sich die Regierung Dollfuß dagegen zur Wehr setzte, verhängte Hitler am 27. Mai 1933 – vor Beginn der Urlaubszeit also – die »Tausend-Mark-Sperre« – eine deutsche Visumsgebühr von 1000 Mark für Ausreisen nach Österreich. Das drosselte den Zustrom deutscher Touristen von 748.000 (1932) auf 214.000 (1933) und schließlich sogar auf 70.000 (1934).

Wir hart das zum Beispiel Heiligenblut traf, klagte Bürgermei-

Mautstelle Ferleiten am Tag der Eröffnung des Straßenstückes bis Hochmais am 1. September 1932.

ster Schober den »Freien Stimmen« in Klagenfurt: »In Heiligenblut ist keine Saison, wenn die reichsdeutschen Gäste ausbleiben. Wo wir in anderen Jahren 80 bis 100 ständige Gäste hatten und dazu noch die Durchzugsgäste zum Glocknerhaus, haben wir jetzt 10 Gäste einschließlich der Durchzugsgäste.«
Andrerseits erweckte Hitler in Österreich den Eindruck von atemberaubender Tatkraft, als er 1933 den Bau einer 4800 Kilometer langen »Reichsautobahn« anordnete, um einen Teil der fast sechs Millionen deutschen Arbeitslosen wieder produktiv einzusetzen. Welch eine Vision für Österreichs Arbeitslose!
In dieser Situation baute Wallack fest darauf, daß nun die Wahl des Verwaltungsrats der Großglockner-Hochalpenstraßen AG zwangsläufig auf die Hochtorvariante fiele, weil die Finanzspritze des Bundes nur dafür reichte. Doch Rehrl legte sich als Vorsitzender dieses Verwaltungsrates quer. Er setzte durch, daß ein technisches Komitee aus drei Fachleuten noch einen Variantenvergleich und umfassende Schneemessungen anstelle, um zu ermitteln, welche der drei Linien – Hochtor, Pfandlschartentunnel, Gamskar – am leichtesten vom Schnee zu räumen wäre und die längste Durchreisesaison verspräche. Das Ergebnis müsse dann noch ein international anerkannter Fachmann prüfen. Als diesen Schiedsrichter gewann Rehrl den schweizerischen Kantonsoberingenieur Solca, einen Bergstraßenbauer von internationalem Rang.

Die Ergebnisse der Schneemessungen sprachen eindeutig gegen die Gamskarlinie. Und Solcas Gutachten über Baukosten, Linienführung und Erhaltung der Scheitelstrecke bekräftigten Ende Juli 1933 die beiden Studien Örleys.
Also rang sich der Verwaltungsrat endlich am 9. August 1933 den Beschluß ab: »Da die Bundesregierung für den Bau der Scheitelstrecke 12 Millionen Schilling gewidmet hat, da weiter die am Bau beteiligten Firmen sich verpflichtet haben, von ihren jeweiligen Verdienstsummen einen Rücklaß von 20 Prozent der Gesellschaft als Reserve zur Verfügung zu stellen, wodurch etwaige Überschreitungen gedeckt sind, ist die Finanzierung der Scheitelstrecke nach Variante I gesichert und deren Fertigstellung bis zum Jahr 1935 voll gewährleistet.«
Die Wahl der Hochtorlinie erfüllte die finanziellen Bedingungen der Bundesregierung, sie stimmte tags darauf zu, und am 18. August 1933 wurde der Bau der Scheitelstrecke an die Firmen vergeben.

Bau der Scheitelstrecke

Vor Wallack und seiner Mannschaft lagen nun die schwierigsten 18,4 Baukilometer der Glocknerstraße in Höhen von 1850 bis 2500 Metern zwischen dem Endpunkt der Nordram-

pe auf dem Hochmais und der Abzweigung Guttal, 8,7 Kilometer östlich der Franz-Josefs-Höhe.
Wallack schrieb enthusiastisch: »Und so kam in diese Strecke mitten durch die Einöde des Hochgebirges pulsierendes Leben, ein Leben, das seine eigene Sprache mit Bohrhammer, Krampen und Schaufel für immerwährende Zeiten kraftvoll in die Berghänge schrieb. Der Kampf um die so außerordentlich kurze Bauzeit im Hochgebirge begann nun mit aller Schärfe einzusetzen. Alles drehte sich darum, in erster Linie die Baustelleneinrichtung so zu beschleunigen, daß ihre wichtigsten Teile noch vor Einbruch des Hochgebirgswinters betriebsbereit an Ort und Stelle standen.«
Das hieß vor allem Erschließung des rund 6 Kilometer langen und höchsten Bauabschnitts zwischen Fuschertörl und Hochtor. In trockenen Zahlen: Baulager für 1500 Arbeiter und Maschinenanlagen mit 900 PS Leistung, 10 Kilometer Starkstromleitung von einem Hilfskraftwerk am Pfandlbach nahe dem Glocknerhaus zum Hochtor, unter anderem auch zum Antrieb einer knapp 3 Kilometer langen Materialseilbahn für den Transport von Gütern bis zu einer Tonne Gewicht vom Kasereck zum Hochtor sowie zweier Schrägaufzüge zu jenen Steinbrüchen, die das Material für Portale und Innenverkleidung des 300 Meter langen Hochtortunnels liefern sollten.
Arbeiter schleppten in »Buckelkraxen« insgesamt 70 Tonnen Baumaterial und Gerätschaften von der Materialseilbahn über den Hochtorsattel hinüber zu jener Stelle, wo der Hochtortunnel vom Norden her gebohrt werden sollte.
Reporter berichteten, daß während der Bauzeit der Materialseilbahn in 3800 »Pferdestunden« von Tragtieren 450 Tonnen Bauholz und Material zur Scheitelstrecke hinaufgeschafft worden seien, darunter ein 2 Tonnen schwerer Trafo und zwei Kompressoren von je 1500 Kilo Gewicht. Dazu kämen täglich noch 500 Kilo Lebensmittel. Als Kraftreserve transportierten Arbeiter sogar einen besonders leichten und kleinen Dieselmotor aus einem abgewrackten Unterseeboot vom Kasereck zum Hochtor. Dies ist eine eindrucksvolle Bilanz aus einer Zeit ohne Hubschrauber.
Endlich liefen am 13. September die Arbeiten am Hochtortunnel an. Gleich am nächsten Morgen stießen Arbeiter beim Ausschachten an der Südseite auf die schon erwähnte römische Herkules-Statuette und kurz darauf an der Nordseite des Hochtores auf eine Münze aus der Zeit Maria Theresias mit der Inschrift »In te domine speravi«.
»Auf Dich o Herr habe ich gehofft«, bekannte Wallack später, »ja, auf das Hochtor hatte ich durch all diese Jahre gehofft. Nun standen wir mit der Arbeit tatsächlich hier.« Und er entschied, daß diese lateinische Münzinschrift aus Dankbarkeit in die Portale des Hochtores gemeißelt werde.
Auch an der Nordrampe kroch die Baustelle bergwärts zum Fuschertörl in 2404 Metern Seehöhe. Dazu kamen eine 900 Meter lange Materialseilbahn und fast 2 Kilometer Starkstromleitungen. Und mit Vergnügen merkte Wallack an, daß »Tag für Tag Fremde in Scharen mit Kraftwagen ins Hochmais kamen, um über die Baustrecke zu pilgern«.
Betriebsrat Knöpfelmacher sah daran aber auch die Schattenseiten: »Am meisten ärgerte uns, daß Touristen uns lauthals beneideten, weil wir in einer ›so herrlichen Natur‹ arbeiten konnten. Ja, sie kamen nur bei schönem Wetter, aber wenn mitten im Sommer ein halber Meter Schnee fiel, wenn der Sturm tobte, wenn man schlafen wollte, aber vor betäubendem Dröhnen keine Ruhe fand, wenn es ununterbrochen regnete, so daß schon auf dem Weg zur Arbeit das Wasser durch die Kleider sickerte, wenn man sich am Arbeitsplatz kaum auf den Füßen halten konnte, weil einen der Sturm fast umwarf, wenn in der Nacht die Kleider in den Baracken kaum trocken wurden, wenn die Menschen hart und gereizt zueinander wurden – da war keiner da, der uns beneidet hätte. Sicher, wenn es schön wurde, waren wir gleich wieder guter Laune.«
Augenscheinlich guter Laune war auch Landeshauptmann Rehrl, als er Ende September nochmals den Baufortschritt begutachtete und sein Auto über die Baustrecke vom Hochmais zum Fuschertörl hinaufquälte. Das entzückte Wallack: »Damit stand zum ersten Mal ein Kraftwagen im Glocknergebiet auf 2400 Metern Seehöhe!«
Der dritte schwere Schneefall erzwang am 31. Oktober das Einwintern der Baustelle an der Nordrampe. Als letzte fuhren zwei Ingenieure mit ihrem Wagen ins Tal und blieben in einer Schneewächte stecken. Also hieß es ausschaufeln. Dabei stießen sie auf einen steifgefrorenen Arbeiter. Man schaffte ihn eilends nach Ferleiten. Dort stellte sich nach dem Bericht des Chronisten heraus: »Der Mann hatte sich sternhagelvoll gesoffen, schnarchte seinen Rausch aus und war tags darauf munterer als je zuvor, ohne sich die geringsten Erfrierungen zugezogen zu haben. Er hatte den ›Abtrieb von der Alm‹ so energisch gefeiert und war gottlob auf der Straße eingeschlafen, wo ihn der Schnee zudeckte.«

Vision eines Skigebiets

Im Hochtortunnel ging unterdessen die »Arbeitsschlacht« hinter Verschalungen trotz des Wintereinbruchs weiter, bis am 14. November der Stollendurchbruch gelang – eineinhalb Monate früher als im Plan vorgesehen. Ein Reporter berichtete seinen Lesern von diesem Ereignis: »Um 11.30 vormittags legten 18 Sprengschüsse die letzte Felsmauer zwischen Salzburg und Kärnten nieder. Bei heftigem Schneetreiben, das aber die Stimmung aller Anwesenden nicht zu stören vermochte, wurde eine Feldmesse am Südportal gefeiert. Als die Festgäste im sinkenden Abend zu Tal fuhren, lag das kleine Bergdorf, die Stätte der Arbeit am Hochtor, von den elektrischen Lampen hell beleuchtet in der tiefwinterlichen Landschaft der Tauern. Jeder Skifahrer gewann beim Anblick die-

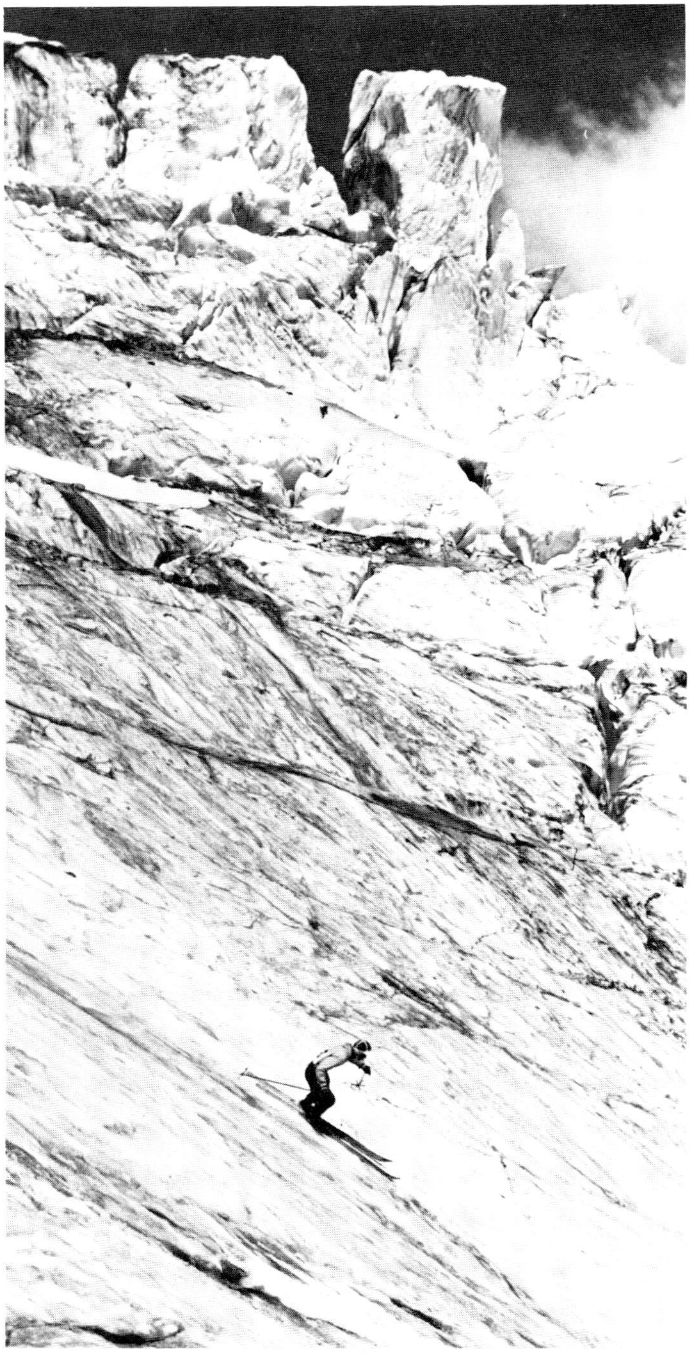

Der Großglockner-Abfahrtslauf zählte einst zu den bedeutendsten Skirennen der Welt. Von 1935 bis 1949 wurde dieser Bewerb für die internationale Elite von der Adlersruhe über 1200 Höhenmeter und eine Distanz von 3,5 Kilometern zur Pasterze fünfmal ausgetragen. Hans Senger fuhr zu Pfingsten 1949 vor rund 8000 Zusehern mit 2:46,5 Minuten Rekord. Lothar Rübelt, Altmeister der europäischen Sportphotographie, schoß dieses eindrucksvolle Bild bei den mittlerweile fast abgeschmolzenen Eisbrüchen im untersten Teil des Hofmannskees.

ser Landschaft die Überzeugung, daß nach Vollendung der Straße auf diesen Hochalmen ein weitläufiges Skigebiet erschlossen werden wird.«

Es verstrichen aber noch drei Jahrzehnte, ehe die ersten Wintergäste mit der Sesselbahn von Heiligenblut hinauf in das weitläufige Skigebiet um das Schareck fuhren. Örleys Vision »eines hochgelegenen alpinen Skigebiets von internationaler Anziehungskraft« war vom Fuschertörl südwärts gerückt, denn Heiligenblut hatte längst ein skisportliches Ereignis der Sonderklasse anzubieten, das Großglockner-Skirennen.

Der große Kärntner Skipionier Albert Bildstein, Erfinder des nach ihm benannten Federstrammers für Skibindungen aus Lederriemen, plante schon 1930, Heiligenblut durch ein Skirennen vom höchsten Berg Österreichs eine Attraktion zu verschaffen. Der von Salzburg nach Heiligenblut übersiedelte Skilehrer Hannes Schroll griff diesen Gedanken auf, mußte sich aber 1932 mit einem Abfahrtslauf vom Hochtor über 6 Kilometer und 1000 Höhenmeter bis zur alten Glocknerhausstraße zufriedengeben. Der Tagessieger durchfuhr diese Strecke in 7,16 Minuten.

Doch 1933 nahmen schon »mehr als 60 Personen, darunter auch einige Damen«, zu Pfingsten an einer ungewöhnlichen Veranstaltung teil – am »ersten Tourenlauf ohne Wettbewerb« über 1200 Höhenmeter von der Adlersruhe hinunter zur Pasterze, obwohl den meisten dieser Skitouristen das Hofmannskees abschreckend »steil wie ein Kirchturmdach« erscheinen mußte.

Der Wintersportverein von Heiligenblut wollte als Veranstalter damit »den offiziellen Persönlichkeiten zeigen, wie schön sich diese Strecke als Rennstrecke eignet, daß dieser Abfahrtslauf vollständig ungefährlich ist und daß er nunmehr als letzter internationaler Abfahrtslauf in den Sportkalender aufgenommen werden soll«. Immerhin könne von der Franz-Josefs-Höhe aus »die ganze Rennstrecke mit einem Feldstecher übersehen werden, was sonst nirgends zutrifft«.

Endlich stellten sich zu Pfingsten 1935 hundertzwanzig Skiläufer oberhalb der Adlersruhe dem Starter zum ersten Großglockner-Abfahrtslauf. Die Bedeutung dieses Rennens ist daran abzulesen, daß es der Rundfunk von drei Positionen aus direkt übertrug. Und die Zeitungen zitierten das anerkennende Wort des niederländischen Meisters, dies sei »die schwierigste Skirennstrecke der Welt«. Mit Genugtuung vermerkten die Organisatoren, daß zweitausend Schlachtenbummler »sogar aus England, Frankreich, Italien, der Tschechoslowakei und Ungarn« angereist seien. Den Sieg holte sich der Arlberger Friedl Pfeifer in 2:51 Minuten.

Fünfmal wurde dieses Pfingstrennen über die gesamte Strecke – 1200 Höhenmeter und 3,5 Kilometer Länge – ausgetragen. Beim letzten Mal, 1949, fuhr Hans Senger vor annähernd achttausend Zuschauern Rekord mit 2:46,5 Minuten. Das entspricht einem Schnitt von fast 80 Kilometern in der Stunde auf einer Strecke, die auch die Rennläufer während des einwöchigen Trainings präparieren halfen. Senger zählte im ersten Nachkriegsjahrzehnt in Abfahrt, Slalom und Riesenslalom zur Weltelite und verwies fünfunddreißig Jahre später auf den Unterschied zum Weltcup-Zirkus unserer Tage: Damals trugen die Rennläufer ihre Bretteln zum Start, wachsten auch selber nach »Geheimrezepten«, fuhren die Strecke zum Training täglich zweimal ab, bewältigten die 1200 Höhenmeter Aufstieg »trainingshalber« unter zwei Stunden, bekamen von den Skifabrikanten günstigstenfalls ein Paar Ski geschenkt und erhielten als Siegespreis keinen Scheck.

Der Glocknersieger erntete großen Ruhm – verständlich in einer Zeit, da auf dem internationalen Rennkalender nur fünf Spitzenveranstaltungen standen: Lauberhorn, Hahnenkamm, Kandahar, Westenpokal und Großglockner.

1934 war der zweite »Tourenlauf ohne Wettbewerb« über das Hofmannskees entfallen, nicht aber der Arbeitsbeginn der »Glocknerbaraber«, die zu Pfingsten die Baustellen der Scheitelstrecke aus dem Schnee schaufelten und die Schichtarbeit im Hochtortunnel wieder aufnahmen. Anfang Juli trieben die Bautrupps bereits die Trasse vom Fuschertörl südwärts voran. Gelegentlich gegen unerwartete Widerstände, wie Wallacks Baubericht bezeugt: »Nächst den Kehren Nr. 16 und 17 befand sich vor dem Ausgang eines alten Bergbaustollens eine große geschüttete Halde tauben Gesteins. Wir gruben also in die Halde hinein, kamen aber schon in 2 Metern Tiefe auf schwarzes Eis, das beiläufig einen Meter dick war. Unter dem Eis lag wieder Stollenausbruchsmaterial. Nach einem weiteren Meter folgte wieder eine dicke Eisschichte und dann wieder Gesteinsschutt. Darauf bauten wir die Straße. Nach 14 Tagen sanken wir an dieser Stelle bis zum Knöchel ein. Die Straße war zu Brei geworden. Wir schaufelten den Brei weg und kamen wieder auf dunkles Eis. Nach Entfernung desselben sondierten wir und fanden in Metertiefe unter dem Schutt scheinbar Fels. Es war abermals Eis und unter diesem Eis lag endlich der Fels.«

Vier Eisschichten zwischen Schutt – Zeugnisse der Klima- und Bergbaugeschichte eines halben Jahrtausends.

Im Sommer 1934 fiel eine bedeutsame Entscheidung. Der heute noch eindrucksvolle Straßenbau in Form eines Rundbalkons um den Törlkopf gleich neben dem Fuschertörl kostete um 53.000 Schilling weniger als veranschlagt. Wallack überlegte: »Die Großglockner-Hochalpenstraße sollte eine Straße für den Fremdenverkehr werden und Außerordentliches bieten, um im Wettbewerb mit anderen hochalpinen Straßen voll und ganz bestehen zu können. Der Gedanke, das unmittelbar neben der Straße liegende Poneck dem Autotouristen zu erschließen, lag daher nahe, weil der auf Salzburger Boden liegende Teil der Glocknerstraße keinen Aussichtspunkt von so gewaltiger Großartigkeit aufwies, wie dies auf Kärntner Boden auf der Franz-Josefs-Höhe der Fall war.«

Warum nicht für das ersparte Geld ein 1,6 Kilometer langes Sträßchen in sechs Kehren über 177 Höhenmeter auf diesen

Dollfuß und Rehrl auf der Baustelle Hochtor im Juli 1934.

Gipfel und dort in 2571 Metern Seehöhe einen Parkplatz bauen? Nahezu im Handstreich erschloß ein Bautrupp binnen siebenundvierzig Tagen diesen Gipfel, den Wallack »Edelweißspitze« taufte – ein Glanzstück der Glocknerstraße mit Rundblick auf siebenunddreißig Dreitausender und neunzehn Gletscher.

Rehrls Fahrt über das Hochtor

Die Erschließung der Edelweißspitze am 22. September 1934 erregte aber ungleich weniger Aufsehen als ein anderes Ereignis dieses Tages. Der leidenschaftliche Automobilist Rehrl hatte es sich in den Kopf gesetzt, am Vorabend der Eröffnung der Nordrampe bis zum Fuschertörl und zur Edelweißspitze auf dem Rohbau der Scheitelstrecke als erster das Tauernmassiv im Auto zu überqueren. Allerdings zwängten die Engstellen, die auf der Bautrasse und in den Tunnels durch Mittertörl und Hochtor noch bestanden, die Straße mehrfach auf nur 1,65 Meter Breite ein.

Daher ließ Rehrl seinen »Steyr Hunderter« (einen Vierzylinder mit 1,2 Litern Hubraum und 32 PS, Höchstgeschwindigkeit von 100 Kilometern pro Stunde und einem Benzinverbrauch zwischen 9 und 10,5 Litern) auf 1,58 Meter Höchstbreite und 25 Zentimeter Bodenfreiheit umbauen.

Neben mehreren Kisten Zigaretten für die »Glocknerbaraber« und dem Straßenbauer Wallack nahm Rehrl vorsichtshalber auch einen Chefingenieur der Steyrwerke zu diesem halsbre-

Erste Autofahrt durch das Hochtor am 22. September 1934. Mit dieser Überquerung der Hohen Tauern auf dem Rohbau der Scheitelstrecke erregte Landeshauptmann Rehrl mit Beifahrer Wallack werbewirksames internationales Aufsehen. Für das Unternehmen war Rehrls »Steyr Hunderter«, ein Vierzylinder mit 32 PS, speziell adaptiert worden.

cherischen Unternehmen mit. Die mehrfach unterbrochene und holprige Fahrt über Hochtor und Franz-Josefs-Höhe nach Heiligenblut dauerte fünf Stunden, die Rückkehr nach Ferleiten schaffte Rehrl in einer Stunde und 56 Minuten. Und der Landeshauptmann schwärmte vor der Presse: »Wir haben die Wand der Hohen Tauern am heutigen Tag mit motorischer Kraft überwunden.« Wallacks Kommentar: »Ein Vergnügen war diese Fahrt gerade nicht.« Aber ein spektakulärer Auftakt für die Eröffnung der Nordrampe zum Fuschertörl am nächsten Tag.

Bei Prachtwetter sammelten sich am 23. September 1934 in Ferleiten die Festgäste: Rehrl mit seinem vielbestaunten »Überquerungswagen«. Bundespräsident Miklas, Bundeskanzler Schuschnigg, Minister, Diplomaten und hunderte Motorfreunde, die sich mit ihren Wagen an einer groß aufgezogenen Zielfahrt zur Glocknerstraße beteiligt hatten – alles in allem achttausend Menschen.

Nur die Offiziellen fanden Parkplatz auf dem Fuschertörl, ehe Bundeskanzler Schuschnigg das Wort ergriff: »Unser Vaterland ist das klassische Land der Harmonie, und Salzburg ist eines der Kronjuwelen in diesem Meisterland harmonischer Kunst. Wir haben in Österreich vor dem Atonalen in der Kunst, wo es sein soll, Respekt, aber gewiß nicht immer Verständnis. Für das Atonale außerhalb der Kunst haben wir kein Verständnis. Mit dem Bau der Glocknerstraße ist es gelungen, eine neue Harmonie zu finden, einen neuen wundersamen, sonnennahen Akkord von Kunst und Natur, der der Technik gelang.«

Den Reportern imponierte allerdings auch dies: »Über dem Festplatz kreiste Fürst Kinsky in seinem Sportflugzeug, bald hoch in den Lüften, bald knapp über dem Grat dahinbrausend.«

Der Fürst hatte es entschieden bequemer als Wallack, dessen alpinistische Leistungen während der fünfjährigen Bauzeit das Protokoll einer kleinen Betriebsfeier am 26. Juni 1934 auf dem Fuschertörl beschreibt: »Verhandlung anläßlich der 200. Überquerung des Tauernhauptkammes durch den Bauleiter.« Wallack, ein trainierter Hochalpinist und gefürchteter Schnellgeher, wechselte bis zur Eröffnung der Glocknerstraße 1935 zweihundertsechzig Mal zwischen den Baustellen auf der Nord- und der Südrampe hin und her – geschätzte 15.000 Kilometer Weges ohne Baustellenbegehung. Er tat dies auch in der einbekannten Absicht, unvermutet auf den Baustellen aufzutauchen, um zu überprüfen, was die Mäuse tun, wenn die Katze außer Haus ist. In einem Fall schaffte Wallack die Strekke Glocknerhaus – Pfandlscharte – Ferleiten in zwei Stunden und sechsunddreißig Minuten anstatt der durchschnittlichen Gehzeit von annähernd sechs Stunden.

Bei der »Verhandlung« auf dem Fuschertörl sprach der »Richter« den Bauleiter von der »Anklage« frei, »den Tauernhauptkamm durch Betreten und Überqueren wiederholt beschädigt« zu haben, und erteilte ihm nach Anhören zahlreicher »Gutachten« die »lebenslängliche Bewilligung zum Überqueren der Tauern in beliebiger Art, jedoch mit Ausnahme der Flugzeugbenützung«.

Ende Oktober 1934 beendeten schwere Schneefälle den vierten Bausommer auf der Glocknerstraße – ausgenommen im Hochtortunnel. Bei Außentemperaturen bis zu minus 17 Grad sorgten Öfen in dem mit riesigen Schiebetüren verschlossenen Tunnel für erträgliche Temperatur. So konnte am 23. November 1934 der Schlußstein in das steinverkleidete Gewölbe dieses nach dem Col du Galibier zweithöchsten Straßentunnels Europas gesetzt werden.

Zwei Wochen später zog Wallack die Bilanz des Jahres 1934: Von den 18,4 Kilometern der Scheitelstrecke zwischen Hochmais und Guttal 6 Kilometer fertiggestellt, 4,7 Kilometer »so gut wie fertig« und 7,7 Kilometer »in mehr oder weniger fortgeschrittenem Bauzustand. Eigentlich waren wir ja schon über den Berg, und was noch vor uns lag, war der offene Weg zum

Wallacks Kommentar zur Tauern-Überquerung: »Ein Vergnügen war diese Fahrt gerade nicht.«

»Wir haben die Wand der Hohen Tauern am heutigen Tag mit motorischer Kraft überwunden.« So schwärmte Rehrl nach siebenstündiger Fahrt von Ferleiten nach Heiligenblut und zurück.

Ziel«. Dieses Ziel hieß Eröffnung der Glocknerstraße im Oktober 1935.

Flaschenhälse an den Zufahrten

Wallacks Bilanz zeitigte eine durchaus erfreuliche Überraschung, nämlich voraussichtliche Einsparungen von mindestens 746.000 Schilling beim Bau der Scheitelstrecke. So gewann aus der Sicht des Bauleiters urplötzlich ein Problem an Dringlichkeit, »damit uns die Arbeit ja nicht zu rasch ausging«: Die Beseitigung der Flaschenhälse an den Zufahrten der Glocknerstraße, denen wegen chronischen Geldmangels bislang kaum Aufmerksamkeit geschenkt worden war.

»Als die Nordrampe der neuen Straße fertig war«, berichtete Wallack, »kam man so recht zur Erkenntnis, wie schmal, kurvenreich und unübersichtlich die für den Pferdefuhrwerksverkehr gebaute Straße von Bruck nach Fusch war. Den ersten Anstoß zum Ausbau der Fuscher Landesstraße gab die Baufälligkeit der einspurigen Holzbrücke über die Salzach in Bruck, die gerade am Beginn der Zufahrt zum Glockner lag. Es bestand daher die Gefahr, daß die Glocknerstraße durch einen Einsturz der Holzbrücke unbenützbar wäre.«

Angesichts der geschätzten Einsparungen war guter Rat nun ausnahmsweise billiger als damals finanziell üblich. Und Rehrl erfaßte durchaus die Risiken für den Fremdenverkehr seines Landes – gerade durch das Aufsehen eines möglichen Brückeneinsturzes und wegen der miserablen Zufahrt zu jener Glocknerstraße, die längst durch Werbefeldzüge und eine Fülle von Zeitungsberichten international Aufmerksamkeit erregt hatte.

Rehrl legte der Großglockner-Hochalpenstraßen AG im Frühjahr 1935 einen Köder aus: Falls sie die Straße von Bruck nach Fusch und die Salzachbrücke modern ausbaue und in ihr Eigentum übernähme, schösse das Land in zehn Jahresraten 400.000 Schilling und 25.000 Schilling für den Brückenbau zu. Den Rest der Baukosten einschließlich jener für einen staubfreien Belag müsse die Gesellschaft selbst tragen. Weil der staubfreie Belag bis 1936 warten könne, genüge vorerst eine halbe Million.

Da gab es keine Wahl. Schon am 15. Juni 1935 spannte sich eine neue Brücke über die Salzach. Am 1. August waren die 7,3 Straßenkilometer von Bruck nach Fusch modern ausgebaut. Und der Kilometerstein Null der Glocknerstraße rückte von Fusch nach Bruck.

Diese Bravourleistung machte allerdings auch die Befriedigung berechtigter Wünsche Kärntens notwendig. Nach Wallacks Einschätzung: »Die 23 Kilometer lange Mölltaler Landesstraße von Heiligenblut nach Winklern war so schmal, daß Fahrzeuge an vielen Stellen nicht einmal einander ausweichen konnten. An anderen Stellen wieder wurde diese Straße bei jedem Hochwasser meterhoch überflutet. Wer späterhin auf der neuen Straße über das Hochtor Heiligenblut passieren würde, drehte lieber wieder nach Norden um, als daß er auf dieser schlechten Straße nach Süden weiterfuhr.«

Das mochte Rehrls erklärter Absicht entsprechen, »den internationalen Fremdenverkehr immer fester an das Salzburger Land zu fesseln«, bewog aber nun den Kärntner Landeshauptmann Feldmarschall a. D. Ludwig Hülgerth zu einer energischen Forderung: »Die Straße Winklern – Heiligenblut muß bezüglich Ausbau und Erhaltung dem übrigen Teil des Alpenüberganges gleichgestellt werden, denn die Glocknerstraße soll eine europäische Verbindung zwischen Nord und Süd darstellen und nicht nur Aussichtspunkte durch Sackstraßen erschließen.« Die Spitze gegen Rehrl war unüberhörbar.

Wohl hatte Kärnten beim Bund 1,8 Millionen Schilling für die »dringendsten Arbeiten eines neuzeitlichen bundesstraßenmäßigen Ausbaus« im Mölltal locker gemacht, damit den »Anforderungen eines klaglosen internationalen Durchzugsverkehrs Rechnung getragen wird«. Aber Kärnten fehlten die Mittel, um mit Rehrls 425.000 Schilling mitzuziehen. Wallack indessen anerkannte Kärntens Begehren: »Wenn die Glocknerstraße die Zufahrtsstraße vom Norden her übernimmt, dann soll sie auch die Zufahrtsstraße vom Süden her übernehmen.«

Die knappe Zeit bis zum Eröffnungstermin der Glocknerstraße erzwang schließlich am 26. April 1935 den Kompromiß: Kärnten brachte 200.000 Schilling »für den Ausbau der Mölltaler Straße in ihren schlechtesten Stücken« auf, die gleiche Summe stellte die Großglockner-Hochalpenstraßen AG »aus ihren Ersparnissen bei Bau und den zu erwartenden Mauteinnahmen« bei. Und nach längerem Widerstand schoß auch der Bund noch 280.000 Schilling aus der produktiven Arbeitslosenfürsorge zu, damit aus der Kärntner Glocknerzufahrt die Flaschenhälse verschwänden.

Der letzte Einsatz

Unterdessen hatte am 1. April 1935 »der letzte Einsatz« auf der Scheitelstrecke begonnen. Was das nach einem schneereichen Winter bedeutete, klingt in einer verzagten Notiz Wallacks an: »Um zum Südportal des Hochtortunnels zu gelangen, mußten wir in 12 Meter tiefem Schnee einen 30 Meter langen Stollen ausschachten. Beim Mittertörl Schnee und nichts als Schnee, Berge von Schnee! Das Baulager mußte buchstäblich erst ausgeschaufelt werden. Nur wer einmal um diese Jahreszeit in solchen Höhen war, kann sich einen kleinen Begriff davon machen, was das für uns bedeutete.« Allein die 38 elektrischen Heizöfen in den Baracken für 2200 Bauarbeiter verbrauchten mehr Strom als ganz Heiligenblut.

Einen Begriff nicht nur der Mühen, sondern auch des Risikos solcher Einsätze im Hochgebirge vermittelte am 25. Mai 1935 eine Katastrophe, als Arbeiter zwischen Guttal und Glocknerhaus ein Baulager aus dem Schnee gruben. Eine Lawine vom

Eröffnung der Nordrampe bis zum Fuschertörl am 23. September 1934. Im Bild oben das Straßenstück rund um den Törlkopf, unten Blick Richtung Brennkogel (links) und Kloben.

Seit 1935 liegt Bruck an der Glocknerstraße. Diese Aufwertung von »Bruck im Pinzgau« verdankt der Ort der alten baufälligen und einspurigen Holzbrücke über die Salzach: Diese wurde beim Ausbau der Straße nach Fusch durch eine breite Betonbrücke ersetzt, an der seit 1. August 1935 der Kilometerstein Null der Glocknerstraße steht.

Der Name des Ortes Fusch taucht 923 auf. Bis zum Bau der Glocknerstraße blieb Fusch in der Einschicht. Heute zählt die Gemeinde im Sommer bereits mehr als 100.000 Gästenächtigungen.

Wasserradkopf tötete fünf Arbeiter – fünf von zwölf Männern, deren Leben dieser Straßenbau gefordert hat. Ihrem Andenken ist die Kapelle auf dem Fuschertörl geweiht.
Gemessen an den Erfahrungen und Ängsten unserer Zeit mögen sich vor einem halben Jahrhundert Journalisten, Arbeiter, Techniker und Politiker bei der Wortwahl vergriffen haben, wenn sie Vergleiche mit »Krieg« anstellten oder von »Arbeitsschlacht«, »Kampf« und von »Gefallenen« sprachen. Doch fünfzig Jahre später erleben wir Mühen, Härten, Leiden und Anforderungen dieses Straßenbaus im Hochgebirge aus zweiter und dritter Hand – blaß und verklärt zugleich. Denn das Ergebnis dieser Leistungen und Entbehrungen verstellt den Blick auf die Einzelschicksale tausender Menschen.
Widriges Wetter verschärfte die Härte des Straßenbaus in 2500 Metern Seehöhe gehörig, denn dort beträgt die mittlere Monatstemperatur im Juli und August null Grad. Im Durchschnitt herrscht zu dieser Zeit an sechs bis acht Tagen Frost. Wallack schrieb darüber: »Den halben Monat Mai 1935 regnete und schneite es abwechselnd, und der Monat Juni hatte nicht weniger als 13 Regentage. Es war Ende Juni, als Exkursionen verschiedener Ingenieursvereine über die Straße gingen. Als ich ihnen über den Fertigstellungstermin (vom 15. Oktober auf den 3. August vorverlegt, um den Gästestrom zu den Salzburger Festspielen anzulocken; Anm. d. A.) Aufschluß gab, ging ihre einhellige Ansicht dahin, daß das unmöglich sei. Sie kannten nicht das Tempo, das beim Glocknerstraßenbau vorgelegt wurde. Unser Lehrgeld hatten wir bereits in den früheren Jahren bezahlt und die Zeiten, in denen uns noch etwas überraschen konnte, waren längst vorbei. Uns konnten jetzt nur mehr Wetterschwierigkeiten aufhalten.«
Wallack erläuterte auch »den Exkursionen von Fachleuten aus vielen Ländern« sein Erfolgsrezept: Guter Verdienst, gute Verpflegung und gute Unterbringung für die Arbeiter, beste technische Ausrüstung, viel Lob für Leistung und Ausdauer jedes einzelnen Arbeiters und so etwas wie natürliche Konkurrenz zwischen den Mannschaften der einzelnen Bauabschnitte. Da staunte sogar eine Schweizer Fachzeitschrift, es sei »geradezu unerhört, mit welcher Energie und in welchem atemberaubenden Tempo dieser Bau vorwärtsschreitet«.
Nicht nur rückte der Eröffnungstermin mit Riesenschritten näher – auch der Automobil-Klub und der Touring-Klub Österreichs hatten schon Ende April mit der Organisation einer internationalen Zielfahrt zur Eröffnungsfeier und des »Ersten Internationalen Großglockner-Rennens« von Fusch auf das Fuschertörl am Tag danach begonnen.
Rehrl drängte und visitierte Ende Juli nochmals »die Elitetruppe der österreichischen Arbeiterschaft« auf der Glocknerstraße. Er sah »Lastautos, die nicht mehr mit Bausteinen und Schotter, sondern mit Bergen von Blumen und Reisig, mit Fahnenstangen und Fahnen zum Schmücken der Festplätze hoch beladen waren. Schon überspannten an verschiedenen Stellen Spruchbänder die Straße, von reisigumwundenen Ma-

Feierliche Eröffnung der Großglockner-Hochalpenstraße am 3. August 1935. Bundespräsident Wilhelm Miklas (Mitte), durchschreitet mit den Landeshauptleuten Franz Rehrl (links) und Ludwig Hülgerth das Hochtor an der Grenze zwischen Kärnten und Salzburg.

sten getragen. Am Südportal des Hochtortunnels, wo die Hauptfeier stattfinden sollte, wurde noch letzte Hand an die Festtribüne gelegt, ebenso am Fuschertörl an die große Zuschauertribüne für das Automobilrennen.«
Am Abend des 2. August 1935 verkündete ein riesiges Feuer von der 2571 Meter hohen Edelweißspitze, daß das Werk vollendet sei. Eine Presseaussendung zur Eröffnung am 3. August nannte dazu Zahlen: Statt des 1924 auf 27,5 Kilometer angelegten, 3 Meter schmalen Sträßchens mit Ausweichen auf Sichtweite und einer Höchstbelastung von 8 Tonnen maß nun die 6 Meter breite Großglocknerstraße bei doppelter Belastungsfähigkeit 57,6 Kilometer Länge. Sie wurde in 26 Baumonaten von durchschnittlich 3200 gleichzeitig Beschäftigten in 1,8 Millionen Arbeitsschichten gebaut. 460.000 Kubikmeter Erde wurden bewegt, 410.000 Kubikmeter Fels gesprengt, 334.000 Quadratmeter Straßenfläche angelegt, 67 Brücken mit Spannweiten zwischen 2 und 32 Metern geschlagen, 26 gemauerte Viehdurchlässe angelegt, 590 Rohrdurchlässe zur Wasserableitung und 3 Kilometer Entwässerungsschlitze eingezogen, zwei Tunnels – Hochtor 311 Meter, Mittertörl 117 Meter – gebohrt, 115.750 Kubikmeter Mauerwerk aufgeführt, 16.100 Wehrsteine und 7,6 Kilometer Straßengeländer und Brüstungsmauern gesetzt, 48 Kilometer Straßentelephon mit 24 Notrufstellen verkabelt sowie 18 Parkplätze an den landschaftlich schönsten Punkten, vier Mauthäuser, zwei Tunnelwärterhäuschen und zwölf Tankstellen gebaut.
Dieses Werk kostete 25,8 Millionen Schilling, 200.000 weniger als veranschlagt. Das Maß dieser Größenordnung und des Wandels in den fünfzig Jahren seither setzen einige Zahlen: Die Mitte der dreißiger Jahre neugebaute (und 1976 eingestürzte) Reichsbrücke in Wien kam auf 24 Millionen und die zur gleichen Zeit beendete Elektrifizierung der Tauernbahn

Franz Wallack (1887–1966) und seine Ehefrau Josefine bei der Eröffnungsfeier am 3. August 1935.

von Schwarzach nach Mallnitz auf 3,2 Millionen. Das Defizit der Bundesbahnen betrug 1935 38 Millionen. 25,8 Millionen entsprachen rund 5 Prozent des österreichischen Investitionsvolumens von 1935. Der gleiche Prozentsatz betrug 1983 12 Milliarden Schilling, erheblich mehr, als bekannte Großprojekte unserer Zeit kosteten: Das Atomkraftwerk Zwentendorf mit 8 Milliarden und das General-Motors-Werk mit 7 Milliarden. 25 Millionen von 1935 waren im statistischen Preisvergleich ein halbes Jahrhundert später annähernd 700 Millionen Schilling wert – rund 6 Prozent der Kosten von Zwentendorf oder 700 Wohnungen mittlerer Größe.

Die Eröffnung der Großglockner-Hochalpenstraße am 3. August 1935 bot Österreich allen Anlaß zu Jubel. Bundespräsident Miklas zitierte aus der Bibel »die Menschen sollen sich die Erde untertan machen«, rühmte die neue Straße als »Symbol unseres Lebensmutes, Beweis unseres Selbstbehauptungswillens und als ein österreichisches Friedenswerk, das dazu beitragen soll, daß die Herzen der Völker im Norden und Süden Europas einander entgegenschlagen«. Miklas durchschnitt an der Landesgrenze im Hochtortunnel das Band und ehrte jene vierzehn Arbeiter, die seit dem ersten Sprengschuß fünf Jahre vorher dabei waren, mit einer Prämie.

Landeshauptmann Rehrl verlas das Glückwunschtelegramm des Bundeskanzlers Schuschnigg: »Möge diese Straße ein ewiges Zeugnis geben von österreichischer Leistung in schwerster Zeit.« Dann erklärte Rehrl vor den Festgästen, daß an der internationalen Zielfahrt zur Eröffnung sogar Automobilisten aus Nordamerika und Afrika teilgenommen hätten. Damit habe sich der Glaube erfüllt, daß »die Eröffnung des Verkehrs über die ganze Glocknerstraße ein europäisches Fest sein wird, Österreich lebt als Herz Europas«.

Dieses europäische Fest erreichte am nächsten Tag mit dem »Ersten Internationalen Großglockner-Rennen« über 19,5 Kilometer und 1593 Höhenmeter von Fusch zum Fuschertörl seinen zweiten Höhepunkt. Aus vermutlich zweifelhaften Quellen schöpften etliche der mehr als hundert Sonderberichterstatter Fabelzahlen: 4000 Autos, 4700 Motorräder und 130 Autobusse hätten an die 60.000 Zuschauer herangeschafft, von denen Hunderte trotz leichten Schneetreibens in Zelten auf den Ferleitner Almböden übernachtet hätten.

Das aufwendige Rennprogramm von 28 Seiten verhieß dem Tagesschnellsten 2000 Schilling Preisgeld, der Bestzeit für Motorräder 500 und als »Damenpreis« 300 Schilling. Es riet den Automobilisten unter den Zuschauern, beim Parken »unter allen Umständen den Benzinhahn abzusperren«. Bergan fahre man am besten »mit kleinerem Gang und weniger Gas, weil viele Motore zum Heißlaufen neigen«. Unter den Inserenten dieses Programms warb der »Kunstsalon F. Welz – Salzburg« mit »Klimt–Schiele–Kokoschka«, und NSU bot »über 25% Preisreduzierung und volle 100% Betriebssicherheit« für seine Motorräder »komplett mit Licht, Horn und Tachometer – Luxusausführung 1935« an, darunter »600 ccm, Block, SV, S 2995« oder »250 ccm, Sport, OHV, S 1975«.

Am 4. August stellten sich in Fusch fünfundsiebzig Fahrer dem Starter, dreizehn fielen durch Maschinendefekt aus. Tagesbestzeit der Rennwagen über 2000 ccm erzielte der Italiener Tadini auf Alfa Romeo in 14:42,74 Minuten (79,6 km/h), mit sechstbester Zeit des Tages kam der Österreicher Schneeweiß auf seinem Motorrad der Marke Austro-Omega (76,5 km/h) ins Ziel, knapp geschlagen vom schnellsten Sportwagen, einem Alfa Romeo 3000 ccm.

Hinterher spendeten Rennfahrer und Presse dem Straßenbauer Wallack höchstes Lob: Die Straße sei »ganz ausgezeichnet geführt ... sehr griffig... für die schnellsten Fahrten vollkommen sicher... ideal gebaut und erstklassig... mustergültig... ganz fabelhaft...« und nach dem Urteil des britischen »Guardian« ein »hochbedeutsames Stück technischer Leistung«.

»Höher gingets nimmer«

Mit der Mahnung an die Zuschauer »Schonen Sie die Gebirgsflora! Sie steht unter Naturschutz!!!« berührte das Rennprogramm auch einen wunden Punkt: Das hitzig umstrittene Projekt, die touristische Erschließung des Glocknergebiets mit einer 2,9 Kilometer langen Straße vom Parkplatz Freiwandeck parallel zur Pasterze bis in den Wasserfallwinkel und von dort mit einer Seilbahn auf den Fuscherkarkopf zu krönen. Rehrl schätzte das für »so etwas wie ein österreichisches Jungfraujoch« ein, Naturschützer hielten das für glatten Wahnsinn.

Noch eineinhalb Jahrhunderte zuvor hatten Menschen Angst

vor dem Berg, nun wuchs die Zahl jener, die Angst um den Berg befiel. Nicht ohne Grund.

Im Frühjahr 1914 behauptete Herr Willers aus Bochum in einem Brief an den Alpenverein, er hätte 40,9 Quadratkilometer Alpen zwischen Großglockner, Johannisberg und Fuscherkarkopf einschließlich der ganzen Pasterze erworben. Und weil er dort Steinböcke auszusetzen gedächte, »bin ich gezwungen, dieses Gebiet ab 1. August für den Touristenverkehr zu sperren«.

Tatsächlich hatte dieser Herr nur Verhandlungen mit den Grundbesitzern aufgenommen – den vier Schwestern von Aichenegg aus Großkirchheim – und in Heiligenblut mit dem Versprechen geworben, daß er den Glocknerverkehr auf Kosten Salzburgs in das Mölltal lenken und arbeitslose Bergführer als Absperrtrupps einstellen werde. Der Aufschrei ob dieser Ankündigung verebbte, und der 1. August 1914 verstrich ohne Glocknersperre. Denn drei Tage zuvor hatte die Ermordung des österreichischen Thronfolgers in Sarajewo den Ersten Weltkrieg ausgelöst.

Im Mai 1918 entzog der Villacher Holzindustrielle Albrecht Wirth – verehelicht mit einer der Schwestern von Aichenegg – ähnlich kühnen Plänen den Alpenboden. Er kaufte für 10.000 Gulden – dem Wert von drei Jahresgehältern eines Mittelschullehrers im ersten Dienstjahr – dem Alpenverein diese 40,9 Quadratkilometer mit der Auflage, sie »für ewige Zeiten als Naturschutzgebiet der spekulativen alpinen Fremdenindustrie zu entziehen«. Und just in diesem Gebiet sollten 1935 eine Straße und eine Seilbahn errichtet werden. Rein zufällig hatten die Grundgrenzen des Alpenvereins die Franz-Josefs-Höhe und die spätere Trasse der Glocknerstraße nicht eingeschlossen.

Was der Alpenverein verfocht, steht seit 1927 unmißverständlich in seinen Statuten: »Die Kenntnis der Hochgebirge zu erweitern, das Bergsteigen zu fördern, das Wandern in den Ostalpen zu erleichtern, ihre Schönheit und Ursprünglichkeit zu erhalten.«

Da tauchte im Juli 1933 ein Ärgernis auf. Wien erteilte dem Land Kärnten »auf die Dauer eines Jahres die Bewilligung zu technischen Vorarbeiten für eine Seilschwebebahn von einem geeigneten Punkte nächst dem Franz-Josef-Haus zu einem geeigneten Punkte nächst der Adlersruhe«. Das »Kärntner Tagblatt« sah dem drohenden Unheil gelassen entgegen: »Der Alpenverein wird als grundbücherlicher Eigentümer hiezu niemals seine Einwilligung geben. Gott sei Dank, daß der Alpenverein das notwendige Einspruchsrecht hat. Autostraße und Seilbahn: Höher gingets nimmer.« Sogar die »Neue Zürcher Zeitung« stärkte dem Alpenverein den Rücken gegen solche Pläne. Das »Salzburger Volksblatt« aber brachte seine Empörung in Verse:

»Wir sind auf Fremdenverkehr gestellt – mit Festspielen, Sensationen, – wir sind das scharmanteste Volk der Welt! – Es wird sich hoffentlich lohnen! – Man hat auch die Berge mit

Erstes Internationales Großglockner-Rennen. Dieses motorsportliche Ereignis am Tag nach der Eröffnung der Glocknerstraße gewann der Italiener Mario Tadini aus dem Rennstall Scuderia Ferrari mit einem Alfa Romeo P 3 (2,9-Liter-Motor, acht Reihenzylinder, 255 PS, 260 km/h Spitze). Tadini durchfuhr die 19,5 km lange Strecke von Fusch zum Fuschertörl mit einem Stundenmittel von 79,6 Kilometern.

Straßen verbaut – aus konkurrenzlichen Gründen – und manches Stückchen Natur versaut – man könnt' es aber verwinden. – Doch eine Glockner-Seilschwebebahn? – Nichts Ärgeres könnte geschehen! – Daß Krethi und Plethi recht prozig dann – zwischen Himmel und Erde stehen. – O Jammer solchen Herdentransports – in pendelnder Seilbahntruhe! – Wir hoffen auf Einsicht höherenorts: – Laßt unseren Glockner in Ruhe!«

Kärntens Landesregierung hatte Einsicht und teilte Ende 1933 dem Alpenverein mit, daß sie »in Würdigung der Grundrechte des Alpenvereins von der bereits erteilten Vorkonzession keinen Gebrauch machen wird und ihre Absicht, eine Seilschwebebahn auf die Adlersruhe zu bauen, aufgibt«. Zugleich stellte Kärnten den Grundbesitz des Alpenvereins um die Pasterze unter Naturschutz.

Doch Anfang 1935 beantragte die Großglockner-Hochalpen-

Ein Alfa 2000 gewann die Sportwagenklasse des Großglockner-Rennens. Dieser Zwei-Liter-Wagen (sechs Zylinder, 110 PS) erreichte die Spitzengeschwindigkeit von 180 km/h.

Das Beiwagengespann des Deutschen Georg Müller beim Großglockner-Rennen von 1935. Müller steuerte eine Gillet Herstal 600 (35 PS, ein Zylinder, 145 km/h Spitze).

straßen AG, die geplante Straße zur Fuscherkarkopf-Seilbahn zum begünstigten Bau zu erklären, damit der Naturschutz aufgehoben und die Grundenteignung erleichtert würde.
Das brachte die Naturschützer in Harnisch. Der Innsbrucker Botanik-Dozent Helmut Gams forderte rings um den Glockner einen Nationalpark, weil es im Interesse des Fremdenverkehrs liege, »diesen einzigartigen Schatz in Österreich« zu bewahren. Naturschützer erhöben keine Einwände gegen Alpenstraßen, wohl aber dagegen, »daß durch technische Taten Dinge von großem kulturellen Wert zerstört würden«.
Die Bundesregierung lehnte vorerst diese Erschließung ab, und Kärnten pflichtete mit dem Argument bei, daß zuerst die Mölltaler Straße ausgebaut werden müsse.
Doch der Zwist war entfacht. Techniker und Fremdenverkehrsstrategen hielten den Naturschützern vor, daß ausgerechnet die Alpenvereinssektion Klagenfurt mit der Glocknerhausstraße die »Schändung des Hochgebirges« begonnen habe: »Den Anblick des Glockners zu genießen, darf kein Vorrecht jenes Hundertstels der Menschheit bleiben, das Kraft und Zeit hat, die Schwelle des Berges auf Schusters Rappen zu erreichen.« Man hielt den Naturschützern Wallack als Naturfreund entgegen, der beim Bau der Glocknerstraße »geradezu lästig wurde mit dem Verlangen, daß jeder ausgehobene Rasen zum Abdecken von Böschungen wiederverwendet und sozusagen jeder Grashalm geschützt werden solle«.
Im Jahr darauf gab die Bundesregierung dem neuerlichen Antrag der Großglockner-Hochalpenstraßen AG statt, einen 2,5 Meter breiten Promenadeweg in den Wasserfallwinkel zum »selbständigen Wandern größerer Menschenmengen« und unter naturschützerischer Aufsicht »geeigneter Bergwächter« anzulegen. Das entfesselte einen Sturm. Sogar die Österreichische Akademie der Wissenschaften protestierte, denn dieser Wegbau griffe massiv in die Gamsgrube ein, diese »einzigartige Klima-Insel von einmaligen Pflanzenbeständen«. Wissenschafter und Bergfreunde verwiesen auf den berühmten Professor Hoppe aus Regensburg, der die Gamsgrube vierzig Sommer lang erforscht und 1833 ausführlich beschrieben hatte. Grundbesitzer Alpenverein focht diesen Fall bis zum Obersten Gerichtshof durch.
Vergeblich. Das Höchstgericht setzte die Interessen des Fremdenverkehrs höher an, trug aber dem Erbauer des Gamsgrubenweges auf, die Naturschutzflächen beiderseits dieser Promenade »gegen Betreten durch Unbefugte zu sichern«. Die ebenfalls bewilligten Pläne zum Seilbahnbau auf den Fuscherkarkopf, veranschlagt auf 2,5 Millionen Schilling, blieben wegen chronischen Geldmangels Papier.
Alsbald fielen die Probleme um die Glocknerstraße, die Anliegen des Fremdenverkehrs und des Naturschutzes sowie Pläne zur technischen Erschließung der Hohen Tauern der Bedeutungslosigkeit anheim. Denn im September 1939 löschte der Krieg in Europa die Lichter aus. Vom Hochtor verschwand die Inschrift »In te domine speravi«, denn ein prominenter Nationalsozialist hatte dieses Gottvertrauen als anstößig empfunden. Und die Frequenz auf der Glocknerstraße stürzte von 374.465 Mautzahlern 1938 auf ganze 1106 im Jahr 1945.

Weißes Gold aus den Tauern

Als 1945 die Lichter in Österreich wieder angingen, beleuchteten sie das Ergebnis einer Katastrophe: Von 6,7 Millionen Österreichern waren 270.000 im Krieg umgekommen, und 500.000 litten in Kriegsgefangenschaft. An die 250.000 Wohnungen lagen in Trümmern, ein Drittel des Volksvermögens war vernichtet. 41 Prozent der Schienenstränge waren unbrauchbar. Der ausgemergelte »Normalverbraucher« lebte von 800 Kalorien täglich und bezahlte – wenn er konnte – auf dem schwarzen Markt für Mehl das 188fache, für Zucker das 390fache und für Schmalz das 463fache des amtlichen Preises.
Vor dem Salzburger Festspielhaus, dem »Roxy«-Kino der amerikanischen Truppen, spitzten schäbig gekleidete Männer auf Stummel von »Lucky Strikes« und »Camels«, die amerikanische Soldaten wegwarfen. Man rechnete: Elf Stummel und ein »geliehener« ergeben drei Zigaretten. Über das Hochtor verlief die Grenze zwischen den Besatzungszonen der Amerikaner und Briten. Und den Österreichern war eine zeitbezogene Travestie auf die neue Bundeshymne geläufiger als der Text von Paula Preradovic: »Land der Erbsen, Land der Bohnen, Land der vier Besatzungszonen...«
Im Kapruner Tal lag damals die beinahe verwüstete Baustelle eines Großkraftwerkes. Das einst von Landeshauptmann Rehrl so unermüdlich betriebene Mammutprojekt des »Tauernwerks« war kurz vor Kriegsbeginn halbiert und in sechs Kraftwerksgruppen zerlegt worden. Eine davon hatten die Planer in das Kapruner Tal gesetzt, und dorthin sollte die oberste Möll mit dem Pasterzenwasser durch einen 11,7 Kilometer langen Stollen abgeleitet werden.
Bis Oktober 1944 war auf dem Wasserfallboden im Kapruner Tal ein Laufwerksbetrieb errichtet worden, gespeist von einem Tagesspeicher. Er lieferte auf das Jahr umgerechnet 130 Millionen kWh. Sieben Monate später griffen dort siebenhundert Mann trotz unzureichender Verpflegung und primitivster Unterkünfte wieder zu Krampen und Schaufel. Im Jahr 1946 hob die Republik die erste staatliche Sondergesellschaft aus der Taufe, die »Tauernkraftwerke AG« (TKW).
Kaprun – dieses Wort wurde zum Begriff des Aufbauwillens in Österreich. Durchschnittlich 2100 Arbeiter – darunter hunderte ehemalige »Glocknerbaraber« – und Ingenieure bauten bis 1955 Österreichs zweitgrößtes Wasserkraftwerk, das damals mit 409 Millionen kWh 4,2 Prozent des österreichischen Stromverbrauchs deckte – theoretisch den Bedarf einer industriefreien Stadt von knapp 300.000 Einwohnern. Die Tauernkraftwerke nutzen das Wasser eines Einzugsge-

Baulager Hochtor Süd im Winter 1934/35. In dieser noch nicht technisierten Einsamkeit trainierte die österreichische Skinationalmannschaft im Dezember 1935 zwei Wochen lang zur Vorbereitung auf die Olympischen Winterspiele 1936 in Garmisch.

biets von 186,7 Quadratkilometern Fläche, davon 64 Quadratkilometer um die Pasterze und im Leitertal. Und dieser Bau verschlang 2,9 Milliarden Schilling oder 12,1 Prozent des österreichischen Investitionsvolumes von 1955.

Grenzen des Wachstums

An der Südseite des Großglockners und der Hohen Tauern übernahm 1950 die »Studiengesellschaft Osttirol« ein Teilerbe des ehemaligen Tauernwerks und entwarf ein System von vier Speichern und sieben Kraftwerksstufen mit einer Jahresleistung von 2000 Millionen kWh. Bis 1974 schrumpfte dieses Riesenprojekt auf eine Jahresleistung von 800 Millionen kWh zusammen, denn mittlerweile begannen die »Grenzen des Wachstums« das öffentliche Bewußtsein zu beschäftigen: Die Grenzen der großtechnischen Erschließung der Alpen, des Massentourismus, der Motorisierung und der Belastbarkeit der Natur.

Solche Grenzen sollte nun ein für alle Male der »Nationalpark Hohe Tauern« auch rings um den Großglockner ziehen. Man sprach plötzlich von einem »sanften Tourismus«.

»Die Wüste lebt – die Tauern sollen sterben?«, fragten die »Salzburger Nachrichten« und rechneten vor: »100 Millionen Menschen strömen jährlich in die Alpen – 40 Millionen Urlauber und 60 Millionen Ausflügler an Wochenenden. Ihre Motive? Zu mehr als 90 Prozent Sehnsucht nach Aktivurlaub, nach besonders schöner Landschaft, nach erholsamer Ruhe. Die Zukunft der Ferien gehört den zwei Beinen, nicht den vier Rädern. Gott segnete Österreich mit dem Vorzug prächtiger Berge, Österreichs Alpen sind wunderbar, wanderbar, verwundbar. Täglich verbaut Österreich mehr als 35 Hektar Boden mit Straßen, Häusern, Industrien. Dieses nötige Wachstum braucht Grenzen in den Hohen Tauern, damit ein Naturwunder bewundernswert bleibt. Wer noch unangetastete Natur plündert, verpraßt bewahrenswertes Kapital. Deshalb Ja zum Nationalpark Hohe Tauern.«

Sogar deutsche Zeitungen beklagten, daß »die Touristenzivilisation in Österreich die letzten Idyllen überwuchert«, daß »der Berg ruft – aber um Hilfe«, daß das »Geschäft mit den Gletscherzungen schnalzt« und daß die »Alpen-Apokalypse« drohe.

Die Energiewirtschaft wandte ein, daß Wasserkraft nur 11 Prozent des österreichischen Energiebedarfs decke und dieser Anteil zu steigern sei, weil das österreichische Wasserkraftpotential noch zu 34 Prozent brachläge. Stromgewinnung und Nationalpark fänden in den Tauern nebeneinander Platz, selbst wenn an der Glockner-Südwestflanke das riesige Dorfertal-Staubecken entstünde.

Nationalpark Hohe Tauern – diese Idee gebar 1909 der Münchner »Verein Naturschutzpark« in der Absicht, »Wald, Flora und Tierwelt zu schützen, die Gewässer in ihrem natürlichen Verlauf zu erhalten und die Alpen vor Ausnutzung für die Industrie oder für Eisenbahnzwecke zu bewahren«. Den nächsten Schritt in diese Richtung setzte 1918 der Villacher Industrielle Albrecht Wirth, als er 40,9 Quadratkilometer rings um die Pasterze dem Alpenverein mit der Auflage schenkte, sie »für ewige Zeiten als Naturschutzgebiet der spekulativen alpinen Fremdenindustrie zu entziehen«. Und 1938 erwarb der Alpenverein für 15.000 Mark aus Staatsbesitz 221 Quadratkilometer Gletscher- und Felsregion zwischen Großglockner und Großvenediger »für Zwecke eines Naturschutzparkes«.

Erst im Europäischen Naturschutzjahr 1970 kam endlich auch der politische Anstoß. Am 21. Oktober 1971 unterzeichneten die Landeshauptleute von Kärnten, Salzburg und Tirol in Heiligenblut die Vereinbarung, den Nationalpark Hohe Tauern auf rund 2000 Quadratkilometern Fläche zu schaffen, »um einen besonders eindrucksvollen und formenreichen Teil der österreichischen Alpen in ihrer Schönheit und Ursprünglichkeit zu erhalten und einem möglichst großen Kreis von Menschen ein eindrucksvolles Naturerlebnis zu ermöglichen« – wenngleich »unter Beachtung der Interessen der Wissenschaft und der Volkswirtschaft«.

Sollte durch diesen mehrdeutigen Nachsatz die Elektrizitätswirtschaft beschwichtigt werden? Sie hatte zuvor ihre Interessen angemeldet: »Der für den Nationalpark vorgesehene Bereich ist nicht nur als Bergregion ein einmaliges Naturdenkmal, sondern als vergletschertes Hochgebirge ebenso ein volkswirtschaftlich unersetzliches Ausbaugebiet für Speicherkraftwerke mit einem unausgenützten Potential von fast zwei Milliarden Kilowattstunden.« Oder sollten Energieexperten mit ihrer Berechnung recht behalten, daß die Energiereserven nicht in den Gletschern lägen, sondern in der »besseren Aus-

nützung der ohnedies vorhandenen Energie«, von der 65,5 Prozent »verloren«gingen?
Nach zehn Jahren unentschiedenen Streits zwischen Naturschützern und Energiewirtschaft gab Kärnten ein Signal. Es erklärte 200 Quadratkilometer zwischen Großglockner, Hochschober und rechtem Möllufer zum Nationalpark. Salzburg zog 1984 auf seiner Tauernseite nach. So steht der Großglockner nur mehr mit seiner Südwestflanke außerhalb des Nationalparks, weil 1984 der vertretbare Kompromiß zwischen Nationalpark und Energiegewinnung in den Osttiroler Tauern noch immer nicht gefunden war.

Vision und Wirklichkeit

»Die Großglockner-Hochalpenstraße sollte eine Straße für den Fremdenverkehr werden und Außerordentliches bieten, um im Wettbewerb mit anderen hochalpinen Straßen voll und ganz bestehen zu können.« Dieses Ziel Wallacks ist erreicht, wie die Erfolgsbilanz eines halben Jahrhunderts beweist.
Einst rechneten die Planer mit 120.000 Besuchern, und dem vorsichtigen Professor Örley erschien das noch »um mindestens 30 Prozent zu hoch gegriffen«. Doch schon 1938 zahlten 374.465 Besucher ihre Maut, 1952 waren es 412.546, 1962 die Rekordmenge von 1,314.533. Bis einschließlich 1984 zog die Großglockner-Hochalpenstraße 35 Millionen Menschen an.
Ebenso bewährte sich die Glocknerstraße als Devisenbringer. Im Eröffnungsjahr 1935, kurz vor Aufhebung der »Tausend-Mark-Sperre«, stammten noch 66 Prozent der Besucher aus Österreich, gefolgt von 8,9 Prozent Tschechoslowaken, 4,3 Prozent Italienern und 3,4 Prozent Niederländern. Politische Veränderungen und zunehmender Massentourismus verschoben dieses Bild gehörig. In den letzten zwanzig Jahren behaupteten die Gäste aus der Bundesrepublik Deutschland mit durchschnittlich 51 Prozent der Besucher die Führung vor Österreichern (19 Prozent), Benelux-Bürgern (13), Skandinaviern (4), Schweizern, Franzosen und Italienern (je rund 3 Prozent).
Verkehrsstatistiken dokumentieren auch das Wachstum des Wohlstandes, eine der Voraussetzungen des Massentourismus. 1949 hatte das Motorrad als gerade noch erschwingliches »Ersatzauto« 34 Prozent Anteil am Verkehr auf der Glocknerstraße, 1955 zählte man die Rekordzahl von 47.562 Motorrädern mit einem Verkehrsanteil von 26 Prozent. Zur Hochblüte des »Wirtschaftswunders« sank 1968 der Motorrad-Anteil auf 0,7 Prozent, das waren 2071 Fahrzeuge. Mittlerweile rückte dieses Gefährt als teures Sportgerät wieder auf rund 7 Prozent Verkehrsanteil vor. Demgegenüber hielt sich der Anteil von Autobussen am Großglocknerverkehr durch fünfzig Jahre beständig zwischen 3 und 5 Prozent.
Seit Eröffnung des ersten Teilstückes 1931 zahlten rund 35 Millionen Besucher knapp 1,2 Milliarden Schilling Maut. Gut drei Viertel dieser Summe flossen in Erhaltung und Ausbau dieser Straße, um den wachsenden Anforderungen und Ansprüchen des Massentourismus zu genügen.
Zwei Vergleiche unterstreichen schließlich die Bedeutung dieser Hochalpenstraße für den Fremdenverkehr in den Glocknerdörfern Fusch und Heiligenblut. Bei Baubeginn der Straße war Fremdenverkehr in Fusch beinahe ein Fremdwort, im Sommer 1983 zählte diese Gemeinde aber rund 100.000 Nächtigungen. Heiligenblut hingegen, durch Fürstbischof Salms Glocknerexpeditionen zu Ruhm gelangt, bereits 1861 von 455

»Glocknerkönig« Richard Menapace mit Gefolge bei der Auffahrt von Heiligenblut zum Hochtor. Seit 1949 ist die Glockner-Etappe Höhepunkt der Österreich-Radrundfahrt. Der legendäre Menapace gewann 1949 und 1950 sowohl die Rundfahrt als auch die Krone des »Glocknerkönigs«. Mit 62 Minuten für knapp 14 Kilometer und 1200 Höhenmeter (13,5 km/h) vom alten Mauthaus in Heiligenblut zum Hochtor setzte Menapace 1950 das Maß für seine »Thronfolger«, zumal er damals fünf Minuten Vorsprung der Spitzengruppe hatte aufholen müssen und dann das Hochtor elf Minuten vor dem zweiten erreichte. Mittlerweile drückte der Schweizer Nikolaus Ruettimann 1983 die Auffahrtszeit auf 52:02 Minuten (16,1 km/h), wogegen der Rekord des dreifachen Rundfahrtsiegers Rudi Mitteregger bei der Auffahrt vom Mauthaus Ferleiten zum Fuschertörl (13 km, 1300 Höhenmeter) seit 1971 auf 51:18 Minuten (15,2 km/h) steht. Die späteren »Glocknerkönige« hatten allerdings erhebliche Vorteile gegenüber Menapace: Wesentlich verbesserter Belag und Zustand der Straße, viel leichtere Rennräder, günstigere Übersetzungen (Menapace auf dem Bild mit nur einfacher Kurbelscheibe!) sowie effektivere Trainingsmethoden und Betreuung.

»Fremden« besucht und durch den Bau der Glocknerhausstraße zu Beginn unseres Jahrhunderts für den Fremdenverkehr in den bescheidenen Dimensionen jener Zeit erschlossen, steigerte die Zahl der Nächtigungen im Sommer 1983 von rund 10.000 im Jahr 1935 auf das Zwölffache.

Um das Jahr 1790 hatte man in Heiligenblut den »alten Benedikt« aus Pockhorn zu Grabe getragen. Von diesem Mann berichtet die Überlieferung erstaunliche Voraussagen: »Es wird Wagen geben, die auf der Straße ohne Pferde fahren. Die Menschen werden in der Luft schneller als Vögel fliegen. Auf den höchsten Bergen werden Menschen Häuser bauen. Man wird durch die Luft auf große Entfernungen reden können. Österreich wird so klein werden, daß es unter einem Lindenbaum Platz hat. Über die Tauern wird eine Straße gebaut, die wird aber nicht ausgebaut, da kommt etwas dazwischen.«

Im letzten Punkt irrte der »alte Benedikt«. Franz Wallacks und Franz Rehrls Tatkraft überwand die Schwierigkeiten, die in harten Zeiten dem Bau der Großglockner-Hochalpenstraße »dazwischengekommen« waren.

Dieses Werk hält nach dem Urteil Friedrich Achleitners auch den Kriterien unserer sensiblen Zeit stand: »In der Großglockner-Hochalpenstraße kommt ein besonderes Verhältnis von Natur und Technik zum Ausdruck, das macht sie zu einem bedeutenden baugeschichtlichen Zeugnis. Obwohl sie noch durchaus ein Produkt handwerklicher Methoden ist, also durch den rigorosen Einsatz von Maschinen das Gelände noch nicht vergewaltigt werden konnte, standen die landschaftliche Schönheit und deren Erschließung im Mittelpunkt des Interesses der Erbauer. Vor allem ihr Planer und Bauleiter Wallack hat sich mit einer kaum vorstellbaren Hingabe mit dem Werk identifiziert, so daß diese Straße durch ihre Anlage und Trassierung zur vorbildlichen Darstellung und Interpretation eines hochalpinen Landschaftsraumes wurde. Ein Beweis, daß wirtschaftliche Interessen und technischer Verstand eine Landschaft nicht zerstören müssen.«

Die Großglocknerstraße bestand den Wettbewerb mit anderen hochalpinen Straßen und die kritische Bewertung nach fünf Jahrzehnten glänzend.

IN TE DOMINE SPERAVI

Diese Münze aus der Zeit Maria Theresias wurde im September 1933 beim Einstich zum Nordportal des Hochtores unter Gesteinsschutt gefunden. Die Aufschrift (»Auf Dich, o Herr, habe ich gehofft«) steht in Stein gemeißelt über dem Südportal des Hochtors.

TAFELN

Im Sommer brennt die Sonne am späten Vormittag auf den Firn des Glocknerleitls links unterhalb des Gipfels, während in die Pallavicinirinne schon lange Schatten fallen. Das vermittelt einen Begriff von der Steilheit dieser Eisrinne, die durchschnittlich 52 Grad geneigt ist. Über dem Glocknerkees steht die Mauer der Glocknerwand, deren höchster Punkt nach Karl Hofmann benannt ist. Rechts davon zieht das Glocknerwandkamp in den Vordergrund. Diese Schneide trennt das Glocknerkees vom Teufelskampkees.
Rechts im Hintergrund die Gletscher am Südabhang des Großvenedigers, in der Bildmitte die Eichhamgruppe. Davor verläuft das Osttiroler Tauerntal vom Felbertauern (rechts außerhalb des Bildes) hinaus nach Matrei und Lienz.

Großglockner und Glockerwand umschließen das Glocknerkees

Auf dem Schwemmkegel des Schmittenbaches liegt die Bergstadt Zell am See vor einer gewaltigen Bergkulisse, in die das Kapruner Tal zu den Speichern der Tauernkraftwerke hineinschneidet. Genau über Kaprun die (rechts beschattete) Pyramide des Kitzsteinhorns und dahinter am Horizont das Felsmassiv des Cristallo. Weiter rechts am Horizont in rund 130 Kilometern Entfernung die vergletscherte Marmolata und genau davor der Stubacher Sonnblick. Am Bildrand rechts die Gletscher der südlichen Venedigergruppe, überragt vom Hochgall an der Grenze zu Südtirol. Links vom Gipfel des Großglockners das markante Wiesbachhorn, daneben der Fuscherkarkopf mit seiner berühmten Eiswand und dahinter am Horizont der Hochschober.
Angesichts dieser Szenerie wird verständlich, daß die Sportregion Zell am See/Kaprun Weltruf genießt: Wassersport auf dem See, ganzjähriger Skilauf auf den Gletscherfeldern des Kitzsteinhorns und ein fast unerschöpfliches Angebot für Bergsteiger.
Vor 600.000 Jahren hobelten riesige Gletscher, die während der Eiszeit sogar über die Schmittenhöhe hinwegflossen, die Tauerntäler aus. Diese Gletscher reichten bis Burghausen und Mattighofen, wo sie ihre Endmoränen ablagerten.
Damit in unserer Zeit des Massentourismus und der Großtechnik hochalpine Urlandschaft unangetastet bleibe, wurden wesentliche Teile der Glockner- und der Venedigergruppe als Nationalpark Hohe Tauern unter gesetzlichen Schutz gestellt.

Die Glocknergruppe – das Kernstück der Hohen Tauern – auf einen Blick

Noch vor 10.000 Jahren reichten die Gletscher auf diesen Talboden herunter. Im späten Mittelalter begann hier nach Rodungen die Almwirtschaft in Schwaigen, von denen der Landesherr »Zins« in Form von kleinen Käselaiben bezog. Eine dieser Schwaigen wurde zum Ferleitner »Tauernhaus« ausgebaut und von den Salzburger Erzbischöfen mit einer »Provision« bedacht, damit in Not oder Schlechtwetter geratene Wanderer kostenlos Unterkunft und Zehrung fänden. Dieses »Tauernhaus« stand auf der Talseite gegenüber der Mautstelle (rechts außerhalb des Bildes); es brannte 1982 nieder.
Jahrhundertelang zog der Saumhandel durch Ferleiten und über das Fuschertörl – mit Salz für den Süden und Wein für den Norden. Im Gegensatz zum Weg von Rauris über das Hochtor nach Heiligenblut kam jedoch der Saumhandel über das Fuschertörl im Winter stets zum Erliegen.
Über diese Gegend schrieb 1845 Josef Reichl in einem Reisebericht: »In diesem Tal konzentriert sich alles, was die Alpenwelt Interessantes, Großes und Reizendes bietet, und niemand kann sagen, er kenne die Pracht des Salzburger Alpenlandes, wenn er das Fuscher Tal und die Ferleiten nicht gesehen hat.«

Mautstelle Ferleiten, darüber Sonnenwelleck und Fuscherkarkopf

An den Mautstellen der Glocknerstraße zahlten bis Ende 1984 rund 35 Millionen Besucher 1,2 Milliarden Schilling Maut. Ungefähr drei Viertel dieser Summe flossen in Erhaltung, Ausbau und Betrieb der Straße, damit sie den wachsenden Anforderungen und Ansprüchen des Massentourismus angepaßt werden konnte. So mußten beispielsweise allein für die Behebung der schwersten Unwetterschäden am Straßenkörper zwischen 1957 und 1982 12,4 Millionen Schilling aufgewendet werden. Für die Schneeräumung werden im Durchschnitt der letzten Jahre 2,7 Millionen Schilling jährlich benötigt. Die Galerie an der Freiwand kostete 45,7 Millionen, das Parkhaus Freiwandeck 46,8 Milionen, die Anschaffung der Schneeräumgeräte und Betriebsfahrzeuge 42 Millionen Schilling.
Alles das finanziert der Gast mit, wenn er an der Mautstelle sein Entgelt bezahlt, um hochalpinen Skilauf zu betreiben, an aussichtsreichen Punkten den Rundblick zu genießen oder auf einem Parkplatz eine Rast einzulegen.
Das Bild rechts oben zeigt den Parkplatz Fuschertörl mit der von Clemens Holzmeister geschaffenen Kapelle zum Gedenken an die Todesopfer, die der Bau der Großglockner-Hochalpenstraße gefordert hat.

PKW 240 S

Dieser Blick aus dem Flugzeug in rund 4000 Metern Seehöhe erklärt hinlänglich, was Menschen seit bald zweihundert Jahren bewegt, die höchsten Gipfel der Hohen Tauern zu besteigen: die schier grenzenlose Rundsicht. Die Entfernungen zu den vergletscherten Bergen am Horizont vermitteln einen Begriff von Weite: Ganz links (210 Kilometer) der Adamello (3554 m), weiter rechts über dem gezackten Felskamm des Großglockners, rund 190 Kilometer entfernt, die Ortlergruppe mit Cevedale (genau davor der Hochgall), Königsspitze und Ortler (3902 m). Rechts knapp daneben die weiße Spitze der Bernina (4055 m) in 240 Kilometern Distanz. Etwas rechts der Bildmitte heben sich vom blauen Himmel die höchsten Eisgipfel der Ötztaler Alpen ab – die Weißkugel und die Wildspitze (155 Kilometer entfernt). Vor dem Horizont rechts der Großvenediger mit seinen riesigen Gletschern.
In der Bildmitte unten ist die Edelweißspitze (2571 m), der höchste Punkt der Glocknerstraße, zu sehen. Rechts auf halber Bildhöhe erkennt man gerade noch den Kloben und in groben Zügen die berühmte Skiabfahrt von diesem Gipfel über fast 1700 Höhenmeter hinunter in die Pfandlscharte und in den Talschluß von Ferleiten.

Ein Hauch von Frühherbst über der Glocknergruppe

Bis Ende des 18. Jahrhunderts hielt man das Wiesbachhorn für höher als den Großglockner – verständlich, denn mit rund 2400 Metern Höhenunterschied zwischen Ferleiten und dem 3564 Meter hohen Gipfel hat diese Ostflanke nicht ihresgleichen in den Ostalpen. Der Ortler überragt Sulden um knapp 2100 Meter, der Großglockner die Pasterze um rund 1500 Meter.
Daß der Großglockner dennoch um 234 Meter höher ist, ermittelte im Jahr 1800 der Benediktiner und Mathematikprofessor Ulrich Schiegg von der Adlersruhe aus. Schiegg zählte zu jener »ansehnlichen Alpencaravane« (zwölf Honoratioren als »reitende Partie« sowie »16 Pack- und Reitpferde mit ebenso vielen Führern, 26 Packträger und 5 Zimmerleute«), der auf Initiative des Kärntner Fürstbischofs Salm-Reifferscheid die Ersteigung des Großglockners gelang.
Am 13. September 1841 war diese Ostflanke des Wiesbachhorns Schauplatz einer alpinistischen Großtat. Die Zweitersteiger dieses Gipfels – der damals zweiunddreißigjährige Salzburger Fürsterzbischof Kardinal Schwarzenberg, sein Hofkaplan, der Fuscher Pfarrer und vier Führer – wählten die Route über die vergletscherte Wielinger Scharte (links vom Gipfel). Sie erreichten die Bergspitze in neun Stunden und kehrten noch am selben Tag in das Tal zurück.
Kardinal Schwarzenberg, später Erzbischof von Prag, leistete als Alpinist Außerordentliches: 1840 Erstersteiger des Hohen Tenns (3368 m – im Bild ganz rechts in Wolken) und im gleichen Jahr Zweitersteiger des Kitzsteinhorns (3203 m). Der Sieg über den Großglockner mißlang dem Kardinal allerdings wegen Schlechtwetters am Glocknerleitl.

Blick aus der Hexenküche auf das Wiesbachhorn

Diese Flanke des Großen Wiesbachhorns, eine 400 Meter hohe Eiswand zwischen 50 und 55 Grad Neigung, stellte Spitzenalpinisten noch zu einer Zeit vor unlösbare Aufgaben, als die durchschnittlich 52 Grad geneigte Pallavicinirinne am Nordabsturz des Großglockners schon längst bezwungen war. Ein fast senkrechter Eiswulst auf halber Höhe verlegte nämlich den Aufstieg, bis schließlich der Münchner Alpinist und Ingenieur Willo Welzenbach den Eishaken ersann. Mit dieser technischen Neuheit gelang es ihm und dem Salzburger Fritz Riegele 1924, die Nordwestwand des Wiesbachhorns zu durchsteigen. Sie zählt mittlerweile zu den begehrtesten Eiswänden der Ostalpen.
Inzwischen ist allerdings der gefürchtete Eiswulst völlig abgeschmolzen. Deshalb wagten sich 1971 Kurt Lappuch und Manfred Oberegger an das Unternehmen, über diese Steilflanke mit Skiern abzufahren. Sie hielten sich an ein nahezu vergessenes Vorbild. Denn bereits 1934 waren Skiläufer über die knapp 50 Grad steile Nordwand des Fuscherkarkopfes (links oben im Bild) abgefahren. Heutzutage gilt das unter guten Skibergsteigern als »problemlos«.
Rechts im Bild erkennt man den Normalaufstieg vom Schwaigerhaus über den Kaindlgrat (oberer Rand des beschatteten Absturzes) auf das Große Wiesbachhorn. Deutlich sichtbar ist auch der Schrund, ein Riß, der unregelmäßig durch die Steilflanken dieses Gletscherkessels verläuft. Der Schrund entsteht dort, wo der Gletscher wegen seines Eigengewichts abreißt und talwärts zu fließen beginnt.

Die Nordwestwand des Wiesbachhorns

Neben touristischen und verkehrsgeographischen Zwecken diente der Bau der Glocknerstraße auch der Arbeitsbeschaffung während der großen Weltwirtschaftskrise. Wie hart diese Österreich traf, verdeutlichen zwei Zahlen: Von 1929 bis 1933 stieg die Arbeitslosigkeit von knapp 200.000 auf rund 560.000 (das waren 26 Prozent!), das Brutto-Nationalprodukt aber schmolz von 11,36 Milliarden auf 8,8 Milliarden Schilling.
Wegen seiner für Österreich beachtlichen finanziellen und wirtschaftlichen Größenordnung wurde der Bau der Glocknerstraße auch zu einem Testmodell für die – natürlich unabhängig davon entwickelte – Theorie des britischen Nationalökonomen John Meynard Keynes: Der Staat müsse in einer Depression aktive Konjunkturpolitik durch die Finanzierung von Großprojekten zur Arbeitsbeschaffung betreiben. Beim Bau der Glocknerstraße verdienten durchschnittlich 3200 Arbeiter ihr Brot.
Dieses Bild illustriert allerdings auch das Urteil Friedrich Achleitners: »Abgesehen davon, daß sie (die Glocknerstraße) durchaus ein Produkt handwerklicher Methoden ist, also durch den rigorosen Einsatz von Maschinen das Gelände noch nicht vergewaltigt werden konnte, standen die landschaftliche Schönheit und deren Erschließung im Mittelpunkt des Interesses der Erbauer... Ein Beweis, daß wirtschaftliche Interessen (Tourismus) und technischer Verstand eine Landschaft nicht zerstören müssen.«
Oberhalb des Naßfeldes, auf dem Fuschertörl, biegt die Glocknerstraße nach rechts zur Schleife um den Törlkopf ab und kommt dann vor der Fuscherlacke rechts oben nochmals ins Bild.

Die Kehren des Oberen Naßfeldes

Nach den Plänen Franz Wallacks sollte die Glocknerstraße »alle berühmten Alpenstraßen der Schweiz und Italiens in den Schatten stellen«. Deshalb entwarf er eine »Alpenstraße neuen Typs«, nämlich eine touristische Aussichtsstraße, die nicht Pässe steil erklimmt und jenseits sogleich wieder in das Tal absteigt, sondern zwischen Fuschertörl und Hochtor eine 7 Kilometer lange Fahrt in Höhen zwischen 2300 und 2500 Metern erschließt. Die Attraktion dieser Streckenführung in Wallacks Urteil: »Keine der bestehenden Alpenstraßen hatte zwei Scheitelpunkte mit dazwischenliegender aussichtsreicher Höhenfahrt.«

Im Gegensatz zu Wallack verfocht Landeshauptmann Rehrl die Idee, die Scheitelstrecke der Glocknerstraße durch einen Tunnel unterhalb der Pfandlscharte zu führen, um ohne den Umweg von annähernd 14 Kilometern die kürzestmögliche Verbindung zwischen Salzburg und Franz-Josefs-Höhe herzustellen. Nach mehrjährigem »Variantenstreit« erhielt schließlich die erheblich kostengünstigere und touristisch lohnendere Hochtorvariante den Vorzug.

Bis in das 18. Jahrhundert bestand von Heiligenblut über das Hochtor und (im Bild nach links) hinunter durch das Seidlwinkeltal nach Rauris der nach Brenner und Radstädter Tauern/Katschberg bedeutendste Handelsweg über die Ostalpen.

Blick von der Fuscherlacke Richtung Mittertörl und Hochtor (rechts oben)

Wegbereiter des Alpinismus war die Wissenschaft. Ab dem 17. Jahrhundert wagten sich besonders Botaniker in die abweisenden und einsamen Regionen des Hochgebirges vor, um dort Heilkräuter zu suchen. Erst um die Mitte des vorigen Jahrhunderts schickten sich Bürger von gehobenem Stand an, hohe Gipfel aus purer Lust an den Bergen zu besteigen. Und schon bald schlug die uralte Furcht vor dem Gebirge, dem vermeintlichen Verbannungsort verwunschener Seelen und dem Sitz schreckenerregender Ungeheuer, in Furcht vor Übererschließung um.

Damit der Urzustand einer hochalpinen Landschaft erhalten bleibe, wurde der Nationalpark Hohe Tauern errichtet. Die Abschnitte der Glocknerstraße zwischen Guttal und Freiwandeck sowie zwischen Oberem Naßfeld und Hochtor liegen in diesem Nationalpark.

In der Glocknergruppe gedeiht die alpine Flora – vor allem in der berühmten Gamsgrube an der Südflanke des Fuscherkarkopfes – in außergewöhnlicher Fülle und Pracht. Auf Alpenblumen trifft – wenn auch in anderem Zusammenhang – ganz besonders das berühmte Wort Leopold Kohrs, des Anwalts der kleinen Einheiten, zu: »Small is beautiful.« Diese Blumen verdienen einen Kniefall, denn sie offenbaren ihre Schönheit erst dem Blick aus nächster Nähe – beispielsweise (von links oben im Uhrzeigersinn) das Schusternagerl (Frühlingsenzian), die Soldanelle (Alpenglöckchen), der Rudolfssteinbrech und das Holunderknabenkraut.

Dieses Bild verdeutlicht die Bedeutung des alten Saumhandels über das Hochtor: Hier verlief bis in das 19. Jahrhundert herauf der einzige Weg über den Alpenhauptkamm zwischen Radstädter Tauern/Katschberg und Brenner, der auch im Winter begehbar war. Daß Menschen diesen Übergang seit Jahrtausenden benützen, belegt der Fund einer Herkules-Statuette aus der Zeit Christi beim Bau des Hochtors.

Der Bereich der beiden Kehren unterhalb des Hochtors heißt »Knappenstube«, denn dort sind noch heute deutliche Spuren des mittelalterlichen Goldbergbaus an den Steilflanken des Brennkogels zu sehen. Zur Mitte des 16. Jahrhunderts wurden hier und in der weiteren Umgebung (Gastein, Rauris, Großkirchheim) jährlich mehr als 800 Kilo Gold gewonnen – annähernd 10 Prozent dessen, was die damals bekannte Welt an Gold produzierte.

Im Hochtor erreicht die Scheitelstrecke mit 2505 Metern ihren höchsten Punkt

Vor allem vom Norden her verkürzt und erleichtert die Glocknerstraße den Zugang zu einem Kerngebiet der Ostalpen, dessen alpinistische Erschließung mit der Erstersteigung des Großglockners im Jahr 1800 begonnen hatte. Immerhin standen schon am 24. August 1874 – vier Jahre vor Eröffnung des Glocknerhauses – gleichzeitig 34 Personen auf dem Glocknergipfel.
Die von alpinen Vereinen gebauten und markierten Wege bieten die Voraussetzung für das Bergwandern im modernen »Aktivurlaub«. Heiligenblut organisiert zwar nicht mehr die Abfahrtsrennen vom Großglockner, erschloß aber auf dem Schareck ein hochalpines Skigebiet. Selbst Freunde des Hängegleitens kommen an der Glocknerstraße auf ihre Kosten. Dem Autofahrer stechen freilich im Sommer vor allem die Radsportler – Amateure in hartem Training, Hobbyradler und bepackte »Fernfahrer« – ins Auge. Seit Eröffnung der Glocknerstraße bis 1984 radelten immerhin mehr als 150.000 Personen über das Hochtor.

Im Erdmittelalter, vor 100 Millionen Jahren, bedeckte das große alte Mittelmeer »Thethis« das Gebiet der Alpen (ein Begriff aus dem Keltischen für Höhe oder Gebirge). In jener Zeit starben die Saurier aus und entwickelten sich die höheren Säugetiere. Dieses große alte Mittelmeer lagerte auf seinem Boden aus Urgestein riesige Mengen Kalk ab.
Gigantische Bewegungen der Erdkruste lösten über Jahrmillionen hinweg Faltungen, Hebungen und Überschiebungen aus und damit die Bildung der Alpen. Unter dem Druck der Gesteinsmassen entstand kristalliner Schiefer – die »Tauernschieferhülle«. Eine feinblättrige und brüchige Form dieses Schiefers sind die Phyllite, unter Kletterern als morsche »Bratschen« nicht gerade geschätzt.
Erst mit der Entstehung der Höhenunterschiede durch die Auffaltung der Alpen konnte vor 30 Millionen Jahren der nicht minder gewaltige Vorgang der Erosion einsetzen, die mehrere Kilometer dickes Gestein – vorwiegend Kalk – abtrug und das »Tauernfenster« freilegte. Doch erst die Eiszeit vor 600.000 Jahren hobelte die Alpen und Täler zur groben Vorform von heute.
Während der Eiszeit lagen die Temperaturen zwischen 8 und 12 Grad und die Grenzen des Firns um etwa 1200 Meter tiefer als in der Gegenwart.
Zum Verständnis der zeitlichen Dimensionen: Der Mensch tauchte vor einer Million Jahren auf.

Ausgewitterte Quarzader auf dem Gipfel des Mittleren Burgstalls

Noch vor dreihundert Jahren glaubten selbst ernsthafte Naturwissenschafter, daß in den Alpen schreckliche Ungeheuer und verwunschene Seelen leben. Wenn aus dem Nebelreißen plötzlich das Blankeis eines Gletschers auftaucht, ist für phantasievolle Menschen auch heute der Vergleich mit dem Panzer einer Riesenechse gar nicht so abwegig.
Nach der Sage entstand die Pasterze als Strafe für gotteslästerliches Verhalten: Auf den fetten Almen dieses Hochtales lebten die Älpler einst in Saus und Braus – zumal am »kleinen Frauentag« (8. September), wenn die reichen Goldgräber zum Jahrmarkt dorthin kamen. Statt dem Gottesdienst beizuwohnen, trieben Bauern und Goldgräber ihre zügellose Prasserei auf die Spitze, indem sie mit Butterkugeln auf Kegel aus Käse schoben. Da schickte Gott ein schreckliches Gewitter, das den Pasterzenboden in einen reißenden Strom verwandelte und das sündige Jahrmarkttreiben hinwegschwemmte. Und dann ließ Gott klirrende Kälte einfallen, die diese Wassermassen zu einem Strom aus Eis gefror, damit der Tatort der Ausschweifung auf ewig bedeckt bliebe und die Menschen darüber belehre, wohin Gottlosigkeit führt.
Nach der Sage widerfuhr gleiches auch den ausschweifenden Sennern auf dem Hochkönig – nämlich dort, wo heute das Eisfeld der »Übergossenen Alm« liegt.

Die Pasterze sieht fast wie ein ruhender Drache aus

Der erste Blick trügt: Die Pasterze ist keineswegs auf einen schmalen Gletscherstreifen zusammengeschmolzen. Im Sommer schmilzt nämlich der Schnee von jenem Schutt, den die Pasterze auf ihrem orographisch rechten Drittel von den Nordabstürzen des Großglockners talwärts trägt.
Von dieser Seite her galt der Großglockner lange Zeit wegen des Spaltengewirrs auf noch erheblich weniger zurückgegangenen Gletschern als unersteigbar. 1869 wagte sich aber dann der Münchner Karl Hofmann mit zwei Führern nach dem Aufstieg von der Kalser Seite über den nach ihm benannten Gletscher herunter auf die Pasterze. Der Weg über das Hofmannskees ist heute der kürzeste und meistbegangene Anstieg auf den Großglockner – etwa fünf Stunden ab der Hofmannshütte für geübte Hochalpinisten.
Auf der Adlersruhe – am Horizont in der Mitte des Hofmannskees erkennbar – wurde von 1935 bis 1949 fünfmal das Glocknerrennen gestartet. Das war ein Abfahrtslauf über 1200 Höhenmeter zur Pasterze, zu der damals allerdings das Hofmannskees noch hinunterreichte. Verständlich, daß dieses Rennen jedesmal tausende Menschen anzog: Sie konnten mit Ferngläsern die Abfahrer über die gesamte Rennstrecke verfolgen.

Die klassische Ansicht des Großglockners vom Parkplatz Freiwandeck

Zur touristischen Ausgestaltung der Großglockner-Hochalpenstraße zählt auch die Standseilbahn vom Parkplatz Freiwandeck über 143 Meter hinunter zur Pasterze. Was dort wie schmale Gletscherspalten ausschaut, sind gewiß Risse im Blankeis, doch vorwiegend Rinnsale mit Schmelzwasser.
Ab dem Hochsommer kann jedermann auf der Pasterze bei einem Blick in die Runde etwas vom Jahresrhythmus eines Gletschers erkennen: Die Sonne verwandelt den im Winter gefallenen Pulverschnee durch den Wechsel von Tauen und Gefrieren in Firn (in diesem Wort steckt das mittelhochdeutsche »fern« für alt oder vorjährig, weshalb der Tiroler Ausdruck »Ferner« für Gletscher Altschnee bedeutet). In Höhen bis zu durchschnittlich 2800 Meter hinauf schmilzt die Sonne den Firn bis auf das Blankeis und dann auch dieses ab. Der Teil des Gletschers unterhalb der Firnlinie heißt daher auch »Zehrgebiet« – im Gegensatz zum »Nährgebiet« oberhalb der Firnlinie. Dort versorgt der Firn den Gletscher mit Zuwachs.
Dieses Bild verdeutlicht auch das Urteil, das Franz Wallack 1925 nach seiner Studienreise über alle Alpenstraßen Europas fällte, um den touristischen Wert der geplanten Glocknerstraße herauszustellen: »Keine Straße führt bis an einen Punkt, von dem aus man den überwältigenden Blick auf ein Meer von Eis von ähnlicher Ausdehnung wie die Pasterze hat. Viele Straßen führen an Gletscherabbrüchen vorbei, über den Gletscherabbruch hinauf jedoch keine.«

Gefahrloser Spaziergang in einem umzäunten Geviert auf der Pasterze

Wiens »stärkster Mann«, der achtundzwanzigjährige Markgraf Alfred Pallavicini, durchstieg 1876 mit den Bergführern Bäuerle, Kramsner und Tribusser diese Eisrinne von 600 Metern Höhenunterschied und einer durchschnittlichen Neigung von 52 Grad. Die vier Männer benötigten dafür sieben Stunden und 2500 aus dem Eis geschlagene Stufen. Da es zu jener Zeit noch keine Eishaken gab, fehlte für dieses riskante Unternehmen jegliche alpintechnische Sicherung.
Heutzutage können die Touristen vom Gamsgrubenweg aus mit Fernrohren häufig Alpinisten bei der »Eisarbeit« in der Pallavicinirinne beobachten, für deren Durchsteigung fünf Stunden veranschlagt werden. Die Bestzeit steht allerdings bei 105 Minuten.
Das Bild zeigt eine Seilschaft auf der »Himmelsleiter« durch die Pallavicinirinne sowie Bergsteiger beim Anstieg über das Glocknerleitl (links), auf dem Kleinglockner, beim Überqueren der sehr luftigen Glocknerscharte und auf dem Gipfel. Diese Aufnahme von Anfang Juni läßt zudem am Glocknerleitl Skispuren erkennen. Tatsächlich gehören hochalpine Skitouren auf Sommerfirn zu den besonderen Leckerbissen des Bergsteigens.

Die Pallavicinirinne zwischen den Nordwänden des Großglockners

Aus dem inneren Glocknerkar fließt das Glocknerkees über Brüche zur Pasterze ab. Am Bergschrund, wo dieses Kees von seinem Nährgebiet abreißt, beginnt die Pallavicinirinne. Rechts im Bild die dunklen Wände und Zacken der Glocknerwand, an der Pallavicini gescheitert ist.
Links des Glocknergipfels ist auf einem Absatz die Erzherzog-Johann-Hütte deutlich zu erkennen, weiter links im Grat der markante Hohenwartkopf und die Hohenwartscharte. Von hier zieht nach links das Hofmannskees zur Pasterze hinunter, jenseits der Hohenwartscharte ist das Leitertal, an dessen linkem Rand die Salmhütte steht. Von dort stiegen Salms Expeditionen über die Hohenwartscharte zur Adlersruhe auf. An diesem Punkt endet auch der »alte Kalser Weg« durch das Ködnitztal, das von rechts ins Bild kommt.

Die abweisenden Nordostflanken des Großglockners und der Glocknerwand

Dieser größte und ebenmäßigste Gletscher der Ostalpen »entspringt« in einem Hochgebirgsbecken zwischen dem Großglockner, dem beherrschenden Kegel des Johannisberges (Bildmitte oben), der sanft ansteigenden Hohen Riffel und dem Mittleren Bärenkopf (rechts), hinter dem der Hocheiser und der Wilde Kaiser zu erkennen sind.
Im Tempo einer Superzeitlupe von jährlich zwischen 30 und 60 Metern fließt der Eisstrom durch den 1,5 Kilometer breiten Trog zwischen Großglockner und Fuscherkarkopf und mündet unterhalb der Franz-Josefs-Höhe in den Sandersee, dessen trübe »Gletschermilch« einst die Möll speiste. Im Namen dieses Flusses steckt sehr bildhaft das althochdeutsche Wort »molte« für Erde oder Staub, die Gletscherabflüssen eine milchige Farbe geben.
Unterhalb des Sandersees stauen die Margaritzen-Sperren alle Abflüsse der Pasterze und des Leitertales (links unten). Von diesem Speicher fließt das Wasser durch einen fast 12 Kilometer langen Stollen zu den Tauernkraftwerken in Kaprun.
Die vom Gletschereis angehobelte Flanke des Fuscherkarkopfes (rechts) zeigt an, daß die Pasterze bei ihrem letzten Hochstand 1856 fast bis zum Parkplatz Freiwandeck hinauf und mit ihrer Zunge in die Möllschlucht unterhalb der Margaritzen-Sperre hinab reichte. Seit damals schmolz der Gletscher von 36 auf 22 Quadratkilometer Fläche und von 11 auf 9,5 Kilometer Länge zusammen.
Auf diesem Spätsommerbild ist sehr deutlich zu sehen, daß Schutt von den Nordflanken des Großglockners das linke Drittel der Pasterzenzunge bedeckt und daß unterhalb von rund 2900 Metern Höhe der Firn bis auf das Blankeis des Gletschers abgeschmolzen ist.

Die Pasterze und ihre Gletscherzuflüsse von Südosten

Derart wild zerklüftete Gletscherformationen entstehen, wenn der Eisstrom über Kanten oder Geländebuckel fließt. Dann reißen an der Oberfläche Spalten auf. Im Winter und bis spät in das Frühjahr hinein verdecken die Neuschneemassen nahezu alle Spalten. Darin liegt die gefährliche Tücke von Gletschern, die auch noch im Sommer wie harmlose Skiwiesen aussehen können. Es kommt für den Bergsteiger darauf an, ob und wie lange die Schneebrücken über Spalten das Gewicht eines Menschen tragen.
Daraus folgt eine alpinistische Grundregel: Man betritt Gletscher nur unter Führung eines ausgebildeten Hochalpinisten oder eines Bergführers und nur fachmännisch angeseilt. Denn Spaltenstürze sind für Alleingänger auf überfirnten Gletschern so viel wie ein Todesurteil. An alledem ändert auch die Tatsache nichts, daß die Routen über das Hofmannskees oder von der Oberwalder Hütte über den Obersten Pasterzenboden zur Hohen Riffel vielbegangenen und harmlosen Trampelpfaden gleichen.

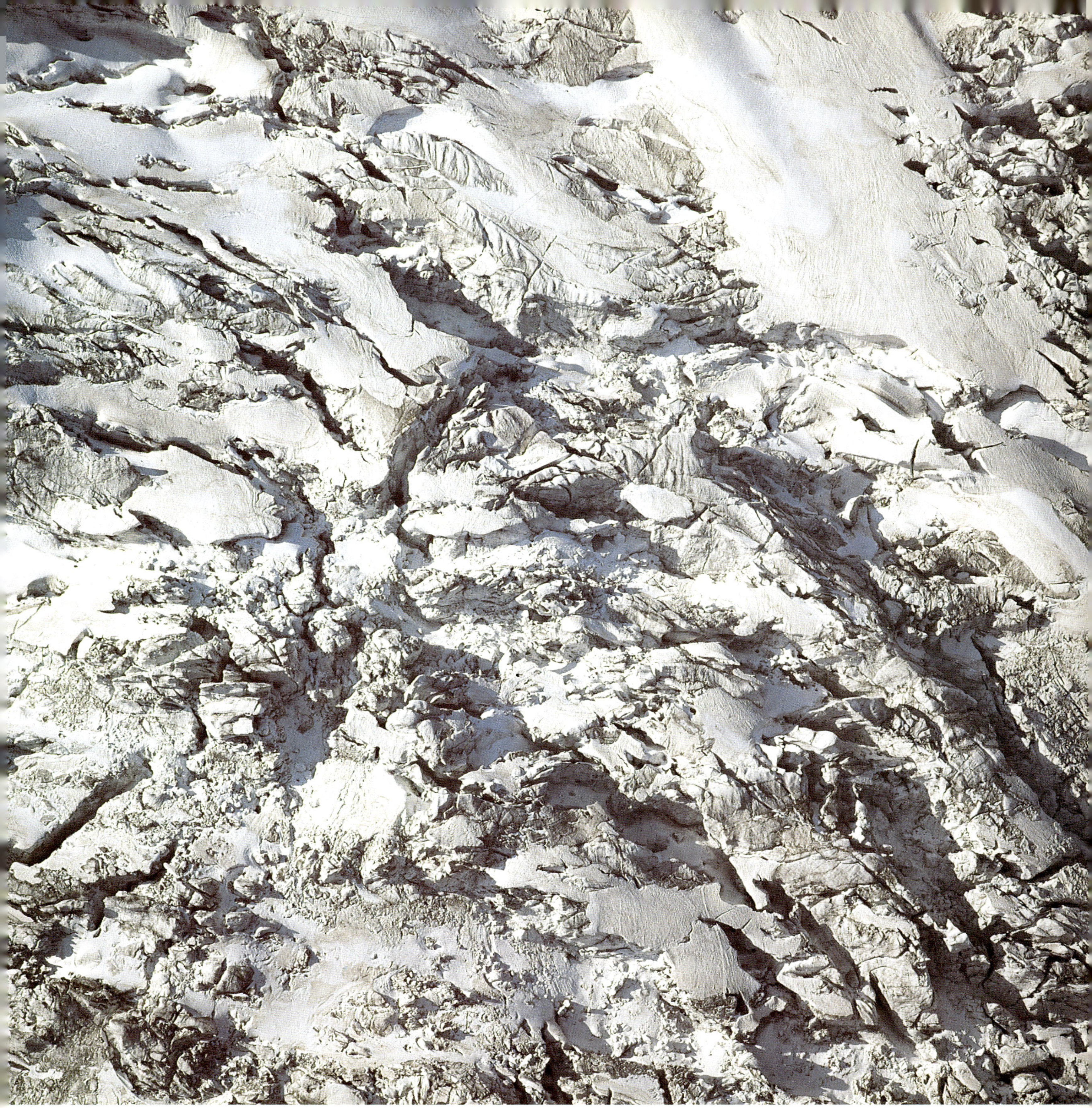

Die Gletscherbrüche am Fuß des Großglockners

Das Bild vermittelt eine Vorstellung von der Mächtigkeit eines Gletschers, den das Eigengewicht je nach Gefälle langsamer oder schneller talwärts schiebt. Die Pasterze mißt 22 Quadratkilometer Fläche und bis zu 300 Meter Dicke. Diese Eismasse entspricht etwa zwei Kubikkilometern Rauminhalt und einem Gesamtgewicht von fast zwei Milliarden Tonnen.

Ein 100 Meter dicker Gletscher drückt auf jeden Quadratmeter seines Untergrundes mit beinahe 100 Tonnen Gewicht. Das erklärt hinlänglich, daß langsam talwärts fließende Gletscher auch härtestes Gestein »abhobeln« oder »abreiben«. Dieser »Abrieb« – feinster Sand – trübt das abschmelzende Gletscherwasser zu »Gletschermilch« ein. Ziehen Gletscher ihre Zunge zurück, so hinterlassen sie auf nacktem Fels die Spuren des Abriebs – den Gletscherschliff. Zu solchen Gletscherschliffen führt der Gletscherschaupfad zwischen Glocknerhaus und Franz-Josefs-Höhe.

Am Rand der Pasterzenzunge unterhalb der Hofmannshütte

Der ausführliche Bericht Franz Wallacks von seiner Studienreise über nahezu alle Alpenpässe im Jahre 1925 enthält Statistiken, die auf verblüffende Weise die technische Entwicklung der Verkehrsmittel binnen sechzig Jahren aufzeigen. Da steht beispielsweise zu lesen: »Während die französischen Autobusse luxuriös mit drei Reihen von Sitzplätzen – in jeder Reihe drei Klub-Fauteuils – ausgestattet waren, hatten die österreichischen 18, die italienischen Reisebusse bis zu 22 und die Schweizer Postautobusse bis zu 17 Sitzplätze.« Die Reisebusse unserer Tage bieten 70 und mehr Sitzplätze an.
Diese Entwicklung offenbart sich ebenso am Ausbau der Glocknerstraße seit 1953: Die zunehmende Größe der Busse erforderte die Verlängerung der Kurvenradien in den Kehren von 10 auf 15 Meter. Davon profitierten auch die Automobilisten, weil damit und durch die Verbreiterung der Straße die durchschnittlich mögliche Fahrgeschwindigkeit von 40 auf 70 Kilometer pro Stunde erhöht wurde.
Der Anteil der Busse an der Fahrzeugfrequenz beträgt im langjährigen Durchschnitt zwischen 3 und 5 Prozent.

Der Autobus-Parkplatz Hoher Sattel unterhalb der Franz-Josefs-Höhe

Ob über die Zuflüsse der Salzach oder durch das Mölltal – noch vor Belgrad sind sämtliche Glocknerbäche in der Donau wieder vereinigt.
Seit Jahrtausenden traten Händler und Soldaten den Weg das Mölltal herauf und über das Hochtor nordwärts aus. Links unten im Bild ist der Parkplatz Kasereck. Dort entdeckte Franz Wallack 1924 bei der Trassierung der Glocknerstraße die Überreste des uralten »Römerweges«. Wo sich in der oberen Bildmitte das Mölltal weitet, liegt Großkirchheim, neben Gastein und Rauris das dritte Zentrum des mittelalterlichen Goldbergbaus in den Hohen Tauern.
Den Horizont beherrschen die Julischen Alpen mit Jugoslawiens höchstem Berg, dem Triglav. Links am Horizont, 150 Kilometer weit entfernt, die Steiner-Alpe südöstlich von Klagenfurt.

Alle Wasser der Glocknergruppe münden irgendwann im Schwarzen Meer

Nicht nur Lokalpatrioten nennen Heiligenblut das schönste Dorf Österreichs, das sein Glanzstück – die 1491 vollendete spätgotische Hallenkirche – dem Wohlstand aus Goldbergbau, Handel über das Hochtor und Wallfahrt verdankt. Nach der Legende brachte der heilige Briccius im 10. Jahrhundert eine Ampulle mit Jesu Blut in diesen Talschluß, der erstmals 1430 »zum heiligen Bluet« bezeichnet wurde.

Vor dem Bricciusgrab in der Krypta der Pfarrkirche und vor der schlafenden Grabfigur unter dem Schrein des prächtigen Hochaltars beten Wallfahrer seit Jahrhunderten um Frieden und Erntesegen und Brautleute um Fruchtbarkeit in der Ehe. Diesen Hochaltar, einen der bedeutendsten gotischen Flügelaltäre Österreichs, schuf 1520 ein unbekannter Meister aus der Bozner Schule Michael Pachers.

Von Heiligenblut brachen 1799 und 1800 die Expeditionen des Kärntner Fürstbischofs Salm-Reifferscheid unter Führung von Einheimischen auf, um den Großglockner erstmals zu bezwingen. Diese alpinistische Leistung begründete den Ruf Heiligenbluts als »Glocknerdorf« und damit auch seine wachsende Anziehungskraft für Bergsteiger und Touristen – noch lange vor dem Bau der alten Glocknerhausstraße (1900 bis 1908) und der Großglockner-Hochalpenstraße (1930–1935).

Das berühmte Glocknerdorf Heiligenblut

Als Menschen die Alpentäler besiedelten, nahmen sie die Landschaft in »Kultur«, im strengen Wortsinn also in »Pflege«. Das betrifft das Verhältnis zu Gott ebenso wie die Notwendigkeit, der Natur in harter Arbeit die Güter für das Überleben abzuringen.
Zeugnisse der Frömmigkeit sind Gotteshäuser von bestechender architektonischer Klarheit. Auf den Bildern von links unten im Uhrzeigersinn: Die Filialkirche St. Georg in Kals, der klassische Typus einer mittelalterlichen Landkirche, die 1366 eingeweiht wurde; der frühgotische Turm der Pfarrkirche von Fusch mit Satteldach und Treppengiebel nach dem Vorbild von Zell am See oder St. Georgen im Pinzgau; der schlanke Turmhelm der gotischen Hallenkirche von Heiligenblut aus dem 15. Jahrhundert (im Hintergrund der Sandkopf).
Ungleich weniger Aufmerksamkeit als solche Kulturdenkmäler erregt die Kulturleistung der Bergbauern, die seit Jahrhunderten steile Hänge buchstäblich kultivieren und Felder mit Flurgehölzen begrenzen. Wer den letzten Schindeldächern nachweint und asphaltierte Sträßchen bis zu den höchsten Gehöften hinauf kritisiert, sollte dies nicht aus dem Auge verlieren: Bauernhöfe sind keine volkskundlichen Museen, sondern Lebensraum moderner Menschen. Entfiele die bäuerliche Kulturarbeit an der alpinen Landschaft, dann verkämen die Wiesen, deren Mahd unter anderem die Gefahr von Lawinenabgängen mindert.

Ein Steinzeitbeil, ein Topf mit römischen Münzen aus den ersten 300 Jahren nach Christus und Tonscherben aus dem 7. Jahrhundert belegen die uralte Besiedlung dieses sonnigen Bekkens in rund 1300 Metern Seehöhe. Kals wurde zur Zeit des ersten Salzburger Bischofs, des heiligen Rupertus, im 8. Jahrhundert missioniert. Seit römischer Zeit bis gegen 1750 blühte hier der Bergbau, und bis in das Hochmittelalter hielt sich im abgeschiedenen Kals eine romanische Sprachinsel, von der noch Dutzende Flurnamen übrig geblieben sind.
Am Nordrand eines riesigen Schwemmkegels (Bildmitte unten) liegt das Kalser Großdorf, eine Siedlung romanischen Musters mit vielen alten Holzhäusern – eindrucksvollen Zeugnissen gehobener bäuerlicher Handwerkskunst aus versunkener Zeit.
Vom Kirchdorf Ködnitz (rechts unten im Bild) mit seinem prächtig renovierten gotischen Pfarrhof aus dem Jahr 1481 führt der »alte Kalser Weg« durch das Ködnitztal zur Adlersruhe und auf den Großglockner. In den sechziger Jahren des vorigen Jahrhunderts erschlossen Kalser Bergführer, der Prager Kaufmann Johann Stüdl und der Münchner Jurastudent Karl Hofmann den Südanstieg auf den Großglockner: den »neuen Kalser Weg« über den nach Stüdl benannten Südwestgrat direkt auf den Gipfel.
Die neue »Kalser Glocknerstraße« zum Lucknerhaus verkürzt heute den Südanstieg auf den Großglockner um 700 Höhenmeter und zwei stramme Gehstunden. Zur touristischen Erschließung kommt allerdings auch die energiewirtschaftliche: Bis 1984 hatten Ökonomie und Ökologie in Osttirol noch immer nicht den Kompromiß zwischen dem Nationalpark Hohe Tauern und einem Großkraftwerk gefunden, in dessen Großspeicher im Kalser Dorfertal (links außerhalb des Bildes) viele bedeutende Tauernbäche beigeleitet werden sollen.

Der Talschluß von Kals mit dem Großglockner

Zäune, Gatter, Stadel oder Almhütten gelten in unserer Zeit als besonders bewahrenswert, weil der Verlust dieser eindrucksvollen (und photogenen!) Zeugnisse bäuerlicher Kultur genormte Massenware dorthin brächte, wo Nostalgie sie als unerträglich empfindet.
Bäuerliche Kulturgüter dieser Art belegen angewandte Intelligenz angesichts des Zwanges, mit der Umwelt in einer Zeit zurechtzukommen, in der Maschinen und Elektrizität fehlten. Intelligenz löste die Frage, wie mit einfachsten Mitteln und mit Rohstoffen vom eigenen Grund und Boden dauerhafte Zäune hergestellt werden können, um Wiesen oder Äcker vor Wild und Haustieren zu schützen. Intelligenz entdeckte im Wechselspiel von Versuch und Irrtum auch eine Methode, Baumstämme zu stabilen Hütten zusammenzufügen. Vernunft fand auch heraus, daß auf der Apriacher Alm bei Heiligenblut naturgegebene Schieferplatten das billigste Material sind, um Gebäude zweckmäßig und dauerhaft zu decken.
Wenn sich das Produkt aus dieser Verstandesleistung bewährte, galt es als bewahrenswert. So gründet jede Tradition in Bewährtem, und zwar so lange, bis Zweckmäßigeres in Gebrauch kommt.
Zu den bäuerlichen Kulturleistungen gehört die Mahd bis hinauf an die oberen Grenzen der Almregionen, in denen der Ertrag den Ankauf von Mähmaschinen nicht rechtfertigt. Diese schwere Arbeit ist auch optische Landschaftspflege. Das beweisen aufgelassene Almen, auf denen die Kulturleistung von Generationen dem Verfall preisgegeben ist: Hütten brechen zusammen und Wiesen verkommen unter »Bletschen« (große Blätter von Unkraut).

Dieses Bild vermittelt einen guten Eindruck vom Spürsinn der Erstersteiger, den einfachsten Weg von Heiligenblut zum Gipfel zu finden.
Die beiden Expeditionen des Fürstbischofs Salm-Reifferscheid folgten 1799 und 1800 dem Leitertal, das von rechts ins Bild kommt. Am Fuß des kahlen Schwertecks (rechts) ist die neue Salmhütte erkennbar, in deren Nähe der Fürstbischof nach dem Urteil der Erstersteiger einen »Alpenpalast« als Stützpunkt hatte errichten lassen. Von hier aus überwanden beide Expeditionen den vergletscherten Steilaufschwung in die Hohenwartscharte (genau über der Salmhütte) und stiegen über Adlersruhe und Glocknerleitl weiter auf den Gipfel.
Auf dem kleinen Plateau der Adlersruhe (3454 m) steht die höchstgelegene Schutzhütte der Ostalpen, benannt nach dem berühmten Bergsteiger Erzherzog Johann. Dort endet auch der »alte Kalser Weg« über das Ködnitzkees (links im Bild). 1869 wurde der teilweise versicherte »neue Kalser Weg« über den scharfen Südwestgrat (jenseits des Ködnitzkees) direkt auf den Gipfel erschlossen – der berühmte Stüdlgrat. Im gleichen Jahr fand Karl Hofmann auch den Weg über das nach ihm benannte Kees von der Adlersruhe hinunter zur Pasterze.

Der Großglockner von Südosten

Spitze Zunge behaupten, daß Glocknerbesteiger auf diesem mühseligen Steilstück einen Teil ihrer Umweltsünden – Wegwerfen von Papier, Plastiksäckchen und Getränkedosen – abzubüßen hätten. Ob bei kaltem Wind oder brennender Sonne, selbst für konditionsstarke Alpinisten ist das Glocknerleitl nicht die reinste Freude. Das gilt zumal bei idealem Bergwetter, wenn Dutzende Auf- und Absteiger in der schmalen und häufig vereisten Spur zwischen den Felsen aneinander vorbeizukommen trachten.
Im Hintergrund links der Johannisberg, der die Hohe Riffel teilweise verdeckt. Rechts der nordseitig vergletscherte Hocheiser, eines der begehrtesten Ziele von Skibergsteigern in der Glocknergruppe.

Das Glocknerleitl auf dem Anstieg von der Adlersruhe zum Kleinglockner

Diese abweisende Seite des Großglockners wurde alpinistisch am spätesten erschlossen. Die »attraktiven« Seiten des Berges hatten naturgemäß den Vorzug vor den »problematischen«. Vom Gipfel fällt nach rechts der Stüdlgrat ab, der begehrteste und meistbegangene unter den schwierigen Glockneranstiegen. Links ist der Nordostgrat – der Glocknerkamp –, hinter dem die Pallavicinirinne liegt.
Auf dem Gipfel ist deutlich das rund 2,5 Meter hohe Gipfelkreuz sichtbar, das als höchstgelegenes Kunstwerk Österreichs gilt. Es wurde vom Wiener Domarchitekten Friedrich von Schmidt (u. a. Erbauer des Wiener Rathauses) entworfen, vom Österreichischen Alpenklub als »Kaiserkreuz« zur silbernen Hochzeit Kaiser Franz Josefs und Kaiserin Elisabeths 1879 gestiftet und 1880 auf dem Glocknergipfel verankert.

Der Nordwestgrat des Großglockners

Die Planer der Großglockner-Hochalpenstraße gingen 1924 davon aus, eine 3 Meter breite Straße mit Ausweichen auf Sichtweite, 12 Prozent Höchststeigung und einer Schotterdekke zu bauen. Sechs Jahre später war diese »Billigvariante« schon längst überholt, es sollte eine 6 Meter breite Straße »für den Großverkehr« entstehen. Aber schon in den fünfziger Jahren wurde diese erste moderne Hochalpenstraße Europas für den touristischen Großverkehr zu eng: Zunehmend bildeten sich an verkehrsreichen Sommertagen Staus. Daher wurde die Glocknerstraße bis 1984 zu rund 90 Prozent auf mindestens 7,5 Meter und über weite Strecken sogar auf drei Spuren ausgebaut.

Ursprünglich war die Glocknerstraße die einzige Transitstraße im 156 Kilometer langen Abschnitt des Alpenhauptkammes zwischen Brenner und Radstädter Tauern/Katschberg. Mittlerweile wurden in diesem Raum die Brennerautobahn, die Felbertauernstraße und die Tauernautobahn gebaut. Diese schnellen Durchzugsstraßen lenkten zwar den Transitverkehr von der Glocknerstraße ab, dafür aber kam ihr Charakter als aussichtsreiche Touristenstraße noch mehr zur Geltung.

Ausblick von der Südrampe der Glocknerstraße

Erhaltung, Ausbau, Sicherung und touristische Ausgestaltung sind ein ununterbrochener Prozeß, der sich auch an veränderten Bedürfnissen orientiert. Deshalb hat die 1935 eröffnete Großglockner-Hochalpenstraße mit der Straße von heute nur noch die grobe Linienführung gemein. Die Bilder zeigen (von links oben im Uhrzeigersinn) wesentliche Etappen dieses Wandels: Die Sicherung der Gletscherstraße an der Freiwand vor Lawinen und Steinschlag durch eine Galerie; die Verbreiterung der Straße und die Erweiterung des gastgewerblichen Angebots (hier im Bereich des Fuschertörls); die Anlage von Parkplätzen, möglichst getrennt für Pkw und Busse (hier oberhalb der Fuscherlacke), und die Verlängerung der Kurvenradien auf ein Maß, das moderne Großraumbusse brauchen.
In einem halben Jahrhundert wuchs die gesamte Fläche der Straßenanlage – 47,8 Kilometer Durchzugsstraße von Bruck nach Heiligenblut, 1,6 Kilometer Straße vom Fuschertörl auf die Edelweißspitze, 8,7 Kilometer Gletscherstraße von Guttal zum Freiwandeck – einschließlich der Parkplätze für 4000 Fahrzeuge, der Randstreifen und der Böschungen von 114 auf 157 Hektar.

BUS
BUS

Zur touristischen Ausgestaltung einer Hochalpenstraße gehören Raststätten, Unterkünfte und Kioske. In den Gastbetrieben, Hotels und Schutzhäusern entlang der Glocknerstraße stehen heute den Besuchern nahezu 4000 Sitzplätze und fast 400 Betten zur Verfügung. Zu dieser touristischen Infrastruktur gehört auch das Wallackhaus im Bereich des großzügig erschlossenen Skigebietes Schareck, dessen Anlage drei Sesselbahnen und sieben Schlepplifte umfaßt. Das alte Wallackhaus wurde im Katastrophenwinter 1951 von einer Lawine zerstört, danach entstand in moderner Form der Neubau.

Nach dem Erbauer der Großglockner-Hochalpenstraße benannt: das Wallackhaus

Nahe der Kapelle auf dem Kasereck oberhalb von Heiligenblut entdeckte Franz Wallack 1924 bei der ersten Trassierung der Glocknerstraße einen bis zu 4 Meter breiten »alten verfallenen Wegkörper«, der in groben Zügen schon die Scheitelstrecke der Glocknerstraße vorweggenommen hat. Für bewundernswert hielt Wallack an der Arbeit dieses Wegbauers, daß er offenbar schon vor Jahrhunderten Lawinenstrichen, Schneelöchern und Gießbächen ausgewichen war und beispielhaft die Grundregel der Straßenbauer befolgt hatte, bei der Trassierung im Gebirge von der Sonne stark beschienenes Gelände auszuwählen.

Wallacks Trassierung folgte außerdem der Überlegung, daß die Glocknerstraße möglichst viele touristisch lohnende Aussichtspunkte berühren sollte. Das Kasereck ist unter diesen einer der bedeutendsten.

Blick über das Kasereck auf den Großglockner

In diesem Abschnitt deckt sich die Großglockner-Hochalpenstraße mit der zwischen 1900 und 1908 erbauten Glocknerhausstraße. Im Vordergrund zeigt ein Detail die Folgen einer Verkehrsentwicklung, die selbst die optimistischsten Erwartungen der Erbauer übertraf.
1925 hatte Wallack die Zahl der Besucher dieser Hochalpenstraße auf 120.000 pro Jahr veranschlagt, Professor Örley hielt das in seinem Gutachten von 1932 noch um 30 Prozent zu hoch gegriffen, doch schon 1938 wurden 375.000 Besucher gezählt und 1962 gar 1,3 Millionen. Deshalb wurde 1953 mit dem Ausbau der Glocknerstraße von 6 auf mindestens 7,5 Meter Breite begonnen. Zu diesem Programm gehörten auch die Vermehrung der Parkflächen und Begradigungen kurvenreicher Streckenabschnitte.
So entstand auch dieser im Vordergrund bergseitig sichtbare kleine Parkplatz, während die verbreiterte und begradigte Straße talseitig einer Stützmauer bedurfte. Im Hintergrund die Franz-Josefs-Höhe und der Gipfel des nach Erzherzog Johann benannten Johannisberges.

Die Gletscherstraße am Abhang des Wasserradkopfes

Die Bundesländer Kärnten, Salzburg und Tirol vereinbarten am 21. Oktober 1971 in Heiligenblut, den Nationalpark Hohe Tauern zu schaffen, um dieses Hochgebirge »als einen besonders eindrucksvollen und formenreichen Teil der österreichischen Alpen in ihrer Schönheit und Ursprünglichkeit als Beispiel einer für Österreich repräsentativen Landschaft für alle Zukunft zu erhalten«.

Zu dieser ursprünglichen Landschaft gehören Flechten ebenso wie die Murmeltiere, die beispielsweise im Bereich der Franz-Josefs-Höhe ihre Scheu vor den Menschen verloren haben und zum Mißvergnügen vieler Naturfreunde von tierliebenden Touristen fettgefüttert werden.

Die strengen Nationalparkgesetze gestatten immerhin »Tätigkeiten im Rahmen der zeitgemäßen Almwirtschaft«. Denn bäuerliche Arbeit hat seit dem frühen Mittelalter alpine Naturlandschaft in Kulturlandschaft verwandelt. Zu den Aufgaben eines Nationalparks gehört auch der Schutz solcher in Jahrhunderten geschaffener Kulturleistungen.

Von den Almregionen entlang der Glocknerstraße verirren sich nicht selten Ziegen, Schafe oder Kühe auf die Fahrbahn. Spötter behaupten daher, daß Großstädter erst durch solche Begegnungen wieder gewahr würden, woher Ziegenkäse und Milch wirklich kommen.

Die Straße zur Edelweißspitze entstand im Sommer 1934 fast durch einen Zufall, denn trotz der äußerst knapp bemessenen Finanzen gelang es Franz Wallack, beim Bau der Schleife um den Törlkopf 35.000 Schilling einzusparen. Darüber schrieb Wallack später: »Die Großglockner-Hochalpenstraße sollte eine Straße für den Fremdenverkehr werden und Außerordentliches bieten, um im Wettbewerb mit anderen hochalpinen Straßen voll und ganz bestehen zu können. Der Gedanke, das unmittelbar neben der Straße liegende Poneck (später in Edelweißspitze umbenannt) dem Autotouristen zu erschließen, lag daher nahe, weil der auf Salzburger Boden liegende Teil der Glocknerstraße keinen Aussichtspunkt von so gewaltiger Großartigkeit aufwies, wie dies auf Kärntner Boden auf der Franz-Josefs-Höhe der Fall war.«
Also wurde binnen 47 Tagen die 1,6 Kilometer lange Straße in sechs Kehren auf diesen Gipfel gebaut, ein Glanzstück der Glocknerstraße mit Rundblick auf 37 Dreitausender und 19 Gletscher.

Abendliches Streiflicht auf der Aussichtsstraße zur Edelweißspitze

Bis zum Jahresende 1984 besuchten 35 Millionen Menschen die Großglockner-Hochalpenstraße, davon kam etwa die Hälfte aus Deutschland und ein Fünftel aus Österreich.
Die Verkehrsstatistik der Glocknerstraße dokumentiert nicht allein das Wachstum des Wohlstandes, sondern auch den Wandel des Massentourismus: 1949 hatte das Motorrad als gerade noch erschwingliches »Ersatzauto« 34 Prozent Anteil an der Jahresfrequenz. Dieser Anteil fiel im Jahr 1968, zur Hochblüte des Wirtschaftswunders, auf 0,7 Prozent. Mittlerweile rückte dieses Gefährt als teures Sportgerät wieder auf rund 7 Prozent Verkehrsanteil vor. Den Rekord an Jahresfrequenz vermerkt die Verkehrsstatistik der Glocknerstraße mit rund 359.000 Kraftfahrzeugen im Jahr 1962. Weitere Rekorde: 340.000 Pkw im Jahre 1971 (96% der Gesamtfrequenz) und 9.655 Busse 1972 (3% der Gesamtfrequenz).

Wie Riesenspielzeug in hochalpiner Urlandschaft …

Ein beachtenswerter Umstand unterscheidet die Glocknerstraße in ganz besonderem Maße von allen anderen Alpenstraßen. Schon in seinen ersten Plänen legte es Franz Wallack darauf an, die Glocknerstraße an möglichst viele Aussichtspunkte zu führen und dort Parkplätze anzulegen. Dieser touristisch wichtige Gedanke wurde bis in die Gegenwart konsequent weiterverfolgt. Seit Eröffnung der Glocknerstraße 1935 wurde die Zahl der Abstellplätze von 600 auf 4000 erhöht.

Der Spätherbst: Goldene Lärchen vor dem Hintergrund blauer Berge

An dieser Kehrenfolge oberhalb des Talschlusses von Ferleiten wird deutlich, wie behutsam der Straßenbauer und begeisterte Alpinist Franz Wallack unerläßliche Eingriffe in die Natur vornahm. Nach zeitgenössischen Berichten fiel er seinen Mitarbeitern beständig auf die Nerven, weil er den Bewuchs von der abgesteckten Trasse abheben ließ, um damit die Böschungen zu begrünen. Später wurden sogar in unterschiedlichen Klimazonen Pflanzgärten für Bergblumen, Kleingesträuch und zur Zucht von Saatgut angelegt, um die Spuren technischer Eingriffe bei Ausbau und Verbreiterung der Glocknerstraße durch Bepflanzung tilgen zu können.

Sein Verhältnis zu Natur und Technik beschrieb Wallack so: »Die Straße sollte sich harmonisch in das Landschaftsbild einfügen. In dieser erhabenen Bergwelt wäre es eine Vermessenheit gewesen, hätte ich mit den Mitteln der Technik der Natur den Rang ablaufen wollen. Die ungeheure Großartigkeit ihrer Umgebung gab der Straße ja einen derart unvergleichlichen Rahmen, daß jeder Versuch, auftretende technische Schwierigkeiten anders als auf die einfachste Weise meistern zu wollen, anmaßend und abstoßend wirken mußte.«

Kaum vermeidbare touristische Belastungen der Natur entlang der Glocknerstraße – vom wilden Campen bis zu Picknicks – bewogen schließlich die Länder Kärnten und Salzburg, einen 200 Meter breiten Streifen beiderseits der Straße gesetzlichem Landschaftsschutz zu unterstellen.

Moderner Straßenbau muß Natur nicht zerstören

Der Blick nach Süden von Kehre 6 im Lärchach fällt (von links) auf den berühmten Skiberg Kloben, die Pfandlscharte, das Sonnenwelleck und den Fuscherkarkopf. Im Spätherbst stehen am Straßenrand bereits die Schneestangen, die ab April den Rotationspflügen den richtigen Weg durch meterhohe Schneemassen weisen.
Rund 1,5 Straßenkilometer oberhalb dieser Kehre blieb der Straßenbau 1932 ein Jahr lang stecken, bis endlich der Streit um die Varianten – über das Hochtor oder durch einen Tunnel unterhalb der Pfandlscharte – entschieden war.
Diese zeitweise heftig geführte Auseinandersetzung mutet heute absonderlich an. Sie wird aus den Zeitumständen der großen Weltwirtschaftskrise aber verständlich. Rehrl wollte die Pläne der Energiewirtschaft und des Fremdenverkehrs kombinieren: Die Betreiber des gigantischen »Tauernwerks« müßten ohnedies eine Werksstraße und riesige Stollen durch die Glocknergruppe anlegen. Damit käme der Fremdenverkehr schließlich zu einer erheblich billigeren Glocknerstraße, als wenn sie nur für den Tourismus gebaut werden müßte.

Auf rund 1800 Metern Höhe erreicht die Glocknerstraße die Baumgrenze

Die Wissenschaft definiert Brauch als Handlungsweise, die durch Überlieferung in einer Gemeinschaft von Menschen als richtig und verpflichtend empfunden wird. Das erklärt nicht nur Unterschiede in den Trachten einzelner Talschaften, sondern auch die Gewohnheit, die Alltagstracht – im Gegensatz zum »Sonntagsgwand« – dem Geschmack der Zeit zweckgerecht anzupassen. Seit sich Städter zunehmend mit – zuweilen allerdings recht fragwürdig verformter – bäuerlicher Tracht kleiden, wird sie auf dem Land mit sichtlichem Selbstbewußtsein getragen.
Dienstleistungen sind in den Alpentälern ebenfalls eine Art von Brauch. Dazu zählt naturgemäß das Gastgewerbe, das einst die Betreuung von Wanderern in den »Tauernhäusern« für richtig und verpflichtend empfand. Dazu zählt auch das Angebot von Mineralien, deren Fundstätten oft nur wenige Einheimische kennen.
Im Nationalpark Hohe Tauern steht das Brauchtum keineswegs unter einem Glassturz. Denn jede Zeit entwickelt Handlungsweisen, die für richtig und verpflichtend angesehen werden. Das zwingt niemanden, Überkommenes völlig aufzugeben oder Neues unbesehen anzunehmen. Indessen verlöre das Brauchtum seinen tieferen Sinn, wenn es nur mehr der touristischen Schaustellung dienstbar gemacht würde.

ENKASSE

Hier führt die Glocknerstraße durch das wüste Trümmerfeld eines Bergsturzes. Beim Ausbau einer Kehre in der Hexenküche wurde 1979 eine rund 4 Meter lange Häftlingskette aus dem 17. Jahrhundert gefunden. Zu jener Zeit stand im Erzbistum Salzburg auf einigen Verbrechen – vor allem auf Wildern – die Galeerenstrafe. Aneinandergekettet wurden die Verurteilten über das Hochtor nach Venedig geschafft, dessen Flotte großen Bedarf an Galeerenruderern hatte.
Damals war die Jagd weitgehend ein Vorrecht der hohen Herren, die über ihr Privileg so eifersüchtig wachten, daß der Wildbestand zeitweilig zu groß wurde. Daher war Wildern durchaus nicht nur absichtsvoller Rechtsbruch, sondern auch Notwehr der Bauern gegen das Wild, das sich auf ohnedies nicht üppigen Wiesen und Feldern gütlich tat. Andrerseits galt der Verstoß gegen aristokratische Jagdprivilegien im Volk als mutige Tat mit dem Charakter eines Protestes gegen die Mächtigen, woraus sich die Popularität verwegener »Wildschützen« erklärt. Sagen, Geschichten und Romane belegen das hinlänglich.

In der »Hexenküche« auf der Nordrampe oberhalb von Ferleiten

Dieses Bild vom Oberen Naßfeld läßt erahnen, durch welche Schneemassen sich im Frühjahr fünf Rotationspflüge fressen müssen, um Fahrbahnen und Parkplätze freizulegen. Erschwert wird diese Aufgabe noch durch riesige Schneeverwehungen. Diese verfrachten zumal im Bereich von Mulden oder Graten – wie im Bild links vor dem Törlkopf erkennbar –, 10 und mehr Meter Schnee auf die Glocknerstraße.
Seit Baubeginn der Glocknerstraße bis 1966 lebten in dieser hochalpinen Einöde »Winterwächter« erst in Baubaracken und später in festen Unterkünften, um zeitgerecht Winterschäden (etwa durch Lawinen) festzustellen und die erforderlichen Daten für die Schneeräumung zu sammeln. Heute genügen einige Kontrollgänge im Spätwinter, um diese Daten zu erheben.
In der Bildmitte unten erkennt man das Dr.-Franz-Rehrl-Haus auf dem Fuschertörl, darüber sind die Kehren durch das Obere Naßfeld, links legen sich die Konturen der Straße um den Törlkopf, rechts unten sieht man die abzweigende Straße auf die Edelweißspitze.

Die Glocknerstraße hält Winterschlaf

Ein Bergsee kann darauf warten, daß ihn die Sonne irgendwann im Sommer aus den Schneemassen taut, eine hochalpine Touristenstraße aber nicht. Von 1935 bis 1937 schaufelten jährlich 350 Mann in durchschnittlich 70 Tagen die Straße einspurig von 250.000 Kubikmetern Schnee frei. Zwischen 1938 und 1952 entfernten sechs Schneefräsen und 100 Schaufler binnen 50 Tagen 400.000 Kubikmeter Schnee von beiden Fahrspuren. Seit 1953 genügen fünf von Franz Wallack entwickelte Rotationspflüge und 30 Mann, um in 25 Tagen 600.000 Kubikmeter Schnee von Straße und Parkplätzen zu räumen. Den Rekord hält das Jahr 1975 mit 800.000 Kubikmetern Schnee (der Ladung eines Lastzuges von 250 Kilometern Länge) und bis zu 21 Meter tiefen Straßenschluchten zwischen den Schneewänden.

Der Einsatz moderner Technik verlängerte die Öffnungszeit der Glocknerstraße ganz wesentlich: 1937 waren es 132 Tage, seit Einsatz der Rotationspflüge jedoch mindestens 158 (1980) und 1963 sogar 276 Tage.

Naturgemäß hängt es vom Zeitpunkt der ersten Schneefälle und vom Schneereichtum des Winters ab, wann und wie lange die Glocknerstraße dem Verkehr offensteht. Vor dem Einsatz der Rotationspflüge (1953) lagen die Öffnungstermine zwischen 24. Mai (1952) und 11. Juli (1941), seit 1953 aber zwischen 7. April (1961) und 30. Mai (1965). Je nach dem ersten Schneefall mußte die Straße vor 1953 zwischen 25. September (1944) und 16. November (1948) geschlossen werden. Seit dem Einsatz der Rotationspflüge 1953 aber traf der früheste Schließungstermin auf den 9. Oktober (1964). Zweimal blieb die Glocknerstraße wegen ungewöhnlich späten Wintereinbruchs sogar über Neujahr hinaus befahrbar. Das verlängerte die Saisonen 1963 und 1957 bis zum 30. Jänner beziehungsweise 6. Jänner des darauffolgenden Jahres.

Dieses sommerliche Bild aus der Glocknergruppe zeigt deutlich, welch gewaltige Schneemassen Winterstürme an der windschattigen Seite von Kämmen und Graten aufhäufen. Schließlich modelliert der Regen den Firn, weil das Wasser in der Fallinie abfließt. Die Unebenheit des Geländes weist aber verwirrend viele Fallinien auf. Trotzdem weiß jeder Regentropfen seine Fallinie zu finden.
Im Bildhintergrund die mächtige Stirnmoräne eines Gletschers, der seine Zunge ein Stück bergwärts zurückgezogen hat. Links daneben der Abbruch eines Gletschers an einer Kante.

Der Wind ist der Baumeister von Schneeformationen, der Regen modelliert sie

Bei einem Pinzgauer Hexenprozeß gegen »Wettermacher« schilderte 1575 ein Zeuge, er habe auf dem Schmiedingerkees am Kitzsteinhorn leibhaftige Hexen bei ihren schaurigen Tänzen beobachtet. Seit 1966 ist dieser Gletscher für den Ganzjahres-Skilauf erschlossen. In drei Sektionen überwindet eine Seilbahn in netto 22 Minuten 2100 Höhenmeter und im dritten Teilstück auch die mit 104 Metern höchste Seilbahnstütze der Welt. Weil sich »keine Seilbahn so gut amortisiert wie eine zu kleine«, wurde von 1971 bis 1974 noch eine Stollen-Standseilbahn bis zum Gletscherrand gebaut. Ihr 4,8 Zentimeter dickes Zugseil dehnt sich bei voll besetztem Wagen (180 Personen) bis zu 2,6 Meter.

Bis Jahresende 1984 zählten die Kitzsteinhorn-Bahnen 9,1 Millionen »ab Tal bergwärts beförderte Personen«. Den Gästen stehen auf dem Schmiedingerkees sieben Schlepplifte und eine Seilbahn zur Verfügung.

Wer auf dem gesicherten Weg von der Bergstation den Gipfel des Kitzsteinhorns (3203 m) ersteigt, steht beinahe auf dem nördlichsten Dreitausender der gesamten Alpen. Der nördlichste ist der 4,5 Kilometer weiter östlich, jenseits des Speichers Wasserfallboden gelegene Kempsenkopf vor dem Bauernbrachkopf (beide im Nordkamm des Hohen Tenns).

Auf dem Bild hinter dem Kitzsteinhorn der flache Gipfelgletscher des Hocheisers, der nach rechts zum Tauernmoos-See im Stubachtal abfällt.

Einst Tanzboden der Hexen, heute Gletscherskigebiet

Im Mittelalter führte der westliche Ast der »oberen Straße« von Salzburg über Lofer und das Hochtor nach Süden. Die »Bruggn« über die Salzach hatte also hier erhebliche kommerzielle Bedeutung. Die Eröffnung der Bahnstrecke von Salzburg durch den Pinzgau nach Tirol schloß Bruck 1875 an den Weltverkehr an – zumindest aus der Sicht jener Bergsteiger, die sich von hier aus auf den Marsch über Fusch und die Pfandlscharte zum Glocknerhaus machten.
Ein phantasievoller Ingenieur erregte 1889 Aufsehen – und Spott – mit dem Plan, von Bruck zum Glocknerhaus eine Zahnradbahn zu bauen. Der einfallsreiche Mann fand keine Geldgeber, daher blieb es für die Glocknerbesteiger beim Fußmarsch – jedenfalls ab Fusch, wenn sie von Bruck bis dorthin den Stellwagen nahmen.
Seit 1935 steht jedoch der Kilometerstein Null der Großglockner-Hochalpenstraße an der neuen Salzachbrücke in Bruck. Er steht noch immer dort, obschon die großzügig angelegte Ortsumfahrung nun den Durchzugsverkehr südlich von Bruck auf die Glocknerstraße lenkt.

Bruck an der Großglocknerstraße, das Verkehrskreuz im Pinzgau

ANHANG

Bedeutsame Punkte entlang der Großglockner-Hochalpenstraße

km	Seehöhe	Bezeichnung	Besonderheit	Ausgangspunkte für Wanderungen (W), Bergtouren (B)
0	757	Bruck	Beginn der Großglockner-Hochalpenstraße	W 1
3,2	790	Vorderwald	Prächtiger alter Pinzgauer Paarhof	—
6,2	802	Sulzbach	—	W 2
7,3	805	Fusch	Romanischer Kirchturm, Abzweigung nach Bad Fusch, 4,2 km	B 1
—	1188	Bad Fusch	Verfallenes Heilbad	W 3, 4, 5, B 2
9	830	Straßenmeisterei Fusch	—	W 6, B 3
10,1	863	Embachkapelle	Beginn der Bergstrecke	—
11,7	1021	Bärenschlucht	Häufig große Lawinenreste	—
14,5	1145	Mauthaus Ferleiten	Alpenwildpark, Beginn der Naturschutzzone 200 m beiderseits der gesamten Straße, photogene Szenerie	W 7, 8, B 4, 5, 6
17,3	1400	Piffalpe	Hervorragender Aussichts- und Photostandort auf den Parkplätzen zwischen Kehren 2 und 3	—
19,3	1620	Parkplatz Piffkar	Ausgezeichneter Photostandort	B 7
21,6	1850	Parkplatz Hochmais	Waldgrenze, Photostandort	W 9
23,5	2058	Bergsturzgebiet Hexenküche (Unternaßfeld)	Zwischen Kehren 8 und 9 bergseits Fundort der Sträflingsketten aus dem 17. Jh.	—
24,2	2116	Kehre 10	Hexenküche, ausgezeichneter Photostandort	—
25	2240	Edelweißwand	Blick talseits auf erkennbare Reste des »Römerweges« (4 Kehren)	—
26,9	2394	Parkplatz Fuschertörl I	Photostandort, Abzweigung zur Edelweißspitze, 1,8 km	W 10
—	2571	Edelweißspitze	Höchster Punkt der Glocknerstraße, hervorragender Aussichts- und Photostandort	
27,4	2428	Parkplatz Fuschertörl II	Ausgezeichneter Aussichts- und Photostandort	B 8, 9
29,3	2262	Parkplatz Fuscherlacke	Erkennbare Reste des »Römerweges«	W 11
30,6	2329	Mittertörltunnel	—	—
31	2338	Parkplatz Elendboden	»Beindlkar« und Fundort eines Bronzedolchs aus dem 17. Jh. v. Chr.	—
32,5	2450	Knappenstube	Erkennbare Überreste des Goldbergbaus vor dem 17. Jh. n. Chr.	—
33,4	2503	Parkplatz Hochtor	Fundort der Herkules-Statuette und einer römischen Tonlampe, ausgezeichneter Photostandort	W 12, 13, B 10, 11, 12
37,7	2099	Tauerneck	Photostandort für Großglockner und Zlamitzenkehren	—
40	1859	Guttal	Abzweigung Gletscherstraße	—
41,9	1930	Parkplatz Kasereck	Hervorragender Aussichts- und Photostandort, bergseits erkennbare Reste des »Römerweges«	W 14, 15
43,9	1700	Mauthaus Heiligenblut	Schon unterhalb der Waldgrenze	—
44,6	1620	Wegscheider	Talseits alter Bauernhof, bergseits »Harpfen« zum Heutrocknen, ausgezeichneter Photostandort	—
45,6	1514	Kehre 26, Fleißtal	Blick auf Hohen Sonnblick, Abzweigung zum Alten Fleißwirt, Photostandort	W 16, B 13, 14, 15
47,8	1301	Heiligenblut	Schönstes Dorf der Ostalpen, gotische Kirche	—
		Gletscherstraße ab Guttal		
1,8	1950	Parkplatz Palik	Hervorragender Aussichts- und Photostandort an der Waldgrenze	—
3,4	2058	Fensterbach	—	B 16
5,3	2131	Parkplatz Glocknerhaus I	Blick auf Margaritzen-Stausee (Wasserableitung nach Kaprun!)	W 17, 18, 19, B 17, 18, 19
6,6	2208	Kehre Sturmalpe	—	W 20
8,7	2369	Parkplatz Freiwandeck	Hervorragender Aussichts- und Photostandort	W 21, 22 B 20, 21

WANDERUNGEN

Die Nummern der nachfolgenden Wandertips beziehen sich auf die Angaben in der letzten Spalte (Ausgangspunkte) der vorstehenden Tabelle bedeutsamer Punkte entlang der Großglockner-Hochalpenstraße. Für diese leichten Wanderungen für jedermann sind Wanderschuhe mit Profilsohle erforderlich, die dem Sprunggelenk festen Halt bieten. Die angegebenen Gehzeiten sind Richtzeiten, die Rasten nicht einschließen. Sie beziehen sich, wenn nicht anders angegeben, nur auf den Aufstieg.

W 1 Erlhofplatte, 1373 Meter, rund 600 Höhenmeter, hervorragender Aussichtspunkt, markierte Wege 2 bzw. 444, 1½ Stunden.

W 2 Langweid-Kogel, 1991 Meter, rund 1200 Höhenmeter, markierter Weg 730, 3 Stunden.

W 3 Kreuzköpfl, 2095 Meter, rund 900 Höhenmeter, markierter Weg 2 F, 2½ Stunden.

W 4 Kühkarl, 2267 Meter, rund 1100 Höhenmeter, markierter Weg über Reiteralm und Riedelalm, 3 Stunden.

W 5 Weixelbachhöhe, 2218 Meter, rund 1000 Höhenmeter, markierter Weg 2 über Leberbründl und Walcheralmen, 3½ Stunden.

W 6 Schmalzgruben-Hochalm, 1710 Meter, rund 800 Höhenmeter, markierter Weg 4 (auch ab Embachkapelle), 2½ Stunden.

W 7 Walcher Hochalm, 1853 Meter, rund 700 Höhenmeter, markierter Weg 3 D, 2 Stunden.

W 8 Trauneralm, 1522 Meter, rund 400 Höhenmeter, zuerst ca. 3 km auf der Ferleitentalstraße, dann mit 3 C markiertes Sträßchen zur Alm, 2½ Stunden.

W 9 Trauneralm vom Parkplatz Hochmais, Abstieg rund 300 Höhenmeter auf markiertem Steig 728, 30 Minuten, Anstieg zurück 45 Minuten. Zu kombinieren mit W 8.

W 10 Kendlkopf, 2587 Meter, hin und zurück 250 Höhenmeter, 2 Stunden, sehr lohnend.

W 11 Tüchlhütte, 2050 Meter, rund 200 Höhenmeter Abstieg über Almböden, großteils weglos, zu Höhlen. Abstieg 20 Minuten, Aufstieg zurück 30 Minuten.

W 12 Schareck, 2604 Meter, rund 250 Höhenmeter, Höhenwanderung über Roßköpfl (Markierung 102) und dann südwärts zum Gipfel (Markierung 160), 2 Stunden.

W 13 Brennkogelscharte, 2634 Meter, rund 200 Meter Höhenunterschiede, Markierung 102, 1 Stunde.

W 14 Fallbichl, 2226 Meter, rund 350 Höhenmeter, markierter Weg 4, 1 Stunde.

W 15 Schareck, 2604 Meter, rund 700 Höhenmeter, markierter Weg 6, 2 Stunden.

W 16 Alter Pocher, 1807 Meter, rund 300 Höhenmeter, eindrucksvolle Talwanderung, markierte Straße 159, 1½ Stunden.

W 17 Margaritzen-Stausee, 2000 Meter, rund 150 Höhenmeter Abstieg in 20 Minuten, Rückweg 30 Minuten.

W 18 Stockerscharte, 2442 Meter, rund 600 Meter Höhenunterschiede, markierter Weg am Margaritzen-Stausee vorbei, 2 Stunden. 2 Stunden weiter über »Wiener Höhenweg« zur Salmhütte.

W 19 Gletscherweg zum Parkplatz Freiwandeck, 350 Höhenmeter Anstieg, 1½ Stunden.

W 20 Naßfeld, Wanderung auf markiertem Weg am westseitigen Ufer des Stausees in den Talschluß, und zurück, 1 Stunde.

W 21 Wasserfallwinkel, 2600 Meter, rund 250 Höhenmeter, besonders lohnend, auf dem Gamsgrubenweg, 1¼ Stunden.

W 22 Gletscherweg zum Glocknerhaus, Umkehr von W 19, 1 Stunde.

BERGTOUREN

Die Nummern der nachfolgenden Tourenvorschläge beziehen sich auf die Angaben in der letzten Spalte (Ausgangspunkte) der vorstehenden Tabelle. Alpine Erfahrung und Ausrüstung sind ebenso unerläßlich wie gute Kondition und Orientierungssinn.

B 1 Imbachhorn, 2470 Meter, rund 1800 Höhenmeter, anstrengend, markierter Weg 725 zur Gleiwitzer Hütte (3½ Stunden), weiter auf markiertem Weg 5 zum Gipfel (1½ Stunden).

B 2 Schwarzkopf, 2764 Meter, rund 1600 Höhenmeter, anstrengend, markierter Weg 2 H , 4½ Stunden.

B 3 Zwingkopf, 3113 Meter, rund 2300 Höhenmeter, sehr anstrengend, ab Schmalzgruben-Hochalm weglos durch das Schmalzgrubenkar, sehr einsam, 6 Stunden.

B 4 Schwarzkopf, 2764 Meter, rund 1600 Höhenmeter, markierter Weg 3 A, 4½ Stunden.

B 5 Durcheckkopf, 2680 Meter, rund 1500 Meter Höhenunterschied, markierter Weg 3 A bis Höhe 2275, dann geradeaus über Höllbachscharte zum Gipfel, 4 Stunden.

B 6 Remschartl, 2671 Meter, rund 1500 Höhenmeter, markierter Weg 727 zuerst 2 km auf Straße, dann »Mainzer Weg« über Mainzer Hütte zum Remschartl, 5 Stunden. (Von hier noch 1½ Stunden auf luftigem Steig 733 zur Hohen Dock, 3348 Meter.)

B 7 Edelweißspitze, 2577 Meter, rund 950 Höhenmeter, größtenteils weglos. Anfangs auf teilweise schlecht erkennbarem Steig entlang dem Bach steil bergan in das große Kar, dann über Almböden in die Senke zwischen Kendlkopf und Edelweißspitze, zuletzt auf markiertem Weg zum Gipfel, 2½ Stunden.

B 8 Kloben 2938 Meter, rund 600 Meter Höhenunterschiede, markierter Weg 729 (»Zeller Weg«) bis auf den Nordrücken, über diesen weglos zum Gipfel, 2 Stunden.

B 9 Pfandlscharte 2663 Meter, rund 300 Höhenmeter Anstieg, markierter Weg 729 (»Zeller Weg«) zur Pfandlscharte (2½ Stunden). Abstieg auch auf markiertem Weg 702 zum Glocknerhaus (1 Stunde).

B 10 Hinteres Modereck, 2932 Meter, rund 500 Höhenmeter, markierter Weg 102 durch den »steinernen Tiergarten«, 2 Stunden.

B 11 Spielmann, 3027 Meter, rund 600 Höhenmeter, markierter Weg 102 (Vorsicht bei Schnee auf Gipfelgrat), 2½ Stunden. (Abstecher auf Brennkogel über dessen Westflanke lohnend, weglos, 1 Stunde.)

B 12 Übergang Glocknerhaus, 500 Höhenmeter Anstieg auf markiertem Weg 102 über den Spielmann (Vorsicht bei Schnee auf Gipfelgraten), 4 Stunden.

B 13 Schareck, 2604 Meter, Zufahrt bis zur Kleinen Fleißalm, von dort 1000 Höhenmeter auf markiertem Weg 162, auf Höhe 1850 Abzweigung markierter Weg 8 zum Gipfel, 2½ Stunden.

B 14 Sonnblick, 3105 Meter, Zufahrt bis Schranken vor dem Alten Pocher, markierter Weg 159 über 1300 Höhenmeter, 4 Stunden.

B 15 Krumlkeesscharte, 2987 Meter, ab Kleiner Fleißalm auf markiertem Weg 162 über 1400 Höhenmeter, 4 Stunden.

B 16 Racherin, 3092 Meter, rund 1000 Meter Höhenunterschied, weglos, zuerst an der Ostseite des Baches bis zu einer Alm, dann über Wiesen (später schuttdurchsetzt) direkt zum Gipfel, 2½ Stunden.

B 17 Hinterer Leiterkopf, 2893 Meter, rund 1050 Meter Höhenunterschiede, markierter Weg zur Stockerscharte (W 18), dann westwärts teils auf Steigspuren über den grasigen Grat und den Mittleren Leiterkopf zum Gipfel, hervorragender Pasterzenblick, 3½ Stunden.

B 18 Spielmann, 3027 Meter, rund 900 Meter Höhenunterschied, markierter Weg 702 (Vorsicht bei Schnee auf Gipfelgrat), 3 Stunden, Abstieg auch auf markiertem Weg 702 zum Hochtor, 1½ Stunden.

B 19 Pfandlscharte, 2663 Meter, rund 600 Meter Höhenunterschied, 2½ Stunden. Umgekehrte Route von B 9, 4 Stunden.

B 20 Eiswandbühel, 3274 Meter, rund 900 Meter Höhenunterschied, bis Oberwalder Hütte markierter Weg 702 (2½ Stunden), dann weglos auf flachem Firnrücken zum Gipfel (1 Stunde).

B 21 Fuscherkarkopf, 3331 Meter, rund 1000 Höhenmeter,unmarkiert, im unteren Teil schwer erkennbare, dann deutliche Steigspuren. Solange Schneereste vorhanden sind, gefährlich! Von der Hofmannshütte direkt über den steilen, ausgeprägten Rükken nordwärts in die Gamsgrubenscharte und zum Gipfel, 3 Stunden.

Achleitner F., »Österreichische Architektur im 20. Jahrhundert«, Bd. 1, Salzburg 1980
Bastian F., »Das Runtingerbuch 1383 – 1407«, Regensburg 1944
Canaval R., »Festschrift« (Sonderheft Carinthia II), Klagenfurt 1935
Dachs H., »Franz Rehrl und die Bundespolitik«, in: W. Huber »Franz Rehrl«, Salzburg 1975
Das große ÖAMTC-Alpenbuch, München 1980
Dopsch A., »Die ältere Wirtschafts- und Sozialgeschichte der Bauern in den Alpenländern Österreichs«, Leipzig 1930
Dopsch H., Spatzenegger H., »Geschichte Salzburgs«, Salzburg 1982
Dückher F., »Saltzburgische Chronica«, Salzburg 1666
End W., »Glockner- und Granatspitzgruppe«, München 1980
Ertl R. F., »Tauerngold«, Wien 1976
Feill F., »Cardinal Salm und seine Friedenswerke«, Graz 1872
Felderer K., »Die Großglockner-Hochalpenstraße«, Innsbruck 1949
Finsterwalder K., »Zu den Namen der Glocknerkarte«, Zeitschrift des DAV 1959/28
Fischer H., »Der Großglockner«, München 1929
Götz J., »Die Hauptstufe des Tauernkraftwerkes Glockner-Kaprun«, Wien 1951
Götz J., »Die Oberstufe des Tauernkraftwerkes Glockner-Kaprun«, Wien 1955
Gruber F., Ludwig K. H., »Salzburger Bergbaugeschichte«, Salzburg 1982
Gruber F., Ludwig K. H., »Salzburgs ›Silberhandel‹ im 16. Jahrhundert«, Leoben 1980
Gulick Ch. A., »Österreich von Habsburg zu Hitler«, Wien 1976
Hacquet B., »Mineralogisch-botanische Lustreise von dem Berg Terglou in Krain zu dem Berg Glockner in Tyrol«, Wien 1783
Hacquet B., »Reise durch die norischen Alpen«, Nürnberg 1791
Hanke H., »Großglockner – Berg und Straße«, Innsbruck 1982
Hassinger H., »Die Übergänge über die Hohen Tauern vom Frühmittelalter bis ins 19. Jahrhundert«, in: »Tauernautobahn«, Salzburg 1976
Hiebeler T., »Alpenlexikon«, München 1977
Hinterhuber R., »Reise in das Hochgebirge«, Manuskript 1824, Landesarchiv Salzburg
Hörburger F., »Salzburger Ortsnamenbuch«, Salzburg 1982
Hohenwart S., Reiner J., »Botanische Reisen nach einigen oberkärntnerischen und benachbarten Alpen«, Klagenfurt 1791
Hofmann K., Stüdl J., »Wanderungen in der Glockner-Gruppe«, München 1871
Hoppe D. H., »Botanisches Taschenbuch für die Anfänger dieser Wissenschaft und der Apothekerkunst«, Regensburg 1801
Horner F., »Franz Rehrl und die Wirtschaftspolitik der Ersten Republik«, in: W. Huber, »Franz Rehrl«, Salzburg 1975
Hübner L., »Beschreibung des Erzstiftes und Reichsfürstenthums Salzburg«, Salzburg 1796
Jochum M., »Die Erste Republik«, Wien 1983
Kausel A., »Österreichs Wirtschaft 1918 – 1968«, Wien 1968
Kausel A., »Österreichs Volkseinkommen 1913 bis 1963«, Wien 1965
Kaindl-Hönig M., Ritschel K. H., »Die Salzburger Universität«, Salzburg 1964
Klein H., »Festschrift«, Salzburg 1965
Knöpfelmacher S., »Die Großglockner-Hochalpenstraße und ihre Männer«, Wien 1978
Koch-Sternfeld J. E., »Salzburg und Berchtesgaden in historisch-statistisch-geographisch und staatsökonomischen Beyträgen«, Salzburg 1810
Koch-Sternfeld J. E., »Die letzten dreyssig Jahre des Hochstift's und Erbisthum's Salzburg«, München 1816
Kranzmaier F., »Ortsnamenbuch von Kärnten«, Klagenfurt 1956
Kreissler F., »Von der Revolution zur Annexion«, Wien 1970
Kühlken O., »Das Glockner-Buch«, Salzburg 1975
Lackner J., »Die Großglockner-Hochalpenstraße und ihre wirtschaftliche Bedeutung«, Diplomarbeit Wien 1958 (Manuskript im Gemeindeamt Heiligenblut)
Lahnsteiner J., »Unterpinzgau«, Hollersbach 1960
Lindsberger J. F., »Großkirchheim«, Döllach o. J.
Lukan K., »Ostalpenbuch«, Wien 1969
Mayer H., »Hundert Jahre österreichische Wirtschaftsentwicklung 1848 – 1948«, Wien 1949
Moll K. E., »Jahrbücher der Berg- und Hüttenkunde«, Salzburg 1799 – 1801
Müller G., »Die Hohen Tauern als Verkehrsraum einst und jetzt«, Wissenschaftliche AV-Hefte 21/1969
Nachlaß Wallack im Landesarchiv Salzburg
Obersteiner J., »Die Bischöfe von Gurk 1072 – 1822«, Klagenfurt 1969
Paschinger V., »Landeskunde für Kärnten und Osttirol«, Klagenfurt 1948/49
Perfahl J., »Kleine Chronik des Alpinismus«, Rosenheim 1984
Pirckmayer F., »Tauernhäuser und Tauernpfründen«, Landtagsbericht Salzburg 1888
Pizzinini M., »Osttirol«, Salzburg 1974
Posepny F., »Die Goldbergbaue der Hohen Tauern«, Wien 1876
Pribram A. F., »Materialien zur Geschichte der Preise und Löhne in Österreich«, Wien 1938
Reisigl F. A., »Über den Straßenbau im Fürstenthume Salzburg«, Salzburg 1791
Richter E., »Die Erschließung der Ostalpen«, Wien 1894
Rippel K., »Der Großglockner und seine Straße«, Klagenfurt 1950
Ritschel K. H., »Österreich ist frei«, Wien 1980
Rochata C., »Die alten Bergbaue auf Edelmetalle in Oberkärnten«, Wien 1878
Ruthner A., »Berg- und Gletscher-Reisen in den österreichischen Hochalpen«, Wien 1864
Sattler M., »Collectaneen-Blätter zur Geschichte der ehemaligen Benediktiner-Universität Salzburg«, Kempten 1890
Schiegg U., »Die Reise auf den Glockner« in: »Literaturzeitung von Salzburg«, 18., 21. und 25. 9. 1801
Scheffel P. H., »Verkehrsgeschichte der Alpen«, Berlin 1914
Schultes J. A., »Reise auf den Glockner«, Wien 1804
Siegel H., Tomaschek K., »Österreichische Weisthümer«, Wien 1870
Soetbeer A., »Edelmetall-Produktion seit der Entdeckung Amerikas bis zur Gegenwart« (Petermann's Mittheilungen), Gotha 1886
»Tagebuch einer Reise auf den Groß-Glokner 1799«, Faksimile Wien 1982

Tremel F., »Wirtschafts- und Sozialgeschichte Österreichs«, Wien 1969
Unterforcher A., »Die Namen des Kalserthales«, Innsbruck 1899
Vierthaler F. M., »Reisen durch Salzburg«, Salzburg 1799
Vierthaler F. M., »Meine Wanderungen durch Salzburg, Berchtesgaden und Österreich«, Wien 1816
Wallack F., »Die Großglockner-Hochalpenstraße«, Wien 1960
Weismann F. C. »Touristen-Handbuch auf Ausflügen und Wanderungen in Salzburg«, Wien 1845
Werner P., »Almen«, München 1981
Werner P., »Bergbauernhof«, München 1979
Wießner H., »Geschichte des Kärntner Bergbaues«, Klagenfurt 1950
Wießner H., »Heiligenblut am Großglockner«, Klagenfurt 1952 (Manuskript im Gemeindeamt Heiligenblut)

ABBILDUNGSNACHWEIS

Farbtafeln
Hansjörg Abuja: S. 16. – Archiv VV Fusch (Photo Oberschneider): S. 175 (o. r.). – Peter Bardeck: S. 99 (o. r., u. l.), 115 (o. l., o. r.), 155, 181 (o. r.). – Peter Heger: S. 141 (o. l.). – Wolfgang Retter: S. 6/7, 12/13, 111 (o. r., u. l., u. r.), 117, 121, 141 (o. r., u. l.), 145, 147, 159, 163 (o. l., u. r.).
Alle anderen: Lothar Beckel. Die Luftaufnahmen wurden vom BMfLV mit Ziffer 13088/404-1.6/85 freigegeben.

Schwarzweiß-Abbildungen
Archiv der Großglockner Hochalpenstraßen AG: S. 18 (Photo Stasny), 22 (l.), 23 (l.), 24 (l.), 25 (l.), 27, 29, 35, 59 (o.), 63, 66, 72, 77, 81 (o., Photo Wolkersdorfer), 88. – Archiv Helmut Krackowitzer (Photo Hüscher): S. 83. – Archiv Richard Menapace (Photo Fink): S. 89. – Archiv SAMTC (Photo Zapletal): S. 84, 85, 86. – Lothar Beckel: S. 82. – Heinrich Reimann: S. 61, 74. – Wolfgang Retter: S. 22 (r.), 23 (r.), 24 (r.), 25 (r.), 26. – Lothar Rübelt: S. 59, 76, 78, 79, 81 (u.).

Kartographische Darstellungen: Andreas Bachmayr.

DANK

Autoren und Verlag danken allen Institutionen und Personen, die durch vielfältige Hilfe und wertvolle Hinweise das Zustandekommen dieses Bandes ermöglicht haben. Dies sind: das Salzburger Landesarchiv, hier vor allem Frau Dr. Friederike Zaisberger und Herr Dr. Fritz Koller, das Landesarchiv Klagenfurt, das Statistische Zentralamt Wien, die Großglockner Hochalpenstraßen AG, der ÖAMTC und der SAMTC, der Österreichische Alpenverein, der Österreichische Radsportverband, Herr Univ.-Prof. Dr. Heinz Dopsch, Herr Dipl.-Ing. Anton Draxl, Frau Univ.-Prof. Dr. Elisabeth Kirchner, Herr Dr. Helmut Krackowitzer, Herr Fritz Oeser, Herr Univ.-Prof. Dr. Peter Putzer, Herr Hans Wolf und viele andere.